シリーズ・現代の世界経済 ②

現代中国経済論
［第2版］

梶谷 懐／藤井大輔 編著

ミネルヴァ書房

『シリーズ・現代の世界経済』刊行のことば

　グローバリゼーションはとどまることを知らず，相互依存関係の高まりとともに，現代の世界経済は大きな変貌を見せている。今日のグローバリゼーションは，瞬時的な情報の伝播，大規模な資金移動，グローバルな生産立地，諸制度の標準化などを特徴としており，その影響は急激であり多様である。たとえば，一部の新興市場諸国は急激な経済発展を遂げその存在感を強めているが，他方で2008年の世界金融危機による同時不況から，いまだに抜け出せない国々も多い。国内的にもグローバリゼーションは勝者と敗者を生み出し，先進国，途上国を問わず，人々の生活に深い影を落としている。

　グローバリゼーションの進展によって世界の地域や国々はどのように変化し，どこに向かっているのであろうか。しかし，現代の世界経済を理解することは決してたやすいことではない。各地域や各国にはそれぞれ固有の背景があり，グローバリゼーションの影響とその対応は同じではない。グローバリゼーションの意義と限界を理解するためには，様々な地域や国々のレベルで詳細にグローバリゼーションを考察することが必要となる。

　このため，本シリーズは，アメリカ，中国，ヨーロッパ，ロシア，東アジア，インド・南アジア，ラテンアメリカ，アフリカの8つの地域・国を網羅し，グローバリゼーションの下での現代の世界経済を体系的に学ぶことを意図している。同時に，これら地域・国とわが国との関係を扱う独立した巻を設定し，グローバリゼーションにおける世界経済と日本とのあり方を学ぶ。

　本シリーズは，大学の学部でのテキストとして編纂されているが，グローバリゼーションや世界経済に強い関心を持つ社会人にとっても読み応えのある内容となっており，多くの方々が現代の世界経済について関心を持ち理解を深めることに役立つことができれば，執筆者一同にとって望外の喜びである。なお，本シリーズに先立ち，ミネルヴァ書房より2004年に『現代世界経済叢書』が刊行されているが，既に7年が経ち，世界経済がおかれている状況は大きく変貌したといって決して過言ではない。本シリーズは，こうした世界経済の変化を考慮して改めて企画されたものであり，各巻ともに全面的に改訂され，全て新しい原稿で構成されている。したがって，旧シリーズと合わせてお読み頂ければ，この7年間の変化をよりよく理解できるはずである。

　2011年2月

編著者一同

第2版はしがき

　本書は中国経済の現状を多角的に分析し，平易な文章による解説で定評を得た『現代中国経済論』を全面的に改訂したものである。2011年に出版された初版はさいわい，多くの大学で授業テキストなどに採用され，2017年までに第5刷を数えた。ただ，出版後，習近平政権の誕生と「新常態」と呼ばれる安定成長路線への移行，一帯一路や新型都市化政策といった新たな政策の提起，深圳を拠点とするイノベーションの活性化など，中国経済をめぐる状況は大きく変化していった。そこで，2016年の春にミネルヴァ書房の東寿浩さんと旧版の編者であった加藤弘之先生，および梶谷の三名で協議し，加藤先生と梶谷が編者を務めた改訂版を近日中に出版するべく，各執筆者にも依頼を行っていた。

　ところが，その年の夏に加藤先生が体調を崩されて急きょ入院され，8月30日にはとうとう帰らぬ人となってしまわれた。旧版のもう一人の編者である上原一慶先生も2014年に逝去されており，旧版の編者お二人にこの改訂版を手に取っていただくことがついぞかなわなかったことは，返す返すも残念なことである。

　このような事情により，一時は早期の出版が危ぶまれたものの，私にとって加藤門下の後輩にあたる藤井大輔さんが共同で編者になって頂くことを快諾されたため，ほぼ予定通りのスケジュールで刊行することができた。

　このテキストの原型は2004年にやはりミネルヴァ書房から出版された『中国経済論』のテキストにさかのぼる。第2版ではデータを全面的にアップデートしているほか，中国経済の変化に応じて扱うトピックを大幅に見直しているものの，章立てや執筆者などのコンセプトは基本的に加藤先生が編者を務められた旧版のものを受け継いでいる。

　加藤先生のこれまでの研究業績についてはぜひその主著である『中国経済学研究入門』（名古屋大学出版会）などの著作をお読みいただきたいが，旧版を通じてこのテキストには中国経済研究の重要性，面白さを専門家以外の読者にも広く伝えたいという加藤先生の「啓蒙への情熱」が注ぎ込まれている。その意

i

味でも，本来ならばこの第2版には，もう一人の編者として加藤先生のお名前が添えられるべきものであることを改めて強調しておきたい。

　本書が，流動化する国際情勢の中でますますその重要性が高まっている中国経済への理解の一助となることを，願ってやまない。

2018年2月

編者を代表して

梶谷　懐

は し が き

　本書は，『現代世界経済叢書2　中国経済論』（加藤・上原編，2004）をもとに，章別構成を含めて内容を全面改訂したものである。

　前著「はしがき」の冒頭で，「中国脅威論でも中国崩壊論でもない，バランスのとれた中国経済の現状分析を，初学者にも理解できる平易な文章で提供すること，これが本書のねらいであり，執筆者一同の共通した願いでもある」と筆者は書いた。この思いはいまも変わっていない。それどころか，毒入り餃子事件，新疆ウイグル自治区での漢族とウイグル族の対立抗争，尖閣列島での漁船衝突など，中国をめぐる報道が増えれば増えるほど，かえって中国嫌いの日本人が増えている今日，冷静に中国を見つめ，中長期的な視野に立って中国といかに向き合うかを考えることがますます重要になっているという思いは，いっそう強くなっている。

　中国の変化の激しさには目を見張るものがある。前著の序章において，2001年の中国の一人当たり所得はまだ900ドルにすぎないが，総額で見た名目GDPは世界第6位になったとの記述がある。それから8年が経過した2009年，一人当たり所得は3744ドルと4倍になり，2010年にはついに名目GDPで日本を追い抜いて中国は世界第2位に躍り出た。この間，これほど大きな変化を経験した国は地球上どこにも存在しない。

　中国の急成長は，経済不況に悩む先進国の企業に巨大なビジネスチャンスを提供する一方，エネルギーや鉱物資源，農産物の国際市場価格の高騰，地球環境への負荷の増大，2兆ドルを超えた巨額の外貨準備など，世界経済の不確実性を高める要因ともなっている。今回の全面改訂は，こうした中国の実態をテキストに反映させるために必要不可欠であった。

　本書は，以下の4部構成となっている。

　第Ⅰ部「中国経済100年の歩み」では，現代と歴史とをつなぐ視点を提供している。本書の課題は，いま中国で何が起きているかを実証的に明らかにすることだが，そのためには歴史を振り返る必要がある。中国の工業化は19世紀末

iii

から始まり，20世紀初頭に本格化したが，そのとき，今日の高度成長を下支えしている主要産業の基礎が築かれ，インフラが整備された。人民公社や国有企業など社会主義時代の遺産は，正負両面で現代につながっている。改革開放の30年間に市場経済化がどのように進められたかを知ることは，今日の中国の経済システムの特徴をとらえる上で欠かすことができない。

　第Ⅱ部「産業発展と政府・企業」では，農村，企業，地域，財政・金融に注目し，都市と農村，政府と民間，沿海と内陸，中央と地方という対立構図のなかで，中国経済を多面的に再構成した。中国でしばしば強調される「三農問題（農業・農村・農民）」は，決して農村内部では解決しない。国有企業，私有企業，外資企業の三者鼎立の企業体制は，沿海と内陸，中央と地方という構図のなかでしだいに形成されたものである。財政や金融を通じた政府の役割は，国民経済のさまざまな領域に直接，間接の影響を与えている。

　第Ⅲ部「経済発展を制約する要因」では，所得格差と貧困，人口問題と社会保障，エネルギー問題，環境問題といった，中国の経済発展を制約する主要な要因を個別に分析することから，中長期的な中国の発展を展望する。エネルギーと環境については，その重要性から今回新たに章を追加して詳細に検討を加えた。

　第Ⅳ部「世界のなかの中国」では，グローバリゼーションの進展と中国の発展を結びつける視点を提供している。グローバル化のなかで出現した中国の経済発展は，よい意味でも悪い意味でも一国レベルでは完結しない。東アジア全体での産業立地の再編，中国企業を含む多国籍企業の経営戦略，WTO加盟やFTA推進による地域統合の進展，台湾，香港と大陸中国との経済一体化といった一連の構造変化のなかで，中国の改革開放をとらえる視点が重要である。

　最後に，前著「はしがき」での次の一節を再録しておく。

　「13億人を越える人口を擁し，発展段階の異なる多数の地域からなる中国を丸ごと理解することはとてもむずかしい。中国の全体イメージが出来上がってはじめて，その一部も理解できるようになるからである。したがって，一読してすぐに理解できなくてもあきらめないでほしい。学部の学生諸君は，最終講義が終わったあとでもう一度全体を読み返してみるとよい。中国駐在に出かける社会人の読者には，本書を現地に持参し，一年後に読み直すことを薦める。必ず新たな発見があるはずである」。

はしがき

　本書が，中国経済の実情を正しく知りたいと考える多くの読者に受け入れられることを切に願うものである。

　2011年3月

編者を代表して

加 藤 弘 之

現代中国経済論［第 2 版］

目　次

第2版はしがき

はしがき

序　章　中国経済への招待………………………………………… 1

　1　中国理解のむずかしさ　1

　2　中国はいかにユニークか　5

　3　複眼で中国を見る　9

第Ⅰ部　中国100年の歩み

第1章　20世紀の中国経済……………………………………… 17

　1　工業化の20世紀　17

　2　前近代の市場経済　26

　3　変貌する国民経済　31

第2章　社会主義の模索と市場経済化……………………………… 39

　1　中華人民共和国の70年　39

　2　社会主義から資本主義への移行　46

　3　中国型資本主義の4つの特徴　52

　4　新たな成長パターンの模索　54

第Ⅱ部　産業発展と政府・企業

第3章　農業・農村・農民（三農）問題………………………… 61

　1　中国農業の構造転換　61

　2　農業問題と三農政策の変遷　65

　3　農産物貿易と食糧安全　72

　4　中国農業の行方　76

目　次

第4章　企業体制改革とその行方……………………………………… 79

1　社会主義計画経済システムの確立に伴う国有企業体制の創出　79

2　非国有企業の生成　81

3　国有企業改革の帰結　86

4　三者鼎立の企業構造　91

5　今後の行方　97

第5章　地域発展戦略と産業・人口の集積……………………… 101

1　地域発展戦略の変遷　101

2　産業の集積　108

3　人の集積　111

4　地域発展戦略の新展開　115

第6章　財政制度改革と中央 – 地方関係……………………… 119

1　財政システムと中央 – 地方関係──歴史からの視点　119

2　市場移行と財政制度改革　122

3　分税制の導入と地方政府の自主財源　126

4　これからの中央 – 地方関係の行方　131

第7章　世界最大の資本大国の金融システム…………………… 137

1　資源配分メカニズムの再構築としての金融改革　137

2　金融改革の到達点とマクロ政策手段の変化　143

3　企業の資本構成とインセンティブと企業改革　146

4　金融から見た中国の資本主義の特徴　149

第Ⅲ部　経済発展を制約する要因

第8章　貧困，失業および所得格差……………………………… 159

1　貧困問題　159

2　失業問題　164

3　所得格差　167

　　4　分析のまとめと政策的含意　176

第9章　人口と社会保障……………………………………………　183

　　1　人口爆発から少子高齢化へ　183

　　2　社会保障制度の転換　192

　　3　社会保障改革の挑戦──普遍主義の台頭と農村の包摂　195

第10章　エネルギー問題……………………………………………　203

　　1　高度成長によるエネルギー需要の急増，そして新常態へ　203

　　2　市場経済化のエネルギー安定供給への貢献　208

　　3　エネルギー政策の展開　212

　　4　中国のエネルギー問題の今後　218

第11章　経済発展と多様化する環境問題……………………………　223

　　1　環境問題と環境政策の変遷　223

　　2　豊かさが生む大気と水の汚染　227

　　3　荒れる大地と農村の貧困　230

　　4　地球温暖化問題への対応　233

　　5　環境問題は解決に向かうのか　236

第Ⅳ部　世界の中の中国

第12章　対外貿易と直接投資…………………………………………　241

　　1　閉鎖経済から開放経済へ　241

　　2　輸出志向工業化の展開　244

　　3　直接投資＝貿易連鎖の進展　248

　　4　外需主導型成長から内需主導型成長へ　252

目　次

第13章　香港・台湾の経済と中国との関係……………………………　259

　　1　香港・台湾の経済発展過程——1950年代から現在まで　259

　　2　中港経済関係の量的・質的変化　265

　　3　中国の経済大国化と台湾の対中経済関係の変容　270

　　4　香港・台湾経済の課題と中国との関係　275

第14章　中国と近隣諸国との経済関係……………………………………　277

　　1　「一帯一路」とAIIB，中国の思惑　277

　　2　北朝鮮との関係　287

　　3　大国となった中国と近隣諸国との経済関係の展望　290

終　章　中国経済の行方…………………………………………………………　295

　　1　「新常態」におけるマクロ経済動向　295

　　2　「二重の罠」　297

　　3　中国経済の発展をどう捉え，いかに付き合うべきか　303

資　料　307

索　引　313

xi

中国の四地帯区分と周辺諸国

出所：ESRI社データをもとに藤井大輔作成。

東部・東北部・中部・西部 四地帯区分

2,000 km
1,000
500
0

ロシア
モンゴル
カザフスタン
キルギス
ウズベキスタン
パキスタン
ネパール
ブータン
インド
バングラデシュ
ミャンマー
ラオス
タイ
ベトナム
カンボジア
フィリピン

朝鮮民主主義人民共和国
大韓民国
日本

日本海
黄海
東シナ海
南シナ海
インド洋

中華人民共和国

東北部
西部
中部

黒龍江　ハルビン
吉林　長春
遼寧　瀋陽
内モンゴル自治区　フフホト
北京
天津
河北　石家荘
山東　済南
山西　太原
陝西　西安
河南　鄭州
江蘇　南京
上海
安徽　合肥
浙江　杭州
湖北　武漢
江西　南昌
湖南　長沙
福建　福州
台湾　台北
広東　広州
香港
海口
広西チワン族自治区　南寧
貴州　貴陽
重慶
四川　成都
雲南　昆明
寧夏回族自治区　銀川
甘粛　蘭州
青海　西寧
新疆ウイグル自治区　ウルムチ
チベット自治区　ラサ

序 章
中国経済への招待

　1978年に改革開放に着手して以来ほぼ40年間にわたって，中国は平均年率10％近い高度成長を続けてきた。このことは，1949年の中国革命の成功と同等の，あるいはそれ以上の衝撃を世界に与えた。中国はすでに，東アジア経済はもとより，世界経済の中でも重要な役割を担う存在となっている。中国の高度成長が今後も持続するとき，反対に高度成長がストップして経済が停滞に陥ったとき，いずれの場合もその影響は全世界に波及する。好むと好まざるとにかかわらず，いまや中国を抜きにして世界経済の行方を語ることはできない。

　改革開放の40年間に，中国はなぜ持続的な経済成長を実現できたのか。また，高度成長時代が一段落し，「新常態」と呼ばれる安定成長期に入ったといわれる現在，克服すべき課題はどこにあるのか。第1章以下の各論において，これらの問いにひとつひとつ答えることにするが，序章では，いまなぜ中国に注目するのか，中国はどのようにユニークかを論じることから，これらの問題に第一次接近してみることにしよう。中国を丸ごと理解することは容易ではないが，多くの情報があふれる今日こそ，複眼で中国を見る重要性がますます高まっている。

キーワード：中国崩壊論，4つの世界，「二重の移行」，「大一統」，「華夷秩
　　　　　　　序」，グローバル化

1　中国理解のむずかしさ

（1）　相互交流の困難な隣人

　中国はどんな国だろうか。この問いに一言で答えることはとてもむずかしい。中国の地図を広げると，その巨大さに圧倒される。中国は西ヨーロッパがすっぽり入る960万km^{2}という広大な国土と，13.8億人（2016年）という膨大な人口

を擁する大国である。単に大きいだけでなく，後述するように，一国の中に世界の最先端を走る地域と，最貧国に位置づけられてもおかしくない地域が共存するという，多様な発展段階にある地域の集合であるところに特徴がある。中国のどの地域の，どの側面に注目するかによって，まったく異なる中国像が浮かび上がる。これほど多様な中国を客観的に分析し，その全体像を提示することがいかにむずかしいかがわかる。

　大国であるにもかかわらずその実態がよく知られていないことも，中国理解を難しくしている大きな理由である。中国がまだ伝統的な社会主義国だった頃，そこは「竹のベール」に囲まれた不思議の国であった。厳しい言論統制が行われ，中国に行くことさえままならなかった。極端な情報不足とイデオロギーが最優先される雰囲気の中で，中国には物乞いも売春婦もおらず，すでに社会主義の理想郷をつくりだしたとする言説がまことしやかに語られていた。

　1970年代末に始まった改革開放以降，中国についての情報不足は劇的に改善した。だれでも簡単に中国に行けるようになったし，新聞・テレビ・インターネットなど，さまざまなメディアを通じて私たちは恒常的に中国情報に接することができるようになった。しかし日本にとって中国はある意味で近すぎる存在であると同時に，いまだに相互理解が難しい隣人であり続けているのではないだろうか。

　その典型的な事例が2015年の春節（旧正月）以降，一種の社会現象にもなった中国人観光客による「爆買い」現象に対する日本社会の受容の仕方である。中国人観光客によって，日本製の炊飯器や洗浄機つき便座が飛ぶように売れていく様子をテレビのワードショーがおもしろおかしく報道し，家電量販店やドラッグストア，ホームセンターには，中国語で書かれた説明が必ず掲げられるようになった。しかし一方で，そのような「爆買い」現象は，日本社会において諸手を挙げての歓迎とは言い難い，複雑な反応を呼び起こした。それは，12年の尖閣諸島領有問題に起因する過激な反日デモや，現地の日系スーパーなどに押し寄せた暴力的な群衆の様子がまだ人々の記憶に新しかったからである。反日デモと爆買い。この対照的な2つの現象をみれば，日本（人）にとっての中国が単純には割り切れない，アンビバレンツな感情を抱いてしまう存在であることが浮かび上がってくるだろう。

　日中関係に限らず，きわめて高い多様性をもつ現代中国については，ある側

序　章　中国経済への招待

表序-1　今後の成長の予測

	GDP 成長率	資　本 増加率	就業者 増加率	成長に対する寄与度			労働生産 弾力性
				全要素 生産性	資　本	労　働	
楽観シナリオ							
2011〜2020年	7.7%	8.0%	-0.3%	3.5%	4.3%	-0.1%	0.46
2021〜2030年	7.1%	7.0%	-0.3%	3.5%	3.8%	-0.1%	0.46
慎重シナリオ							
2011〜2030年	5.7%	6.0%	-0.3%	3.5%	2.4%	-0.2%	0.60

出所：丸川知雄・梶谷懐（2015）『超大国・中国のゆくえ4　経済大国化の軋みとインパクト』東京大学出版会，15 頁。

面からの中国像は確かに一定の説得力を持つものの，別の側面から見ると，まったく異なる中国像が浮かぶ，ということも珍しくない。どちらも正しい中国の一面であり，どちらか一方だけが正しいわけではない。中国という巨象を丸ごと理解しようとすれば，複眼的な視点から独自の中国像を組み立てる以外に方法はないのである。

（2）　経済成長とGDP統計の信憑性

1978年の改革開放以来，中国は，貧しい農業国から新興工業国に急変貌を遂げ，今日では世界経済の動向を左右する巨大な存在になっている。表序-1は，今後の中国のGDP成長率について，異なる立場からの予測を示したものである。2010年に中国のGDPは日本を追い抜いたが，このトレンドが今後も一定期間継続し，その後，成長率が鈍化すると仮定した丸川知雄の予測に基づくと，中国のGDPは26年にアメリカを追い抜かすことになる（表序-1の「楽観シナリオ」）。一方，梶谷は資本の増加率を低めに見積もっているほか，労働の生産弾力性（就業者数の1％の増加によってGDPが何％増えるかを示したもの）が今後の労働人口の減少を反映して大きく上昇することを考慮に入れた「慎重シナリオ」を示している。このシナリオに基づけば中国のGDPがアメリカを抜くのは30年代前半となる（丸川・梶谷 2015）。このような予測がどの程度信頼できるかは別にして，それほど遠くない将来，中国がアメリカをも凌駕して世界最大規模の経済国となることはほぼ間違いない。

その一方で中国経済の現状に関する議論の前提となるGDPなど経済統計の信頼性の低さには絶えず疑問が投げかけられてきた。例えば2015年の上半期に

3

実質GDPの成長率が7.0％になるという数字が公表されると，その信頼性に対する疑念や議論が盛んに行われた。多くの工業製品の名目の生産額がマイナスになっていたにもかかわらず，工業部門全体の付加価値が実質6％の伸びを記録するなど，統計間の不整合が目立ったためである。

　こういった状況を受けて，中国のGDP統計は全くの嘘だ，といった煽情的なタイトルの書籍が書店に並ぶ一幕もあった。しかし，中国のGDP統計の問題点についてはこれまでも専門家による地道な議論が積み重ねられてきており，たとえ統計の信頼性に疑問が持たれるとしても，それらの「誤差」がどの部分から生じるのかという点について，おおよそのコンセンサスができている。

　中国のGDPの信頼性を大きく引き下げている原因の1つが，サービス部門に関する統計の不備である。中国がいわゆる改革・開放政策といわれる市場経済化路線を歩み始めるに伴い，それまでの計画経済時代に採用されていた統計システムも見直しが迫られるようになった。具体的には，1980年代後半から90年代にかけて，マルクス主義経済学に依拠したソビエト型の統計システムであるMPS（Material Product System）から，先進国を中心に国際標準としてより広く採用されてきたSNA（System of National Accounts）へという，統計システムの大規模な移行が行われた。MPSでは，イデオロギー的な観点から小売りや物流などサービス部門（第三次産業）の統計をほとんどカバーしていなかった。このため，いかにしてサービス部門の経済活動を把握して，この部門の統計を整備するか，という点が大きな課題となった。

　1985年には国家統計局によって「第三次産業統計の樹立に関する報告書」が提出され，サービス部門の統計の整備と，それをもとにしたGDP統計の作成が開始されるなど，徐々に統計指標体系の移行が行われた。特に，91年から92年にかけて行われた第三次産業センサスによって，GDP統計のカバレッジは大幅に拡大した。その後サービス部門の付加価値額の統計に関しては，センサス調査などを通じてたびたび改訂が重ねられてきた。それでも，近年中国の産業構造が製造業中心からサービス業中心に急速に変化していることもあり，その評価をめぐっては現在でも議論が続けられている。

　中国のGDPの信頼性を引き下げているもう1つの要因が，地方GDPの水増し報告問題である。中国では，中央政府が作成する全国レベルのGDP統計とは別に，31の省・市・自治区（地方政府）が公表する地方GDPの統計がある。

しかし，これら地方政府が発表するGDP統計は実態より大幅に過大評価されている，ということがこれまでも指摘されてきた。その背景として，地方のGDP成長率が地方指導部の評価を左右するといった中国独自の官僚の考課制度をはじめとした，政治的な要因がある。

　確かに，中国のGDP統計の精度は決して高いとは言えないかもしれない。しかし，それは全くのでたらめではなく，ある一定の傾向を持つ「誤差」を反映したものである。中国の統計の不備に気を取られるあまりその実像を見誤り，ビジネスチャンスを逃してしまうリスクにもついて，十分自覚的でありたいものである。

2　中国はいかにユニークか

　日本や世界にとって，中国経済は今後ますますその重要性を増し続けていくだろう。それでは，私たちは中国とどう向き合えばよいのだろうか。正しい中国理解なしには，なにごとも始まらない。中国がいかにユニークかを考えることは，私たちの中国理解を一歩進めてくれるはずである。

（1）　広大かつ多様な国土

　中国は，日本の10倍以上の人口（13.8億人）と26倍の国土（960万km^2）をもつ大国である。中国が巨大であることはだれもが知っている事実だが，それを正しくイメージすることは容易ではない。図序-1は中国の地図をヨーロッパに重ね合わせたものである。西ヨーロッパの主要国がすっぽりと中国の地図に隠れてしまう。黒龍江省の省都ハルピンとチベット自治区のラサとの距離は，ノルウェーのオスロとスペインのマドリードの距離より遠い。

　中国の特徴は，巨大であると同時に多様性に富むことである。北は亜寒帯から南は亜熱帯までの気候帯を含む広大な国土は，大きく分けて次の4つの階段で構成されている。第1階段は，平均海抜4000mを超える山脈，高原である。第2階段は海抜1000〜2000mの高原と盆地からなり，第3階段は海抜500m以下の平野と丘陵からなる。第4階段は大陸棚である。

　もっとも，国土は広大だが，開発可能なフロンティアはほとんど開発し尽くされている。耕地への過度な転換が進んだため，森林被覆率はわずか22.1%

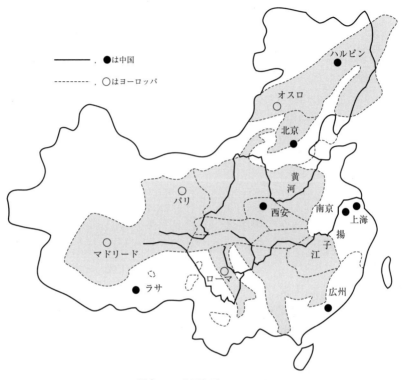

図序-1 中国と西ヨーロッパ

出所：竹内実（1999）『中国の思想』日本放送出版協会，10頁。

(2015年) と，68.5％の日本はもちろん，世界平均からみても低水準にある（総務省統計局「世界の統計2017」より）。農地面積も人口に比べ決して多いとは言えない。2014年の耕地1ヘクタール当たりの農村人口は5.9人であり，日本の農家人口に関する同じ統計に比べて約5倍という稠密さである（『中国統計年鑑』ならびに農林水産省「農林水産基本データ集」より）。

中国はまた，多民族国家でもある。全人口の92％を占める漢族の他に，55の少数民族が主として西南，西北部の辺境地域に居住している。31を数える一級行政区の中には，チベット，内モンゴル，広西チワン族，新疆ウイグル族，寧夏回族の5自治区が含まれる。人口規模の大きい少数民族には，チワン族（1693万人），回族（1059万人），満州族（1039万人），ウイグル族（1007万人），

ミャオ族（943万人），イ族（871万人），チベット族（628万人）などがある（総務省統計局「世界の統計2017」より）。

地形，気候，民族などの多様性に加えて，社会経済的な側面での多様性を考慮に入れると，中国は1つの国というより，1つの世界あるいは複数の世界の集合と捉えた方がよい。一方の極に存在するのが，上海浦東の金融センター，北京中関村や広東省深圳などに立地している電子産業中心のハイテクパークなどに象徴される先進地域である。この地域は，生産技術，経営管理，生活スタイルや所得の面でも，先進資本主義国とほとんど変わるところがないどころか，モバイル決済やシェアリング・エコノミーの普及など，新たなテクノロジーやサービスの普及の面で世界の最先端を走っている部分も少なくない。これらの先端地域は中国の中における「飛び地」の役割を果たしている。

そしてもう一方の極には，自然条件が厳しく，農業で生存を維持することさえ容易ではない山岳地域，辺境地域，少数民族の居住地域が存在する。情報不足や交通インフラの不備のため，沿海部への出稼ぎもあまり活発ではないこの地域は，発展の中心から最も遠い周辺地域である。これらの地域の中間に，多くの中小都市や脱農業化が進む沿海部の農村地域，さらに安価な食糧の生産基地であるとともに未熟練労働力のプールとして中国の経済発展に貢献してきた内陸部の農村地域など，きわめて多様な地理的な背景を持った地域が存在しているのが，国土の面から見た中国という国家の特徴である。

（2）　二重の移行過程

改革開放後直後の中国は，社会主義国であると同時に発展途上国でもあった。社会主義から資本主義への移行と，いわゆる「市場の未発達」な段階から発達した段階への移行という，「二重の移行」を同時並行して進めたという意味で，中国の市場移行はきわめてユニークであった（第2章参照）。

社会主義国であると同時に発展途上国でもあるという，中国のもつ二面性を明示的に取り入れ，それをやや概念的に図示しようとしたものが**図序-2**である。この図は，伝統経済（自給自足メカニズム），計画経済（計画メカニズム），市場経済（市場メカニズム）の三極から中国経済が構成されていることを示している。

図に描かれているように，計画メカニズムの極には国有企業が存在し，自給

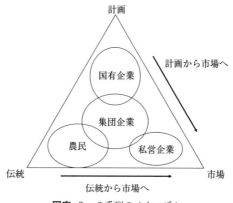

図序-2 3系列のメカニズム

出所：筆者作成。

自足メカニズムの極には農民がいる。他方，市場メカニズムの極には私営企業や外資系企業がある。さらに三者をつなぐように各種の集団所有企業（都市集団所有，農村集団所有，所有をまたぐ合弁企業など）がある。この3系列のメカニズムの混在として中国経済の現状を捉えることが可能とすれば，中国における市場移行がどのような過程であるかは，おのずと明らかになる。すなわち，計画から市場への移行というベクトルと，伝統から市場への移行というベクトルとが合成され，重なり合って進行する「二重の移行」過程がそれである。

この「二重の移行」がどのように進んだか，どこまで到達したかの検討は，この後の章（第2章，第4章など）に譲るが，あらかじめ仮説的に示しておくならば，「二重の移行」が主として伝統から市場への移行のベクトルによって推進されたところに中国の特徴があり，それが漸進的な市場移行を成功に導いた要因であった。

（3） ひとつの統合原理

ここまで読み進んで，読者の中に素朴な疑問が生まれたかもしれない。これほど多様性に富む中国が，なぜ分裂しないで1つの国家を形成できるのだろうか。その答えは，中華思想という強力な統合原理が存在したからである。

長い歴史の中で中国は何度も分裂を繰り返したが，分裂国家は必ず統一国家に再統合された。連綿と受け継がれてきた「大一統」（一統ヲ大ニス。王者の統

合を尚ぶ）の伝統は，中国の統合原理である中華思想を端的に表すものである。

中華世界の統合原理としての中華思想には，次の2つの意味が含まれている。第1は，多民族あるいは超民族的な地域，集団をまとめる統合原理としての中華思想である。そこでは，「華夷秩序」（自らを華と捉えて中心に据え，その周辺に蛮夷，戎狄を置く）が形成され，同じ文化を受け入れる者を全て内に含み込む「中華世界」が，地理的，空間的な差異を乗り越えて成立している。

第2は，民族，国民と等置される中国ナショナリズムとしての中華思想である。近代中国のナショナリズムへの衝動は，中華民国の成立によって充足したわけではなく，現在まで継承されている。それは多民族国家の中に単一民族としての「中華民族」を創出する過程でもある。

チベットや新疆ウイグル自治区における民族問題は，中国社会が抱える深刻な矛盾のひとつである。少数民族の異議申し立てを力で押さえつけるために政府が支払っている経済的コストは恐らく莫大なものだろう。しかし，アヘン戦争以降，列強による侵略を経験した近代史の中で，分裂は弱体を意味し，統一は富強を意味するという観念が強固に形成されている。実態としての地方分権化がどれほど進んだとしても，近い将来，政治的な統合を中国が手放すことは考えにくい。

3　複眼で中国を見る

経済理論の単純な当てはめでは，これほどユニークな存在である中国を十分に理解することはできない。社会学や政治学の領域にも踏み込んだ理解が必要とされるゆえんだが，それ以上に，複数の視点を組み合わせた複眼的な思考が求められている。第1章以下の課題を提示しながら，複眼的な思考がもつ有効性を明らかにしよう。

（1）　歴史の中で見る

第1は歴史の中で現在を見る視点である。中国は世界最古の文明発祥地の1つであり，長い歴史と文化的伝統を擁する。高度成長の中で散見される過度な商業主義（偽ブランドや海賊版の横行）は，伝統中国における貨殖主義の復活として捉えることができるかもしれない。また，伝統中国で広範囲に観察された

「包」(請負)の関係は，改革開放期にさまざまなレベルで復活している（加藤，2016）。

　文化論的な視点に加えて，歴史との連続性にかかわる次の2つの視点に注目したい。第1は，20世紀史の文脈で現代を読み取る視点である。中国における資本主義は改革開放によって初めて生まれたとはいえない。近年の研究が明らかにしたように，中国国民党政府の下で，1930年代には資本主義の一定の発展が見られた。そうした歴史は，改革開放後の急成長とどのように関係しているだろうか（第1章）。

　第2は，社会主義時代の歴史的遺産をどう評価するかという視点である。1949年の人民共和国の成立から78年の改革開放まで，中国はおよそ30年間にわたり社会主義体制を保持してきた。大躍進にせよ，プロレタリア文化大革命にせよ，現時点から振り返るならば，社会主義の実験は国民に大きな犠牲を強いるものであった。しかし，一方では改革開放後の急速な経済発展の基礎が社会主義の経験によって築かれたという側面も否定できない。例えば，改革開放後に出現した郷鎮企業（農村部の中小企業）の急成長の要因を分析すると，人民公社体制の下で行われた政治経済組織の再編が，郷や村レベルの末端組織が所有・経営する企業の形成と発展の基礎を提供していた側面がある。

　社会主義が残したいまひとつの遺産は，国有企業である。国有企業の経営には問題が多いが，今日なお，都市部の経済では大中型国有企業が占めるウエイトは大きい。共産党政府は国有企業を完全な民営化するのではなく，「混合所有制」という形で国家の関与を残す形で経営の効率化を図ろうとしている。いずれにせよ，国有企業に代表される社会主義の遺制は中国の経済システムになんらかの影響を残さずにはおかない。社会主義がなぜ失敗に終わったのか，社会主義から資本主義への移行がどのように進められたのか，いま中国に存在する経済システムはどのような特徴をもつのか（第2章）。

（2）　都市・農村の二重構造として見る

　第2は，都市・農村の二重構造に注目する視点である。都市・農村間に二重構造が存在することは発展途上国に共通する特徴であるが，中国の場合，この二重構造を制度的に固定化し，意識的に利用してきた。

　中国はごく最近まで農村人口が5割を上回っていた農業大国であるが，中国

のきわだった特徴は，農業，農村，農民をイコールで結ぶことができないところにある。すなわち，農村部に居住する農民は必ずしも農業に従事しているわけではなく，農家所得の相当部分は，農村内部での非農業所得や都市部での出稼ぎ所得に依存している。例えば沿海部の農村では非農業に従事する農民（農民工）が経済発展の原動力となってきた。農村発展の行方は，中国の持続的発展のカギを握っている（第3章）。

　他方，都市の発展は，主として国有企業の改革と非国有企業の発展の行方に依存している。近年に非国有企業，とりわけ私有企業がめざましい台頭をみせる中で，国有企業に対する保護政策，私有企業に対する差別政策，外資企業に対する優遇政策という政府の分別的な企業政策をどう解消していくのか。注目を集める今後の国有企業改革の行方も，このような観点から検討されるべきである（第4章）。

（3）　地域の集合として見る

　第3は，地域の集合として中国を見る視点である。中国は発展段階の異なる多数の「地域」からなる大国である。ある地域についての真実が，他の地域についてもそのまま当てはまるとはいえないところに，中国理解のむずかしさとおもしろさがある。

　市場化の進展は，徐々に国内統一市場の形成に向かった動きを示している。しかし，産業立地に注目すれば，特定産業が特定地域に集中する傾向は明らかであり，地域格差は拡大傾向で推移している。いかにして均衡のとれた地域発展を実現するかを考えるためには，地域の集合として中国を捉える視点が有効となろう。また，政府が進める新型都市化政策や，新たな国家級新区の動向にも注目したい（第5章）。

　改革開放後，地域が競い合うように工業設備の導入を行い，活発な地域間競争が行われた。地方財政請負制度に代表される地方分権化的な制度が，地域の自律的な発展を促した。ただ，こうした発展パターンは，その後変更を余儀なくされており，近年ではPPP（官民パートナーシップ）あるいは，地方債の発行を通じた地方債務の置き換えなど，市場メカニズムを通じた財政行動の規律づけという方向がめざされている（第6章）。中央銀行が設立され，各種商業銀行が金融機関として政府から相対的に独立し，地域ごとに分断された資金循環構

造に変化が現れたり，証券取引所が設置され，株式市場が整備されたりするの
も，改革開放後のことであった。金融市場の自由化に向けた改革はいまだ道半
ばである一方，近年ではインターネットを舞台にした決済システムの広がりに
よって，国民生活に利便性をもたらす新しい金融サービスの普及にも期待が集
まっている（第7章）。

（4）　経済発展の制約要因から見る

　第4は，経済発展を制約する要因に注目する視点である。あまりにも急激な
経済成長と社会変容は，さまざまなひずみを生み出すと同時に，持続的発展の
制約条件となっている。そのひとつが格差の拡大である。都市・農村間での格
差と重なるように，地域間，階層間での所得格差が拡大を続けている。経済成
長によって農村部の絶対的貧困は大きく減少したものの，新たな都市における
貧困問題が生じてきている。都市・農村間での制度面，実態面での二重構造の
改変，都市内部の再分配メカニズムの構築なしには，格差問題を抜本的に解決
することはできないだろう（第8章）。さらに，社会保障制度の改革や人口流動
にかかわる政策も，国有企業改革や農村と都市との一体化を促進したり，制約
したりする要因となる。制度面での国民皆保険制度体制が構築されたとはいえ，
都市・農村間をはじめとした社会保障の格差解消には，まだまだ時間がかかり
そうである（第9章）。

　中国が経済成長を持続するにあたって，十分なエネルギー・資源を確保でき
るかという点はとりわけ重要な課題である。改革開放期の高度成長の過程にお
いて，中国は市場メカニズムを利用し，エネルギー供給量を大幅に拡大するこ
とに成功してきた。成長減速によって石炭や電力が供給過剰状態に陥いる中，
過剰生産能力を整理しつつ，大気汚染やエネルギー安全保障の問題にも取り組
むことが求められている（第10章）。多様な側面をもつ中国経済は，直面する環
境問題もまた多様である。PM2.5をはじめとした大気汚染，河川や湖沼の汚
染，農村で進む大地の荒獏化といった国内における環境問題，さらには温暖化
対策に代表される地球規模での環境負荷の増大に，中国はどう対処しようとし
ているのだろうか（第11章）。

（5） グローバル化の中で見る

　第5は，グローバル化の中で中国を見る視点である。改革開放後の高度成長は，外国直接投資の積極的受け入れと，輸出志向型発展の成功によるところが大きい。マクロ面では，WTO（世界貿易機関）加盟，FTA（自由貿易地域）の推進，さらには東アジアにおける分業体制の再編という大きな潮流の中で，中国の対外開放政策を捉える視点が重要である。また，国内賃金の上昇と過剰供給能力の解消，という背景の下で，いち早く対外進出を始めた（「走出去」）企業の動きにも目が離せない（第12章）。

　グローバル化の中で中国を見る視点には，中国を内に含む地域経済圏の形成という視点も含まれる。広東省，福建省と香港，台湾との経済一体化（華南経済圏）はどこまで進んだのか。香港，台湾は，はたして産業空洞化を回避し，産業構造の高度化に成功できるだろうか（第13章）。目を他の周辺国に転じてみよう。近年注目を集めているのが，「シルクロード経済ベルト（一帯）」および「21世紀海のシルクロード（一路）」を合わせた「一帯一路」構想の推進である。その一環として中国はアフリカ諸国に急接近し，独自の経済外交を展開している。また東南アジアでは，メコン流域経済圏の一員としてミャンマー，ラオス，ベトナム，タイとの物流ネットワークやFTA交渉が急展開している（第14章）。

■　■　■

●参考文献────────────

加藤弘之（2016）『中国経済学入門──「曖昧な制度」はいかに機能しているか』名古屋大学出版会。

竹内実（1999）『中国の思想』日本放送出版協会。

丸川知雄・梶谷懐（2015）『超大国・中国のゆくえ4　経済大国化の軋みとインパクト』東京大学出版会。

ウェブサイト

総務省統計局「世界の統計」 http://www.stat.go.jp/data/sekai/index.htm

　世界各国の人口，経済，社会，文化などの実情や世界における日本の位置づけなどを知るための参考となるさまざまな統計を簡潔に編集し，公開したウェブサイト。

アジア経済研究所学術研究リポジトリ（ARRIDE）

http://www.ide.go.jp/Japanese/Library/Faq/tokei.html

日本のアジア諸国，発展途上国を対象とした地域研究を牽引してきたアジア経済研究所の研究成果をオンラインで発信するウェブサイト。「定期刊行物」として『アジア動向年報』のバックナンバーが公開されており，アジア各国の主要なマクロデータが得られる。

（加藤弘之・梶谷　懐）

第Ⅰ部

中国100年の歩み

第1章
20世紀の中国経済

　近年のような高度成長を持続するのは，中国経済にとって初めての経験であった。しかしそうした時期を迎えるまでに，実は1世紀半以上に及ぶ曲折に満ちた助走期間が存在したことを，見落とすべきではない。明治の日本が工業化の道を歩み始めた頃，中国もまた工業化への入り口に立っていた。清朝という最後の専制王朝の下で開始された近代工業移植の試みは1912年に誕生した中華民国に引き継がれ，工業以外のさまざまな分野にも経済発展の波が及んでいく。50年代に共産党政権による社会主義化の試みが始まる以前に，中国にはある程度発展した資本主義経済が生まれていた。その曲折に満ちた過程を辿るならば，現在の中国経済は過去の歴史的遺産とさまざまな問題点を抱えながら存在していること，したがって現時点の姿は大きな転換過程のほんの一局面にすぎないとも見られることを理解できるに違いない。

キーワード：「租界」，「包」的倫理，同業団体，漕糧，洋務運動，光緒新政，
　　　　　　　三民主義，遠隔地市場圏，局地市場圏

1　工業化の20世紀

（1）　近代工業の発展

　中国の近代的機械工業は19世紀半ばに勃興した。開港以降，外洋汽船の船舶修理と部品製造にあたる金属機械工業が育ち始め，時を同じくして洋式兵器国産化をめざす国営軍需工場・造船所等が設立された。上海の江南造船所，南京の航天晨光など，現代中国のトップ企業のいくつかは創立以来百数十年の歴史を刻んでいる。[(1)]1894年には，東アジア最先端の設備を備えた漢陽製鉄所が日本の八幡製鉄所（1901年操業）に先がけ操業を開始した。

　19世紀末から20世紀初めには対外貿易が工業化を促進した。国際市場に向け

第Ⅰ部　中国100年の歩み

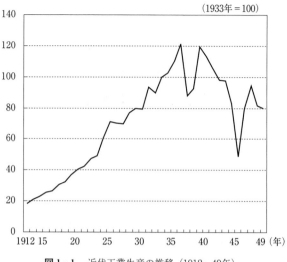

図1-1　近代工業生産の推移（1912～49年）

注：綿糸布，生糸，絹織物，小麦粉，銑鉄など18品目，価格ベースで全体の72％を占める工業製品の生産統計を基礎に算出したもの。1933年を100とする。
出所：久保亨（2009）『20世紀中国経済史の探究』信州大学人文学部，98頁。

輸出用生糸を作る器械製糸工場が上海や広州に林立する一方，外国製工業製品の輸入増加に刺激され，同様の国内市場向け工業製品をつくる綿紡績，紙巻タバコ製造，製粉等の近代的機械工場が上海・天津・青島といった沿海都市に設立された。その後，特に欧米からの工業製品輸入が激減した第一次世界大戦期を境として，国産品が輸入品にとってかわる輸入代替工業化と呼ばれる過程が急速に進展し工業製品の生産量が伸びていく（図1-1）。中国が関税自主権を回復した1930年代には，繊維食品雑貨などの軽工業製品はほぼ国産品でまかなえる状態が生まれ，日中戦争に伴う落ち込みがあったにもかかわらず，1912～49年の平均成長率は4.0％を記録した。こうして20世紀前半のうちに軽工業中心の工業化がある程度進んでいたことは，20世紀後半，人民共和国時代に重化学工業中心の工業化が展開されることを可能にする1つの条件になった。

（2）　工業発展過程の特徴

20世紀中国における近代工業の発展過程は，次のような特徴を示している。

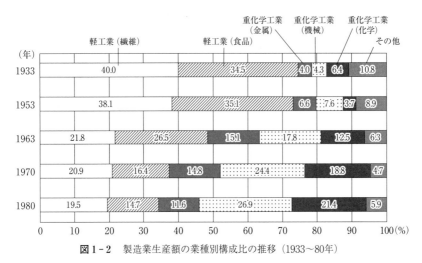

図1-2　製造業生産額の業種別構成比の推移（1933～80年）

注：1933年は総生産額，1953年以降は実質生産額。軽工業は繊維＋食品。重化学工業は金属＋機械＋化学。
出所：久保・加島・木越（2016）『統計でみる中国近現代経済史』東京大学出版会，73頁。

　第1に，工業の内容に即していえば，1890年代から1930年代にかけ，繊維・食品などの軽工業が急速に発展して自給化を達成し，ついで1940年代から70年代にかけ，鉄鋼・機械などの重化学工業が本格的に発展した。その結果，製造業の生産額に占める軽工業と重化学工業の比率は，1930年代から50年代の初めまでは8対2程度だったのに対し，70年代以降は4対6程度に逆転している（図1-2）。

　その過程を見ると，軽工業の発展がその生産設備や原料を供給するための重化学工業の発展を刺激した，という後方連関効果を，化学工業や機械工業の一部に確認することはできる。しかし基本的な傾向としては，日中戦争の前夜に端緒を持ち，その後，日中戦争期，国共内戦期を経て人民共和国期になってからも長く維持された戦時経済への傾斜が，軽工業の展開を抑制し重化学工業の発展を政策的に促進する要素になっていた。一方，日本の国策会社満鉄の鞍山製鉄所（1919年操業）や大倉財閥系の本渓湖製鉄所（1915年操業）など1910～40年代の東北地域の鉄鋼業の場合，製品の大半は日本へ輸出され，中国経済との連係を欠いた発展に陥っていた。他方，高コストに苦しみ市場を確保できなかった中国資本の漢陽製鉄所は，20年代半ばに操業を中断した。さらに50年代以降に急発展した重化学工業の多くも，軽工業との有機的な連関は希薄だった

ことが指摘されている。このように重化学工業部門が国民経済全体との結びつきに欠けるという傾向は、中国の工業発展における歴史的弱点となっていた。

第2に、近代工業発展の担い手に着目すると、繊維・食品などの軽工業分野の場合、当初は外国の民間資本による企業設立が先行した事例が多い。しかしひとたび外国資本が成功を収めると、時を隔てることなく中国の民間資本が当該分野に参入し、やがて中国資本の地位が支配的なものになる、という過程が進行する。第二次世界大戦前に外国資本がある程度のシェアを保持し続けたのは、外資系企業の側がすぐれた技術と大きな資金力を備え、原料の買い付けから製品の販売に到るまで独自のルートを確保することに成功していた、綿紡績業（日本資本の内外綿・大日本紡績・鐘紡等の在華紡工場）や紙巻タバコ製造業（アメリカ資本の英米タバコ）など少数に限られていた。また中国資本の中では、永安紡、南洋タバコ、美亜人絹織布をはじめ、華僑や留学生が設立営業に関わった企業が少なからず見られた。

華僑・華人など海外在住の中国系の人々（居住の性格や国籍の点で区別されるが、以下では華僑と総称）は現在では2500〜3000万人に達している。東南アジアへの中国系移民はすでに宋代から始まり、19世紀に東南アジア・オーストラリアなどの錫鉱山開発やプランテーション農業に、あるいはアメリカの金鉱開発や大陸横断鉄道の建設に、汽船に乗って多くの中国人労働者がやってくるようになると、その数は飛躍的に増大した。中国の対外貿易は華僑商人たちのネットワークによって支えられ、多額の華僑送金は、中国の国際収支を均衡させ、工業化に要する資金を提供する重要な資金源にもなった。

一方、鉄鋼・機械などの重化学工業の場合、日本が東北地域に展開した諸企業と歴代中国政府の国家資本企業とが発展の主力であって、中国の民間資本企業が積極的役割を果たした事例は機械工業の大隆鉄廠、ソーダ工業の永利化学など少数にとどまっている。巨額の初期投資が必要な上、利益の回収に時間がかかることが、重化学工業へ民間資本が参入することを躊躇した要因であった。

第二次世界大戦後、旧日本資本企業を接収した国民政府がその相当部分を中国紡織公司や資源委員会傘下の国営企業に再編したことにより、軽工業分野でも重化学工業分野でも、国営企業の比重が飛躍的に高まった。さらに49年革命後は、国民政府時代の国営企業がそのまま人民共和国政府に引き継がれるとともに、30年代のソ連「社会主義」をモデルに、民間企業と外資系企業に対し実

質的な国営化が強行されていった。

第3に近代工業の地域的な分布という点でも，大きな変化が見られた。発展当初の19世紀後半から1930年代までの段階では，国内生産額の半分以上が上海地域に集中し同地域が隔絶した地位を築いている。上海は対外貿易と外国投資の中心地であったし，豊かな江南デルタを後背地とし，国内交通の要地でもあった。外国人居住地区「租界」が果たした役割も大きい。租界とは「租」（貸出し）「界」（領域），つまり外国に半永久的に貸出していた土地を意味し，外国が独自の行政機構を備えて税を集め，外国人の経済活動を保証する仕組みを整え，電気ガス水道などを敷設し，学校，警察なども運営していた。こうした条件があったため，租界には多数の中国人も居住し（上海では石造りのどっしりしたビル，高級住宅，教会などが建ち並ぶ30km^{2}の地域に最大時320万人が暮らしていた），商取引や金融のセンターとして，また近代的機械工業の集積地として，中国経済の発展を促す拠点になるとともに，欧米の文化や風俗が流れ込む窓口にもなった。反面，租界は外国の特権を象徴する存在と見なされ，租界行政権の返還が民族運動の目標になり，第二次世界大戦中の新条約によって撤廃された。なお租界が持っていた外資導入・外国貿易促進などの機能を再現してみせたのが，1980年代に中国各地に設けられた経済特区である。

ただし，工業化が進んでいたのは大連・天津・青島・武漢などの沿海もしくは長江流域の都市に限られ，内陸地域における近代工業の発展は遅れた。その後1940年代から70年代になると東北と内陸地域の重化学工業に発展の重心が移り，沿海地域の比重は，80年代の改革開放を迎えるまで低下の一途を辿っていた。

（3）　交通通信の近代化

工業化は交通通信手段の近代化を伴いながら進んだ。

交通・通信が近代化されてくる過程を振り返ってみると，これまでに3回の急速な拡大期が存在したことが知られる。最初の変化は1850～70年代に，主として外国資本の主導により長江および沿海航路に汽船輸送が登場し普及していったことである。英米の商社などが相ついで香港－上海間の定期便を開始した後，他の沿海航路や長江航路にも汽船を就航させていった。また外国汽船会社の興隆に刺激された中国人商人と清朝政府も自前の汽船会社設立を構想する

第 I 部　中国100年の歩み

ようになり，1872年には半官半民の汽船会社，輪船招商局が設立されている。
これらはいずれも外国貿易の展開過程と結びついた動きであり，中国を国際貿
易の網の目の中に組み込んでいく役割を果たした。

　電信事業においても，中国はこの時期，外国資本の主導により，国際電信網
の中に組み込まれている。1871年 6 月デンマークの会社（当初ロシア系，後に
イギリス系）が香港から長江河口の島まで敷設していた海底ケーブルと上海市
内からその島まで敷設したケーブルとを接続し香港－上海間の電信施設を作り
上げたのである。やや遅れて英米他社も中国の国際電信事業に参入した。その
後，国際商品たる生糸や茶を取引する中国人商人が電報を利用するようになり，
政府自身も在外公館との連絡に電報を使うようになったことから，1880年，清
朝政府は天津に電報総局を発足させた。

　なお中国最初の鉄道は，日本の新橋－横浜間鉄道開通の 4 年後にあたる1876
年，上海－呉淞間にイギリス商社ジャーディン・マセソン商会によって敷設さ
れている。しかし沿線住民の不安，在来運輸業者の危機感，外国人主体の鉄道
事業の一方的強行に対する中国側の懸念，などが重なり，呉淞鉄道は敷設後 1
年足らずのうちに清朝政府によって買い取られ撤去された。とはいえ清朝政府
も鉄道の利便性そのものは理解しており，81年には河北省開平の国営炭鉱の石
炭を運ぶため唐山－胥各庄間9.7kmに国営鉄道を設け，88年までにそれを唐山
－天津間130kmに延長した。これが中国に敷設された 2 番目の鉄道路線になっ
た（現在の京哈線の一部）。

　交通通信手段の近代化における第 2 の大きな変化は，外国からの投資や借款
によって進められた東北，および華北地方を中心とした幹線鉄道の敷設と，中
国資本の汽船会社も台頭する中で進展した内陸諸都市と沿海部との汽船航路の
開設であって，特に1890～1900年代に集中的に生じた動きである。鉄道建設の
最初のブームは日清戦争後にやってきた。鉄道輸送の軍事的重要性を痛感した
清朝政府に対し，中国進出と利権拡大を狙う列強側も競って鉄道建設のための
借款計画を提起したからである。日清戦争後の15年間（1895～1910年）に，中
国を南北に縦断する幹線（北京－武漢－広州を結ぶ盧漢線・粤漢線）と東北，山東，
雲南などの各地の幹線の主要部分が開通し，営業距離も8000kmを越えた（図
1－3）。また1910年代以降，上海－寧波間を結ぶ三北公司，四川省各地と長江
流域を結ぶ民生公司など，中国の民間汽船会社が発展した。国内の電信事業も，

22

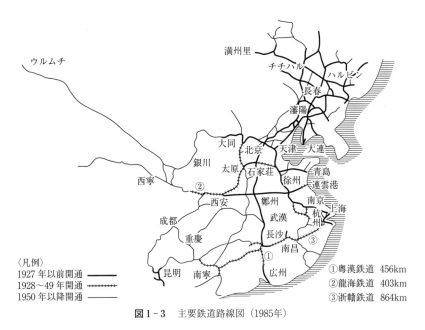

図1-3　主要鉄道路線図（1985年）

出所：久保・加島・木越（2016）『統計でみる中国近現代経済史』東京大学出版会，77頁。

　1908年，清朝政府郵電部電政局の下に統一された。この時点で旧電報総局が経営していた電信網は総延長距離12万km，各地の公営事業電信線の距離は計7万kmに達している。交通通信事業の発展は中国の対外貿易にも顕著な刺激を与え，1900～10年代の対外貿易は空前の伸びを記録した。それはまた沿海都市部の工業化を促すとともに，開港地の背後に広がる農村に商品的な農業が浸透していく上でも，はかりしれない意味を持った。

　その後，1930～40年代になると，日中戦争とそれに続いて勃発した国共内戦の影響により，交通通信事業の発展は大きな制約を受け，新たな交通網の整備もあまり進まなかった。さらに49年の人民共和国成立以降，必要な物資の輸送量自体は激増していたにもかかわらず，その増加分は主に輸送の密度を引き上げることによって消化されてしまうことが多くなり，交通通信事業の抜本的な拡充という課題は後回しにされた。

第Ⅰ部　中国100年の歩み

（4）　商品的な農業の展開

　中国農業が20世紀を通じある程度の発展を記録し得たことは，明確に確認されなければならない。19世紀末から1930年代までは対外向け輸出を中心として，また80年代にはとくに国内工業向けの原料として，商品作物の生産が増加した。また60～80年代には米穀類の生産も顕著な増加を示している。こうした増産は，耕地面積の拡大，多収量品種の普及，化学肥料の使用の増加などによって実現されたものであった。しかし米穀類の生産増が人口の激増に見合うものではなかったため，中国は農産物の大量輸入国の1つになっている。工業の急発展に較べ，農業の発展程度は緩慢なものであった。

　農業の発展が必ずしも順調なものではなかった理由は，自然的な条件に求められる部分も少なくないとはいえ，やはり農業生産を担う農家経営のあり方と深くかかわっている。19世紀の末から1930年代にかけては，小経営生産を軸に農業生産力は着実に上昇しつつあった。それに対し日中戦争と国共内戦という打撃が加えられた後，50～70年代の人民共和国政府の農業政策が大きな問題をもたらした。急進的土地改革による大量の自作農創出が，経営規模の過小化を招いてしまったからである。あまりにも小さな農家経営はコストを上昇させ生産性を低下させる。農業生産は低迷した。さらにそうした事態への対応策として打ち出された農業集団化による経営大規模化は，当初の意に反し個々の農民の労働意欲を失わせ，増産のスピードを著しく鈍化させた。そのため1970年代末から80年代初めの政策転換によって小経営が復活すると，農業生産は一時急速な伸びを記録している。

（5）　近代的金融機構の整備過程

　中国では近代的銀行業の確立に先行し「票号」「銭荘」などが発達している。票号は福建の茶の取引や対ロシア交易を扱っていた山西出身の商人が，取引用の遠距離送金ルートを生かし19世紀初め頃までに創設した金融機関である。また銭荘は，上海，広州，北京などで19世紀に発展してくる金融業者であって，当初は両替と周辺市場圏における取引決済を主な業務にしていたが，やがて取引決済のため独自の約束手形に相当する荘票を発行するようになり，対人信用を基礎とする商工業向け貸付も重要な業務とするようになった。しかし近代的な銀行業の発展につれ票号や銭荘の活動範囲はしだいに狭められた。

一方，19世紀半ばからの貿易拡大に伴い，送金と外国為替取引を扱う外国銀行が中国に進出した。中国は銀通貨圏にあったため，銀の国際価格が下落すると，1865年設立の香港上海（匯豊）銀行（本店，香港。現HSBC）のように，同じ銀通貨圏に本店を置き資本金も銀建て制とした銀行が台頭した。19世紀末以降，外国銀行は，清朝が賠償金を支払うための借款，公債の引き受け，通貨の発行，政財界要人の預金受け入れ，関税塩税の保管，銭荘への貸付など業務を多様化させ，中国経済全体に大きな影響力を持つようになった。

中国資本による最初の近代的銀行は，1897年設立の中国通商銀行（本店，上海）である。1905年には初の政府系銀行として戸部銀行（戸部は清朝政府の財務省に相当）が北京に設立された。同行は08年に大清銀行，12年に中国銀行と改称されている。民間資本による近代的な銀行も続々と誕生した。浙江興業銀行（1907年設立），四明銀行（1908年），上海商業儲蓄銀行（1915年），金城銀行（1917年）などがそれであり，中国政府が発行する公債を引受け，その売買収益や配当金収入を獲得するとともに，一般の商工業に対する主要な金融機関としての役割も果たすようになった。

1920年代末以降，中央銀行の創設，銀行法の制定など，金融業全体に対する国の規制が強まった。特に大きな節目となったのは35年の金融恐慌である。経営難に陥った銀行への官僚派遣，中国・交通両行の政府持株比率引き上げ，中国農民銀行と中央信託局という2つの政府系金融機関創設，などが相継いで実施され，全体として民間銀行に対する政府の影響力が強まった。さらに同年11月には幣制改革が断行され，通貨発行権が中央政府の下に掌握された。

1937年に日中戦争が始まると，抗戦のための経済運営＝戦時統制経済の要として各金融機関に対する政府の統制が格段に強化されるとともに，政府系4銀行の活動の一本化を図るべく四行連合弁事処（四連総処）が新設され，抗戦期に強大な力を振るった。

人民共和国政府によって「社会主義」化が強行された1952年，他分野に先駆け真っ先に国有化されたのが金融業であった。国共内戦末期から続く悪性インフレを終息させるためにも，また経済統制を有効に実施し重化学工業化を強行していくためにも，経済活動全般の「管制高地」たる金融業を早期に政府のコントロール下におく必要があると判断されたのである。民間銀行は消滅し，政府の経済政策を実行するための金融行政機構として，中国人民，中国（外国為

第Ⅰ部 中国100年の歩み

替取扱銀行），中国農業（ただし1957年に撤廃，改革開放後に復活），中国人民建設の政府系4行のみが残された。自立的な金融業の展開は，ここに一度断ち切られたといってよい。自立した金融業の消滅は製造業側の発言力を極端に大きなものにさせ，結果的には製造業内部にも投資効率引上げ努力の不足など深刻な問題を生じさせる。大量の資金と労働力が投下されながら，きわめて生産性の低い工場が増加するという1950〜70年代の工業化の問題点は，こうした事情とも深くかかわって生じたものだった。

2 前近代の市場経済

近代中国で工業化が進展した重要な条件の1つは，外国からの投資と国家資金の投入に加え，潤沢に蓄積されていた民間資金が工業投資に振り向けられたことであった。民間資金の出資者の中には，優れた外国語能力と経営能力を持ち，商社など外資系企業の経営を任され買辦と呼ばれていた人々，あるいは前にも述べたように外国に移住し事業を成功させていた華僑商人なども含まれている。しかし多くの場合，綿紡績業，製糸業，製粉業などの近代企業は，綿糸布，生糸，絹織物，米穀類，塩などの流通・販売に携わっていた商人や銭荘をはじめとする金融業者の投資によって創設された。そうした商人や金融業者の富は，前近代の長期にわたる市場経済の発展を基礎として形成されたものであった。

（1） 前近代中国の経済秩序

前近代中国の市場経済を際だって特徴づけていた現象の1つは，個々の経済主体の間に，文書による無数の契約関係が張りめぐらされていたことであった。土地建物の売買，商取引の際には，必ず文書による契約が交わされ，多くの場合，そこには保証人となる仲介者の名前も記録された。何人かが資金を持ち寄って企業経営を始める場合，それは合股と呼ばれ，拠出金の割合や利益の配分方法などが細かく規定された契約文書が交わされた。農民が土地を借りて耕作する場合，土地の所有者と借用者の間で，その土地の位置，広さ，土質，小作料の支払い方法などの借用条件が厳密に規定された契約文書が交わされた。農民が文字を書けなかった場合，代書人が代わりに署名し，農民自身はその署

名の下に「×」印を書くだけという体裁の文書も少なくない。そうまでしても，文書による契約が重んじられたのである。土地建物の売買契約について，官に契税を納め，その見返りに官が契約内容の履行を保障するという方法も使われていた。また商人が税金を請負徴収する場合には，そのための契約が官側との間で交わされていたし，商工業者が出店する際に許可が必要な場合も，やはり官との契約が交わされた。

　契約の内容には，請負を意味する「包」的な関係が規定される場合が多かったことから，中国の経済秩序を貫くのは「包」的倫理である，と喝破した日本の農業経済学者もいた（柏，1948）。柏のいう「包」的倫理によって経済活動の全てを説明できるわけではないにせよ，商工業において出資者と経営者の間に交わされる企業経営の請負契約，機械製造業における部品製造の下請契約，農業において地主と耕作農民の間に交わされる小作契約，商人が税金を請負徴収する際に官庁との間に交わす請負契約などは，いずれも広い意味で「包」的な関係に含まれるものであった。そうした事情を想起するならば，伝統中国の経済秩序を支える上で，請負的な関係とそれを規定する契約文書がきわめて重要な意味を持っていたことは否定できない。

　ではなぜこのように請負を主とする契約関係が経済活動全般に広がり，市場の秩序を支えていたのだろうか。その１つの大きな要因として，柏は，中国経済の不確実性にともなう危険性を分散し，他に転嫁しようとする志向性がさまざまな経済主体の間に存在していたことを指摘している。請負を重ね，１つの経済的行為をいくつかの段階に区分し，それぞれの段階ごとの責任者を請負契約によって決めておけば，危険が生じた場合，全ての人が責任を負う必要はなくなるからである。地域的多様性に富んだ重層的な市場が幾重にも重なり，国民経済としての秩序が形成されていなかった前近代の中国において，経済活動が大きな危険を伴うものであったことは確かであり，そうした情況への対応策として，請負を主とする契約関係が張りめぐらされたのだという説明は，それなりに説得力を持つ。現代中国においても，特に計画経済から市場経済に移行していった改革開放期以降，リスク分散を図る１つの方法として「包」的倫理が生かされ，それが「曖昧な制度」を可能とし，経済に活力をもたらしてきた，との指摘もあるほどである（加藤，2016）。

　他方，柏に類似する問題意識を持った村松祐次も，自由放任の政府の下，個

別主義的な社会が生まれ，それが貨殖主義と貧困と自由放任を助長し，再び個別主義的社会に帰結するという構図によって中国経済を描き出そうとした（村松，1949）。ここにいう自由放任の政府とは，西欧近代に生まれた自由主義的経済秩序を支える近代国家のことではない。社会経済の展開には関心を持たず，宮廷財政を維持することのみに汲汲としていた前近代の中国政府のことを指している。

　柏にせよ，村松にせよ，近現代中国における経済発展の論理を認識する用意がなかったという限界を持っている。特に大きな問題は，発展しつつあった個々の産業や企業の実態調査を踏まえた動態的認識をめざすのではなく，発展の障害になっていた要素を肥大化して把握し，M.ウェーバーが提起した社会学的な経済類型論をヒントに「発展しない中国経済」を類型化しようとする傾向が見られたことである。しかしながら，前近代中国経済の発展が遅れることになった理由の１つを，鋭く指摘していたことは否定できない。

（2）　商業ネットワークと同業団体

　いずれにせよ上記のような契約関係を基礎に，さまざまなレベルの市場圏に対応し，さまざまな経済主体間のネットワークが形成されていた。省域を超えた遠隔地交易に従事する商人は，本店所在地から遠く離れた取引先地域に出張所を設け，職員を常駐させた。彼らは，取引先地域では客商，客幇と呼ばれた。それに対し，県レベルの近接地交易に従事する商人の中には，交易圏の中の各地を定期市の日に従って移動していく行商人（「小販」，「肩販」などさまざまな名称で呼ばれた。「攤販」は屋台の商人）のような存在も少なくなかった。しかしどの市場においても，誰もが自由に交易に参加できたわけではなく，業種や交易圏に即して同業団体が組織され，その規制下に市場の秩序が保たれていた。

　西欧や日本と同様，中国においても，近代以前の経済秩序形成に際しては同業団体が重要な役割を担っていた。同じ業種の商工業者が団体を組織する動きは，中国の場合，すでに９世紀頃から存在したことが知られている。唐代から宋代にかけて生まれた「行」や「団」と呼ばれるそうした同業団体が，どの程度まで自立性を備え，どの程度まで国家の規制下に置かれていたか，さらにいえば西欧中世社会のギルドと同じ性格の団体であったか否かということについては，学界でも見解が分かれている。しかし，ある種の同業団体が９世紀頃か

ら組織され始めていたこと，そして清代半ばの18世紀頃には，「公所」や「会館」を名のる同業団体的組織の自立的な活動が市場システムの相当な部分を規制する力を備えるに到っていたことは，多くの研究者によって承認されている（加藤・久保，2009，151頁）。

　清代末期の公所や会館は，同業者の営業に関し，①取扱い商品の価格，規格，品質，②徒弟及び労働者の雇用数，雇用条件，③店舗ないし作業場の開設数，開設条件，などを細かく規定し，それを同業者に遵守させることによって経営の安定を図っていた。個々の経営の維持安定を図るためのこうした諸規定が，結果的には，商品市場や雇用市場のシステムを大枠において規制し，支えていたのである。さらに公所や会館を拠点に疾病・葬儀等に関わる相互扶助や親睦を図る事業も制度化されていた。

　このように前近代の中国においても，西欧や日本に見られるとおり，国家と市場の間に存在した同業団体のような中間団体が，市場秩序を支える重要な役割を担っていた。20世紀初めになると，経済発展を推進しようとした清朝政府や民国政府がこうした同業団体とそれを基礎にした商工会議所の役割に着目し，それを意識的に再編強化するようになる。1904年，清朝は商会簡明章程を公布した。次いで辛亥革命後の14年，中華民国北京政府は各地に商工会議所を設立することを奨励する商会法を制定し，18年には工商同業公会規則を制定した。南京国民政府も，その成立直後の29年に商会法と工商同業公会法を制定公布している。在来の同業団体の多くは，新たな立法措置に対応して改組改名していくことになり，その過程を通じて徐々に近代的な性格の同業団体に再編されていった。それにつれて，市場秩序を維持する機能の多くは政府の経済機構に吸収されるようになり，同業団体が独自に市場秩序を維持する機能は弱められていった。

（3）　前近代の国家と経済

　市場秩序の形成には，前近代の国家もある程度の役割を果たしていた。対外貿易は国家の管理下で行われることが多かったし，租税として納められた食糧を首都に運ぶ漕運や専売制が施行されていた塩取引等の特定領域で国家による経済活動規制が存在していた。とはいえ，それは必ずしも積極的な意味合いのものではない。

第Ⅰ部　中国100年の歩み

　例えば対外貿易について言えば，清朝の場合，統治の安定を図るため当初は全面的に禁止していた方針を緩和し，1684年以降，マカオなど4つの港で外国との貿易を認めるようになった。ただし，貿易の方法や規模，輸出品の種類などについては厳しい規制の下に置かれており，1757年以降は貿易港も広州だけに限定され，貿易商の業務内容までさまざまな制限措置が加えられている。前近代の中国政府は，おしなべて貿易を通じ経済発展を図るという発想を持っておらず，国内の社会経済に新たな変化が起きるのを回避するため，対外貿易に対しては消極的であった。言い換えれば，この場合，国家の役割は対外経済関係の展開が国内の市場秩序に影響を及ぼさないようにすることにあったといえる（加藤・久保，2009，153頁）。

　清朝の皇族，官吏，軍隊などの食糧は，主に江南から首都北京へ運ばれた漕糧によって支えられていた。この漕運という仕組みを通じ，国家が市場秩序の形成に関与したことは確かである。しかし，ある推計によれば，1840年の時点で全国の市場に出回る食糧の総量が233億斤だったのに対し，漕糧は7億斤程度に過ぎない（同上）。食糧市場に対する国家の影響力は，きわめて小さなものであった。また，国家が生産と流通に直接関わっていた例外的な商品として，専売制度が実施されていた塩がある。塩の生産と流通は中央政府の監督下に置かれ，塩商は独占的な高利潤を保障されていた。塩商の蓄積した富が江南の綿紡績業や華北の化学工業に投資され，工業化に貢献したという事実も存在する。しかし，経済活動全体の中で塩の生産額・流通額が占める割合となると，それはやはり小さなものであった。

　総じていえば，前近代の中国経済において国家が果たした役割はそれほど大きなものではなかった。国家財政も実質的には宮廷を支えるための財政規模に過ぎず，さまざまな社会経済活動全般を仕切るような準備はなかった。そもそも世界のどの地域に成立したものであれ，前近代の帝国は，近代国民国家が掌握するほどの密度と厳格さをもって経済活動を掌握したわけではなかった。緩い統合が存在しただけである。そして国家による経済秩序維持機能が脆弱であってさまざまな障害が生じる危険性が大きいという情況の下，中国の場合，個々の経済主体の間では，その危険性を分散すべく請負を主とする契約関係が無数に張りめぐらされ，同じ分野の商工業者の間では，地域別産業別に独自に経済秩序を維持すべく多くの同業公会が設立されていたのであった。したがっ

30

て20世紀半ば以降，国民国家的な機能が整備されるにつれ，個々の経済主体間の契約や同業公会の機能に依存する部分は次第に縮小してきた。とはいえ，1つの生産事業のため多くの請負契約が交わされる傾向などは，依然として他の地域に比べ中国経済の特色になっている。

3　変貌する国民経済

（1）　経済構造の変容過程

　近代工業の発展，交通通信の近代化，商品的な農業の展開，近代的金融機構の整備過程などが，中国経済全体の変化の中でどのように位置づけられるのかを整理してみよう。

　近現代中国経済の発展の最初の重要な局面は，1880～1910年代半ばの対外貿易の拡大と外国資本の流入に求められる。19世紀の末から20世紀初頭に地球を包む規模で形成された多角的貿易決済網の下，中国においても対外貿易が急拡大し，商業・金融業に新しい要素が持ち込まれるとともに，工業製品の輸入代替を企図した近代工業の移植も盛んに試みられた。内外の物資流通を支える鉄道の敷設，汽船の内陸河川航行などの近代的交通通信手段の導入も，この時期のできごとであった。その一方，農産物対外輸出の増大は商品的農業の拡大に大きな刺激を与えている。こうして第1の局面を通じて進んだ中国国内における資本蓄積は，本格的な輸入代替工業化の展開を準備する基礎的な条件を形成しつつあった。そうした時に発生したのが第一次世界大戦である。西欧諸国から中国などアジア諸国への工業製品輸入を激減させた世界大戦は，結果的に見ると，中国などの工業化を刺激し，その経済的自立を促進することになった。

　そして第2の局面は，軽工業を中心とする輸入代替工業化が進展し，軽工業製品の自給化がほぼ完成した1910年代半ば～30年代に認められるべきである。対外経済関係が縮小もしくは停滞状態に陥っていたのに対し，国内の交通通信網や商業・金融業の整備は着実に進み，電力産業の発展を含めエネルギーの供給量も増大した。先に見た第1の局面が対外経済関係主導の発展の時期だったとするならば，この第2の局面は軽工業中心の工業化を軸に国内経済主導の発展が見られた時期であった。しかし日本の中国侵略が進み，第二次世界大戦が始まる30年代後半になると，軍需工業を軸とする急速な重化学工業化の要請が

第 I 部　中国100年の歩み

切迫したものとなってくる。

　かくして日中戦争・第二次世界大戦・朝鮮戦争・戦後冷戦という軍事的緊張が続いた1940〜70年代に，軍需工業を軸とする重化学工業化へ極端に傾斜する第3の局面が訪れる。重化学工業は確かに急速に発展した。だがこのとき，対外経済関係はますます萎縮し，商業金融業も衰退した。多少は発展した農業や軽工業にしても，その水準は国民経済の必要性を十分に満たすものではなかった。軽工業や農業の国内市場を支える民衆の購買力はきわめて低い水準のままに据え置かれ，その分，重化学工業の設備投資のために資金が振り向けられる仕組みになっていたのである。長期的にみればこのような情況は，重化学工業の市場規模自体をも制限する結果を招いた。さらに交通通信面やエネルギー産業への投資も最小限度にまで切り縮められ，さまざまな問題が顕在化した。このように第3の局面自体に生じた行き詰まりが，70年代末から現在に至る第4の局面への方向転換を迫っていた。

（2）　経済発展戦略の推移

　中国経済の変容につれ，経済発展戦略もさまざまに変化した。近現代の中国経済が大きな変化を始めた第1の局面は，洋務運動や光緒新政など，初めて中国が経済発展を意識的に追求するようになった時代に重なっている。

　1860〜90年代の動きは洋務運動と総称され，曽国藩（1811〜72年），左宗棠（1812〜85年），李鴻章（1823〜1901年）ら清朝政府の有力な漢人官僚によって着手された。農民反乱の太平天国運動を鎮圧する際，西欧の武器や軍艦の威力を身をもって体験し，その国産化を図るべく西欧諸国の軍需機械工業の移植に力を注いだのである。さらに張之洞（1837〜1909年），劉坤一（1830〜1902年），盛宣懐（1844〜1916年）らが活躍する1870年代以降になると，綿布などの消費財生産を含む工業全般を発展させ，輸入工業製品を国産化して貿易収支を改善する「輸入代替工業化」戦略が支持されるようになり，民間商人の出資を募って綿紡織業・製紙業・鉄鋼業などの振興が図られるとともに，汽船・鉄道・電信の交通通信事業や近代的な石炭産業なども着手された。

　20世紀になると，日清戦争（1894〜95年）敗北や義和団運動（1899〜1901年）がもたらした危機と戊戌の変法（1898年）に象徴される抜本的改革を求める気運を背景に，清朝政府は政治経済社会の改革に向け最後の努力を試みる。1902

年以降の光緒新政がそれであり，王清穆（1860~1941年），唐文治（1865~1954年）ら，欧米や日本の視察経験者も含む開明的若手官僚が，商法や会社法の制定，商業会議所の設立，経済統計の作成，技術教育機関の設立，国産品製造工場への免税措置などの新政策を提起した。しかし政府内部の派閥抗争，恐慌の影響による財源難などから，結局，計画は十分な展開を見ずに終わった。

1911年の辛亥革命後，中華民国北京政府は民間企業の振興を軸に新たな経済発展をめざす政策を展開した。立憲改革派の指導者であった農商務部総長張謇（1853~1926年）らにより，公司条例，鉱業条例，商会法など経済関係法制の整備，工業品検査所や棉業試験場など経済行政機関の拡充，新設企業の株主配当金を政府が保障する公司保息条例の制定，貨幣制度統一に向けた新通貨発行等の諸政策が打ち出される。北京政府の経済政策は，経済関係法制の整備や行政機構の拡充を軸に経済体制の刷新を推し進めた面において，清末の経済政策を継承し徹底させたものであった。その一方，民間企業の振興が優先された点は清末とは異なる新しい傾向である。経済政策のこうした基本的性格が，民間の軽工業を中心に工業化が急進展する中国経済発展の第2の局面を準備するものになった。

国内経済主導の発展が見られた第二の局面になると，1920年代の国民革命によって成立した国民政府が，革命指導者孫文の三民主義・建国方略等を掲げ重要な役割を果たした。ただし政府成立初期に孔祥熙（1880~1967年；1928~30年工商部長，31年改組で実業部長）が目指した国家主導の急進的な輸入代替工業化政策は，鉄鋼・水力発電・機械等の国営工場建設計画も含め資金的裏付けを欠き，ほとんど進展を見せずに終わった。

それに対し宋子文（1894~1971年；1928~33年財政部長，1933~37年全国経済委員会副委員長，1945~47年行政院長）は，財政部長在任中に米，英，日などとの個別交渉を通じ関税自主権を回復するとともに，国内産業を保護育成するための保護関税政策を実施した。また宋子文が率いた全国経済委員会は，国際連盟からの専門家派遣やアメリカからの棉麦借款など欧米の資金的技術的援助を手がかりに，棉花・蚕糸・茶などの品種改良，流通機構改善，道路建設，水利事業等を進め民間企業の活動を助けた。戦後も1946年春に外国貿易を自由化し，民間産業主体の戦後復興を図っている。宋子文は国営工業主体の重化学工業化には消極的であり，民間主体の漸進的輸入代替工業化戦略をとっていた。

第Ⅰ部　中国100年の歩み

　一方，陳公博（1892～1946年；1931～35年実業部長）は人絹織物，家電雑貨など
を作る新興製造業の発展と輸出振興に力を注ぎ，輸出品製造用の原料輸入税免
除，東南アジアの市場調査，中華工業国外貿易協会の組織（1935年）などを進
めている。しかし国際情勢はブロック経済化と貿易縮小へと動きつつあり，大
きな実りを結ぶには至らなかった。

　他方，中国経済の発展が第3の局面にさしかかる頃，1930年代の半ばから40
年代にかけ推進された経済政策が翁文灝（1889～1971年）らの主導した資源委
員会[4]によるものである。内陸部に短期間に鉄鋼・アルミ・硫安・電機などの工
場を建設しようとした36年の重工業建設5カ年計画に示されるとおり，日本の
中国侵略に備え軍需工業確立に傾斜した急進的な輸入代替工業化戦略が採用さ
れた。資源委員会はドイツやソ連にタングステン・アンチモニーなどの戦略物
資を輸出し，その見返りに重化学工業の生産設備を輸入するバーター貿易に
よって工場建設を推進した。45年時点で機械工業，石炭石油産業，電力産業な
ど119の事業体に6万3700人の人員を抱えていた資源委員会は，東北と台湾の
旧日本企業の接収後，事業所数1000，職員労働者数25万人にまで膨らんだ。戦
後は，資源委員会以外にも，旧日本企業を接収して設立された中国紡織建設公
司や中国蚕糸公司など国営企業が増加している。

　1949年革命によって成立した人民共和国政府は，旧国民政府の国営企業を接
収しつつも，当初，民間企業の活動に関しては容認する方針を採っていた。し
かし51～52年，朝鮮戦争期の戦時経済を支えるべく展開された汚職・腐敗・浪
費等に反対する「三反五反運動」を通じ，民間企業も厳しい統制下に置くよう
になり，「社会主義」に向かう方向が打ち出されていく。国民政府期後半の軍
需工業に傾斜した急進的な輸入代替工業化戦略を引き継ぎながら，「社会主義」
の名の下，それを民間企業の国有化や農業集団化と組み合わせ，さらに徹底さ
せる政策であり，詳しくは第2章以下を参照されたい。

（3）　国民経済の形成過程

　経済構造の変容は中国の国民経済形成を促した。もっとも日本や西欧と同じ
ような意味における国民経済が成立し得るのか否か，中国経済の規模と多様性
を考えると「国民経済」という言葉を安易に用いることはできない。ここにい
う「国民経済形成」とは，国民経済的なまとまりを強める方向の変化が進展し

34

た，という程度の意味である。

　そもそも近代以前から中国には相当高い水準の商品経済が発達していた。しかしその市場構造は，一方に米穀類・手織綿布など特定商品の遠隔地間流通と遠隔地交易決済用通貨である銀両に支えられた遠隔地市場圏が存在し，他方，それと重なりあい，地域的には狭い範囲に限られながらも多種多様な商品流通と各種の銅銭に支えられた無数の局地市場圏が存在する，というものであって，近代的意味における国民経済は成立していなかった（加藤・久保，2009，96頁）。しかし19世紀末から1930年代にかけ，近代工業の発展・近代的運輸通信手段の普及・商品的な農業の展開・近代的金融制度の整備など前述した動きを背景に，遠隔地市場圏の比重と影響力が持続的に増大し，国内市場が統合されていく過程が進展した。

　第1に，機械織綿布・綿糸・紙巻タバコ・洋紙・石炭など近代的鉱工業の製品を中心に遠隔地間で取引される商品の多様化と量的増大が見られ，遠隔地市場圏の相対的な比重が高まった。貿易統計などによると，この時期に遠隔地間の商品流通流量が増大していること，しかも国内産品の流通量が輸入品を上回って伸びていたことが明らかになる。こうして遠隔地市場圏の比重が高まった結果，多くの商品の価格が遠隔地市場圏の需給関係によって強く規定され，全国の物価が類似した動きを示すようになった。

　第2に，対外貿易が拡大するとともに，在来の遠隔地市場圏と局地市場圏に対してもそれがさまざまな影響を及ぼし市場構造の再編を促した。対外貿易の量的推移を示す図1-4によれば，輸出の伸びは1880〜1900年代に著しく，輸入の伸びは特に1880〜90年代に大きくなっている。ヨーロッパ向け農産物輸出の伸びは，商品的農業の発達を刺激し国内の市場規模を拡大しただけではなく，より多くの外国製品を輸入するための購買力も形成した。また1890年代から1930年代にかけては，インド綿糸・ジャワ糖・マニラ糖などの輸入と東北産豆餅の対日輸出の興隆を機に新しいアジア間貿易が発展するとともに，対外貿易全体を上回る勢いで中国国内の新しい遠隔地間交易が発展した。

　遠隔地市場圏の発展を軸とした市場構造の変容は，中心的な商工業都市の急成長を促すとともに，元来は政治的中心として成立した北京のような都市にも経済的活況をもたらした。全国的に都市の増加と拡大が見られ，都市化が加速された。人口10万人以上の都市が1930年代には75都市を数えるようになり，

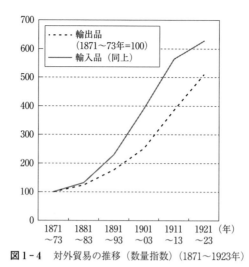

図1-4 対外貿易の推移（数量指数）（1871〜1923年）

出所：久保・加島・木越（2016）『統計でみる中国近現代経済史』東京大学出版会，138頁。

370万人の大都市上海をはじめ北京・武漢・天津・広州・南京が100万都市に成長している。

　新たな容貌をもった都市の形成には，新たな農村の情景が対応した。開港都市の周辺，後背地や鉄道沿線の農村には棉花，葉タバコ，大豆などをはじめとする輸出向けもしくは都市の近代工業向けの商品作物栽培が普及し，農家は以前より一層多くの部分を現金収入に頼るようになった。江南農村の場合，農家の年間総収入に占める現金収入は平均46.7％に達した（1938〜39年の10カ村245戸農家家計調査，加藤・久保，2009，102頁）。農村から都市へは労働力も流入した。1920〜30年代の綿紡績工場を例にとると，都市出身の労働者は上海の場合で20％前後ないしそれ以下，天津でも20ないし30％程度に過ぎず，大半は周辺の農村地域から供給されていた。一方，都市から農村へは，綿糸布，紙巻タバコ，マッチ，化学肥料，水利用ポンプなどの工業製品が販売された。同じ江南農村の調査によると，年間現金支出のうちの51.2％は食品，衣類などの生活必需品に，また14.6％は化学肥料，農機具などの農業関連製品のために用いられている。

　国民政府が成立すると，国民経済成立への画期となる重要な政策が実施され

ていく。その第1が先に触れた保護関税政策である。国内市場が関税によって保護されるようになり輸入代替工業化が急速に進展した。第2に通貨の統一である。秤量貨幣たる銀両の使用を禁じ計数貨幣たる銀元のみを認めた1933年の「廃両改元」，ついで銀元も廃止し政府系銀行が発行する法幣のみを管理通貨とした35年の幣制改革の結果，全国通貨流通量の80％程度が法幣に統一された。そして第3に30年施行の度量衡法に基づくメートル制とそれに基礎を置く市用制（500g＝1市斤，500m＝1市里など。現在も用いられている）への計量単位の統一も，めざましい成果をおさめた。

　しかし国民経済形成の道程は容易なものではなかった。1931年には日本の侵略によって東北地域が切り離され，37～45年の日中戦争期には国民政府支配地域と日本軍占領地域とが分断され，諸地域間の経済的な結びつきも弱まった。さらに戦後，財政に窮した国民政府が法幣を割高に評価するレートで旧占領地域紙幣を回収した結果，過小評価された旧占領地域紙幣が「通貨切り下げ」的な効果を発揮し，上海など沿海の旧占領地域はインフレ状態になり異常な活況がもたらされた一方，内陸地域は深刻な不況に陥った。沿海地域の物価高騰は，国共内戦に伴う軍事費の増加と相まって，政府の財政支出を増大させた。そして，対応に窮した国民政府が紙幣の増発によって財政を維持しようとしたことから，ついに通貨価値の下落と物価の高騰が止めどもなく続くハイパーインフレーションという状態が生まれ，経済は大混乱に陥っていく。47年の物価は45年の113.6倍になった。また旧占領地域の日系企業や資産の接収工作は利権漁りの場と化し，系統的合理的な戦後復興策は実施されずに終わった。東北，台湾，香港などでは，ソ連米英などの関与の下，一層複雑な状況が発生している。国民政府が国民の支持を失った一因は，戦後国民経済の再統合と復興の課題に失敗したことに求められる。その大きな課題は人民共和国の時代に引継がれた。

●注
（1）　江南造船所は1865年創設の江南製造局が発展したもの，また宇宙航空産業の航天晨光も1865年創設の金陵機器局を継承した存在である。

第Ⅰ部　中国100年の歩み

（2）　孫文（1866～1925年）は民族・民権・民生の三民主義を提唱し，特に経済政策
をまとめた民生主義の中で，農民の小経営を保護し，鉄道・港湾の整備や国営大
工業の発展を図りつつ，それらを基礎に民間資本により商工業を振興することを
目標に掲げていた。

（3）　全国経済委員会は政府の経済部門担当者，企業経営者，専門的な技術者らを集
め1931年に設置，33年に拡大改組され，38年，経済部に吸収され消滅した。

（4）　資源委員会は1932年，軍の参謀本部内の国防設計委員会として出発し，35年，
国民政府軍事委員会所属の資源委員会として正式に発足した。日中戦争開始後の
38年，さらに拡充され，多くの技術官僚（テクノクラート）層が組織された。

●参考文献————————

柏祐賢（1948）『経済秩序個性論　中国経済の研究』人文書林（1986再刊，『柏祐賢著
作集』第4巻，京都産業大学出版会）。

加藤弘之（2016）『中国経済学入門——「曖昧な制度」はいかに機能しているか』名
古屋大学出版会。

加藤弘之・久保亨（2009）『進化する中国の資本主義』岩波書店。

久保亨・加島潤・木越義則（2016）『統計でみる中国近現代経済史』東京大学出版会。

久保亨（1999）『自立への模索——戦間期中国の対外戦略と経済発展』東京大学出版
会。

黒田明伸（1994）『中華帝国の構造と世界経済』名古屋大学出版会。

村松祐次（1949）『中国経済の社会態制』東洋経済新報社（1975年復刊，同社）。

ウェブサイト

公益（財）東洋文庫　http://www.toyo-bunko.or.jp/
　近現代中国経済史関係の中国語，日本語，英語文献は，ほぼここに所蔵されている。
中国経済史研究　http://www.zgjjsyj.org/
　北京の『中国経済史研究』誌編集部が運営する公式サイト（中国語）。中国経済誌
研究の論著や情報が豊富に紹介されている。

（久保　亨）

第2章
社会主義の模索と市場経済化

　中華人民共和国の70年は，集権的社会主義の30年と改革開放の40年に二分される。中国は旧ソ連を模倣した計画経済システムを導入し，独自の社会主義を模索したものの，持続的な経済発展に成功しなかった。社会主義から訣別し，市場移行を進めたことが，改革開放後の高度成長をもたらした最大の理由である。なぜ社会主義は失敗したのか，中国はどのように市場移行を進めたのか，いま中国に存在する経済システムはどのような特徴を持つのか，そして，それは今後どう変貌を遂げるのだろうか。本章では，こうしたトピックを取り上げる中で，中国経済の独自性について考察する。

キーワード：大躍進，第1次五カ年計画，人民公社，プロレタリア文化大革命，四つの現代化，（第二次）天安門事件，市場移行，双軌制，国進民退，新常態，一帯一路，AIIB，新型都市化政策，大衆創業

1　中華人民共和国の70年

（1）　経済発展の概観

　1949年の中華人民共和国建国から約70年が過ぎた。この間，中国はどのような経路を通じて，何を成し遂げたのだろうか。

　中長期的な発展の趨勢に注目すれば，中国の経済発展はそれなりに順調に進んできたといえる。「一窮二白」（一に貧困で，二に白紙であること，何もない意）の状態から出発し，限られた耕地で5.4億人から13.8億人にまで増えた人口を養い，軽工業から重工業まで比較的整った工業体系を形成したことは，高く評価されてよい。

　しかし，発展の道のりは決して平坦なものではなかった。GDP成長率の変

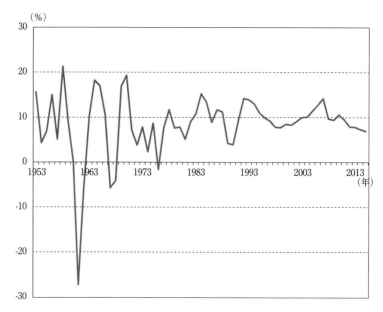

図2-1 実質GDP成長率の変遷（1953〜2016年）

出所：国家統計局編『中国統計年鑑』中国統計出版社, 各年版より作成。

化を示した図2-1をみれば明らかなように, この60年間に大きな変動（経済の落ち込みと回復）が何度も観察される。

　第1の変動は, 1958年の大躍進の失敗を契機とした落ち込みである。旧ソ連の援助によって第1次5カ年計画を実施した50年代, 経済発展は比較的順調に進んだが, 大躍進の失敗はそうした成果を台無しにしてしまった。

　第2の変動は, 1967年から68年にかけての時期である。大躍進の失敗の痛手からようやく回復した経済は, 毛沢東が発動したプロレタリア文化大革命と呼ばれる政治運動の嵐の中で再び大きく後退した。

　第3の変動は, 1976年9月の毛沢東の死を前後する時期である。毛沢東の晩年には極左勢力の「四人組」が政権を握ったが, 彼らは毛沢東の死の直後, 同年10月に逮捕された。中国経済が本格的な立ち直りをみせるのは, 鄧小平が2度にわたる失脚から復活して政権を握り, 78年から改革開放政策を始動させて以後のことである。しかし, 改革開放後も, 経済発展が一直線に進んだわけではない。

第2章　社会主義の模索と市場経済化

　第四の変動は，1988年から89年にかけて生じた。88年下半期，インフレ対策として経済引締め政策が採られ，経済不況の中，89年6月に（第二次）天安門事件が起きた。天安門事件では，政治の民主化を要求して天安門広場に座り込みを続ける学生を政府は「動乱分子」と決めつけ，武力で鎮圧した。こうした政治の混乱を嫌って，貿易や外国直接投資が落ち込んだ。その結果，市場経済化が一時的に停滞ないしは後退した。経済の後退局面は，92年の初めに鄧小平が南方視察を行い，大胆な市場化の加速を訴える講話を発表するまで続いた。この講話を契機として，中国は再び高度成長の軌道に乗った。

　以上のように，70年間に4度発生した経済の落ち込みは，経済政策の失敗というより政治的要因による混乱が生み出したものであった。集権的社会主義システムの下では，市場による自動調整メカニズムが働かないため変動の幅は大きく，回復にも時間がかかる。1978年以来の改革開放によって市場経済化が進み，政治の経済への影響は徐々に小さくなった。このため，経済変動も小幅となり，成長が持続する期間が長くなった。とはいえ，天安門事件の発生に象徴されるように，共産党の一党独裁を特徴とする政治システムはこの70年間不変であり，政治が経済に影響する要素が払拭されたわけではない。

　中国は，2001年にWTOに加盟し，名実ともにグローバル経済への接合を果たした。08年のリーマンショック（世界金融危機）は中国にも深刻な影響を与えたが，中国の高度成長路線は揺るがなかった。12年にスタートした習近平政権は，13年11月に行われた第18期中央委員会第3回全体会議（三中全会）において採択された「全面的な改革深化に関する若干の重大問題の決定（以下「決定」）」において，社会・経済に関する制度改革においては自由主義的な改革指向の経済政策の方針を比較的明確に打ち出した。その一方で，リベラルなメディアや知識人への言論弾圧や人権派弁護士の相次ぐ拘束，さらには毛沢東時代に回帰したような社会主義イデオロギーの強化など，政治面ではむしろ強権的な姿勢を打ち出しており，その政治経済システムがどの様な方向に向かっていくのか，その先行きはなお不透明である。

　以下では，これからの中国経済の行方を冷静に検討する意味でも，中華人民共和国の70年を，集権的社会主義の30年と改革開放の40年に二分して，その軌跡を振り返ってみよう。

41

第Ⅰ部　中国100年の歩み

（2）　集権的社会主義の30年

1937年に始まった日中全面戦争とそれに続く国民党との内戦に勝利した中国共産党は，1949年に人民共和国建国を宣言した。その後3年あまりで疲弊した経済の建て直しに成功した後，中国は，厳しい国際情勢の中で，当時，理想の経済システムと考えられていた社会主義への移行を急いだ。

集権的社会主義の柱の1つは，工農業の「社会主義改造」を通じ，計画経済に適合的なミクロ経営メカニズムを確立することである。農村では，「耕者有其田」（耕すものが土地を所有する）をスローガンのもと土地改革が行われ，地主・富農が所有する約4600万haの土地が約3億人の農民に無償で配分された。しかしその後すぐに農業の協同組合化（集団化）が強行され，自分の耕地を手に入れたばかりの農民は再びそれを奪い取られた。他方，都市では，私的資本の国有化，集団化が推進された。また，個人手工業者の手工業協同組合（後の都市集団所有制企業）への再編が急テンポで進んだ。

集権的社会主義のもう1つの柱は，計画的資源配分を特徴とする第1次五カ年計画（1953～57年）の実施である。五カ年計画の実施により，希少な資源を国家が一手に掌握し，それを集中的に利用することによって，急速な工業化の実現を目指したのである。

急進展した制度改革と重工業偏重の発展戦略は高い成長率をもたらしたものの，その水面下では，大型プロジェクト建設による高度成長のゆがみが各方面に現れ，重要物資を中心に「抑圧インフレ」と呼ばれる，価格統制化でのモノ不足が生じた。また，行き過ぎた集団化は，合作社からの農民の脱退と都市への「盲流」，都市労働者のストライキや食糧デモの発生といった問題を噴出させた。

こうした中で，1958年5月，「大いに意気込み，つねに高い目標をめざし，多く，早く，立派に，無駄なく社会主義を建設しよう」とする社会主義の総路線が打ち出された。毛沢東による大躍進の発動である。

大躍進運動とは，大衆の積極性に依拠して高目標・高速度の発展を追求する発展戦略をさす。人海戦術による大規模な水利建設を発端とするこの運動では，鉄鋼，エネルギー，食糧など戦略物資の大増産が目標とされた。わずか容積30～50m³程度の小型高炉（土法高炉）を各地に建設した大衆製鋼運動は，大躍進を象徴するものであった。

42

他方，食糧の大増産は，人民公社の設立という制度改革により追求された。人民公社とは，行政機構と経済組織とが合体した組織である。人民公社の下に生産大隊，生産大隊の下に生産隊が組織され，軍隊式の上下関係が形成された。これによって，中国の伝統的な村落と小経営生産が破壊され，国家権力が末端農村まで及ぶようになった。

大衆の熱狂に支えられた大躍進運動ではあったが，その結末は惨憺たるものであった。人民公社や生産大隊の指導者は増産目標を達成するため生産の「水増し報告」を行い，過剰な食糧の供出が実施された結果，政府の公式統計に依った推計に限っても3000万人を超える餓死者を出す大飢饉が発生した（楊，2012）。増産につぐ増産は基本建設の過熱を招き，統計指標の混乱は計画統制を完全に破壊した。しかも，多大な資源と労力を費やして生産された鉄鋼は，品質が悪くほとんど使いものにならなかった。さらに，中ソ関係の悪化に伴う旧ソ連技術者の引揚げや，中国がそれまでソ連から行っていた借款の返済も，食糧不足をはじめとする国民経済の困難をより深刻なものにした。

こうした状況の下で，政府は，1961年から経済調整政策の実施を余儀なくされた。調整の目的は，発展速度を落とし，投資規模の縮小を通じて，国民経済のアンバランスを是正することにあった。その結果，国民経済の混乱は収まり，生産は次第に回復していった。ところが毛沢東は，劉少奇らが推し進めた経済調整政策が「資本主義の復活」をめざす修正主義・ブルジョワ反動路線であると捉え，66年，自らのカリスマ的権威の下に，毛沢東に絶対的忠誠を誓う学生，労働者からなる「紅衛兵」を利用して，党内での奪権闘争を開始した。これがプロレタリア文化大革命と呼ばれる政治運動である。文革の中で数多くの企業経営者，技術者，政治家，知識人が理由のない迫害を受け，あるものは職を失い，あるものは「労働改造所」に送られ過酷な労働を強いられた。

文革による政治的混乱は経済にも影響を与えずにはおかない。「戦争に備える」ことを目的とした「三線建設」が実施され，沿海部の軍需関連の工場施設が，経済効率を考慮せずに物的・人的資源を大量に投入して内陸部に移転された。また，経済合理性を度外視したでたらめな計画は，「都市と農村の労働力の大対流」（上原，2009）という混乱を引き起こした。文革期には，約1400万人の都市知識青年が農村部に「下放」され，このうち600万人は都市に帰還したが，800万人は農村に留め置かれた。他方，農村からは臨時工という形で約800

第Ⅰ部 中国100年の歩み

万人の農民が都市部に入った。

文革の政治的混乱が収まった1970年代に入ると，周恩来による「四つの現代化」（農業，工業，国防，科学技術の近代化）の提起や西側諸国から大型プラント導入などが実施され，経済秩序は回復を見せ始める。しかし，76年に毛沢東が死去し，極左勢力である「四人組」が逮捕されるまで，経済の停滞は続いた。

（3） 改革開放の40年

改革開放の時代は，文革の中で疲弊した農村経済の立て直しから始まった。1978年12月，農家ごとに農地を分配し，定額上納分を差し引いた残りを全て自分のものにする請負生産が一部の農村で開始され，瞬く間に全国に広がった。その結果，85年までに中国社会主義の象徴であり20年間続いた人民公社制度が消滅した。

請負生産方式の導入は，農民の生産への積極性を引き出すことに成功した。この制度改革は，並行して行われた農産物の政府買付価格引き上げの効果とあいまって，農業生産の飛躍的増大，ひいては農家所得の急上昇をもたらした。さらに重要な点は，農民がみずからの財産を元手に激しい勢いで非農業領域に進出したことである。農村部の中小企業の総称である郷鎮企業の発展は，1980年代の農村の発展を象徴するものであった。

農村改革の成功に自信を深めた政府は，1984年から改革の重点を都市部に移した。この時期の改革は「放権譲利」型改革と呼ばれる。その核心は，それまで政府が一手に握っていたマクロ経済管理の権限を地方政府や企業レベルに下放し，利益を譲ることにあった。国家が生産計画に直接関与する指令性計画が縮小され，国が参考価格を提示するにとどまる指導性計画，あるいは政府がまったく関与しない市場価格の範囲が次第に拡大していった。計画統制の緩和と非国有セクターの発展の結果，国民経済に占める国有セクターの比重は徐々に低下した。

計画統制の緩和と並行して，金融・財政制度の見直しも進んだ。国有企業の利潤上納方式から所得税納付方式への転換（「利改税」）が試みられ，国家財政から無償で支出されていた投資資金は銀行からの有償借入方式に切り替えられた。また，中国人民銀行が中央銀行に格上げされ，一般貸付業務は中国工商銀行や中国農業銀行などに，外為業務は中国銀行に移管された。そして，1990年

44

代半ばまでに各種商業銀行の新規設立，外国銀行の支店開設が承認された。さらに，90年から91年にかけて，上海，深圳に相次いで証券取引所が設立され，資金調達の多様化への道が開かれた。

　他方，国有企業改革については，所有制には手をつけず企業自主権を拡大する試みから出発し，1980年代半ばには，大中型企業では経営請負制度が実施され，小型企業では企業の売却，リース経営など多様な手法が採られた。企業の内部管理制度については，終身雇用と平均主義的分配に守られた国有企業労働者に対して，86年，経営者と労働者とが雇用契約を結ぶ労働契約制度が導入された。

　ところが，こうした部分的な改革は国有企業の経営パフォーマンスの改善に結びつかず，国有企業の赤字はその後も累積的に増加した。こうした現状を受けて，1990年代半ばに入ると，それまで不可侵の聖域とされてきた所有制改革が始まった。国有企業の戦略的調整が提起され，大企業については，政府が資金援助を含めた政策的なてこ入れを行う一方，小型国有企業は企業経営者など民間に払い下げられた。これと並行して，農村部の郷鎮企業においても民営化が進められた。また，国有企業の余剰人員として約1700万人が削減され，「下崗」と呼ばれるレイオフ労働者が急増した（第8章）。

　経済システムの改革と並行して，中国は大胆な対外開放政策を採用した。中国は外国政府や国際機関に借款を要請するとともに，対外開放の拠点として，1980年，広東省の深圳，珠海，汕頭，福建省の厦門の4カ所（のちに海南省がこれに加わる）に「経済特区」を設立し，外国直接投資を積極的に呼び込む政策を打ち出した。「経済特区」は，輸出加工基地であるばかりでなく，外国資本・技術を受け入れる窓口としての役割を担った。そこでは，外資は税制面などでさまざまな優遇措置を受けるほか，政府投資による社会インフラの重点的整備がなされた。84年以後になると，沿海地域の14都市が対外開放されたのを皮切りに，長江，珠江，閩南の各デルタ地域の開放，さらには遼東半島，山東半島の開放と，対外開放地域が点から面へと拡大していった。92年には，これに長江流域，内陸辺境地域が加わり，中国全土に対外開放地域が広がる「全方位開放」の局面を迎えた。

　中国の対外開放政策は，大きな成功を収めた。2015年末までの外国直接投資累計額（実行ベース）は1兆7409億ドルに達している。政府の積極的な外資優

遇政策に加えて，1985年のプラザ合意以降，自国通貨の急速な切上げに悩む日本やアジアNIEs（韓国，香港，台湾，シンガポール）の企業に低賃金の加工基地を提供できたことが，こうした成功につながった。特に香港や台湾に近い広東省や福建省など華南地域では，「委託加工（三来一補）」（原材料・部品と製造機器を持ち込み，製品を加工して全量輸出する方式）を中心とした外資企業が大量に進出した。また，為替レートの引き下げ，企業や地方政府に外貨留保を許す外貨請負制度などの輸出振興策が採られた。さらに，好調な輸出を背景として，2005年に管理フロート制への移行を果たし，じりじりと元の対ドルレートを切り上げるようになった。こうした一連の変化を経て中国は，16年には貿易総額が3兆686億ドル，貿易依存度（輸出入額をGDPで除したもの）が32.7％，外貨準備高が3兆105億ドル（年末）に達する対外的に開かれた経済へと転換した。

　これまで見てきたように，市場経済への移行は着実に進んだといえるが，揺れ戻しがなかったわけではない。1989年に民主化を求める学生や市民を武力で鎮圧した第二次天安門事件が起きると，92年に市場化の加速を訴える鄧小平の「南巡講話」が出されるまで，市場経済化は後退を余儀なくされた。21世紀に入ると，2001年にWTOに加盟し国際経済との結びつきを強化する一方で，03年に国有資産の増強を目的とした国有資産監督管理委員会が設立され，06年には国有経済が絶対的な支配権を持つ7業種，相対的な支配権を持つ9業種が選定されるなど，国有企業への政策的重視が鮮明となった。その結果，一部の産業では国有経済が民営経済を押しのける「国進民退」現象が出現した（後述）。その後政府は，国有企業への民間資本の導入を通じて「混合所有制」を推進し，鉄鋼，石炭など過剰生産能力が深刻な産業においていわゆる「ゾンビ企業」の整理を進める方針を打ち出している。しかし，共産党の支配の正当性を揺るがす可能性もある徹底した国有企業改革が行われるかどうかは，いまだ明確になったとはいえない。

2　社会主義から資本主義への移行

（1）　社会主義はなぜ失敗したか

　1917年のロシア革命に端を発した社会主義は，その後周辺諸国に波及し，資本主義の欠陥（大規模な景気変動）と資本家による労働者の「搾取」をなくすと

いう目標を掲げ，20世紀の残りの時期，人類史に残る壮大な実験を展開した。今日でも，中国を含め社会主義を標榜する国家は存在するが，計画経済システム（公的所有と計画生産）に基づく社会主義の実験は，91年の旧ソ連崩壊によって事実上終了した。

　1949年の人民共和国成立から，短い移行期を経て，中国も社会主義を志向するようになるが，中国が模倣しようとした社会主義もまた，旧ソ連が実践した生産方式に他ならない。しかし，旧ソ連より生産力が劣る農業国の社会主義は，その理念とはいっそうかけ離れたものにならざるを得なかった。

　そもそも計画経済システムには根本的な欠陥があった。第1は，私的所有の否定が身分差別にも似た階層社会を作り出したことである。財が満ちあふれたユートピア社会ならともかく，そうでない社会では市場を否定するとたちどころに，どのような基準で財を配分したらよいかわからなくなる。等級による区分が社会主義国でもっともよく使われた手法であり，ある等級以上の者のみが商品を購入できる市場，ある等級以上の者でなければ宿泊できないホテルといった例は，まさに市場に代わって等級が財の配分基準となっていたことを示している。ノーメンクラツーラ（社会主義体制下の特権階級）は，財が稀少な生産力段階において私的所有の否定が不可避的に生み出した現象であった。

　第2は，情報の非対称性に対する認識不足である。計画経済システムの理念型では，コストなしに正確な情報が瞬時に集まることを前提としている。しかし，実際には，情報を得るためにはコストがかかり，集められた情報には（意図的であれ，意図しないものであれ）しばしば誤りが含まれる。誤った情報によってどれほど精確な計画が立てられても，望ましい結果を期待できないことは明らかである。

　この2つの欠陥は，中国では旧ソ連より以上に深刻な形で出現していた。その1つが，農民と都市住民との間に存在する身分制である。中国では，戸籍制度や配給制度により農民の自由な都市流入が厳しく制限され，農民はいわば「二級市民」の地位に甘んじざるを得なかった。また都市内部でも，「指導幹部」（政府と党の役職者）と「職工」（一般労働者・職員）との間には，さまざまな差別的な待遇が行われていた。

　ダロン・アセモグルとジェイムズ・A・ロビンソンの『国家はなぜ衰退するのか』は，ある国家や社会において持続的な経済成長が可能かどうかは，その

制度的枠組みが「収奪的」なものか，それとは対極にある「包括的」なものか
によって決まってくる，と主張し，広く話題を呼んだ（アセモグル・ロビンソ
ン，2014）。経済成長を促す「包括的な制度」は，議会制民主主義に代表される
包括的な政治制度と，自由で公正な市場経済に代表される包括的な経済制度か
らなる。毛沢東時代の中国は，絶対的な指導者の下で，包括的な政治・経済制
度の形成が阻害され，うまく経済発展ができなかった典型な事例といえるかも
しれない。

（2）　市場移行の中国的特徴

　改革開放を指導した鄧小平でさえ，改革開放が始まる前に市場経済への移行
という明確な青写真を持っていたかどうかは疑わしい。むしろ，正常な計画経
済への復帰を目標に定め，そのための手段として限定的に「市場メカニズム」
を利用するという，市場経済からは距離を置いた政策運営を志向していたと考
えた方がより実情に近いと思われる[1]。

　青写真なしに始まった改革開放は，実践を繰り返す中で次第にその姿を現し
てきたわけだが，中国における市場移行には，次の３つの特徴が見出せる。

　第１は，改革の目標モデルが明確にされず，なし崩し的に改革が進められた
ことである。党・政府の政策規定の変化を振り返ると，市場化は一直線に進ん
だわけではないことがわかる。経済システムのレベルにおいて市場経済への移
行が決意されたのは，公式的には1992年以降のことであり，それまでは，あく
までも計画経済システムという枠の中で市場メカニズムを導入するという意味
で限定されたものであった。

　第２は，改革の実施方法についての特徴である。先に述べたように，中国は
いわばなし崩し的に改革を進めたわけだが，改革の実施方法にもいくつかの特
徴が見られる。①「増量改革」の実施。ストックの再配分を伴う改革を出来る
限り回避し，経済の増量部分に関する利益分配の調整を中心として改革を進め
た。②「試験・普及」方式の採用。特定地域，特定企業において改革が試験的
に実施され，それが成功した場合にのみ全国な普及が行われるという方法がと
られた。対外開放の象徴である経済特区がその代表である。③改革それ自体が
もつ漸進性。新しい制度の導入を徐々に行ったために，既存の組織・制度の安
定を確保することができ，既得権益の侵害や利益再配分のときに生じる摩擦を

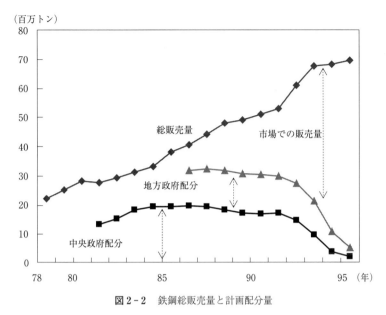

図2-2 鉄鋼総販売量と計画配分量

出所：Naughton（2007）*The Chinese Economy*, The MIT Press, p.93。

回避することができた。

　漸進的改革の1つの事例を見てみよう。図2-2は，鉄鋼の総販売量と中央，地方政府による計画配分量の推移を示したものである（総販売量から中央，地方の計画配分を差し引いたものが市場での販売量をさす）。この図から明らかなように，1986年頃までは生産量のほとんどが計画配分によっていたことがわかる。その後，この比率は緩やかに減少し，92年頃から加速的に減少した。中国が採用した特徴的な改革手法である「双軌制」（計画価格と市場価格とを並存させる政策）は，少なくとも80年代の終わりまでは支配的であり，90年代に入って価格の自由化が加速したと考えられる。

　第3は，改革の初期段階における経済発展段階の低さが，漸進的市場化を成功に導く条件となったことである。農村改革を出発点とした中国の改革は，農業生産力の飛躍的な発展をもたらしたばかりでなく，農民が農業以外の職につく自由，一定範囲内での移動の自由を認める政策によって，激しい勢いで農民の非農業領域へのシフトをもたらした。こうして，生産性が高い市場セクター（非国有・非農業セクター）が農村内部に徐々に形成されていった。改革開放を

第Ⅰ部　中国100年の歩み

通じて，経済システムの改革と対外開放が成長をもたらし，成長がさらなる改革と開放を可能にするという好循環が形成されていたのである。

（3）　狭義の市場移行の完成

　改革開放の40年を経た今日の中国には，どのような経済システムが形成されたのだろうか。中国の経済システムについて，ある論者は共産党の一党独裁が続いていることから中国は社会主義だといい，別の論者は，市場メカニズムが資源の支配的な配分方法になっていることから，中国は資本主義だという。近年では，政府の強力な経済介入に注目して，中国を「国家資本主義」だとする論者も増えている。ただし，中国において政府の力が強いことを認めるとしても，その側面だけを強調すると，一方で激しい市場競争が存在する中国経済の重要な側面を見落としてしまう。

　ハンガリーの経済学者コルナイ・ヤーノシュによれば，市場移行は「体制転換」（transition）と「構造変化」（transformation）の2つの段階に分けて考えることができる。前者は狭義の市場移行を意味し，後者は市場が十分に機能する経済システムの形成までの比較的長い過程を意味する。コルナイは「体制転換」の完成を示す指標として，次の3つを挙げている。

　（1）共産党が政治的な独占的権力を失うこと。
　（2）生産手段の大部分が私的所有で，私的セクターがGDPの大部分を担うこと。
　（3）市場が経済活動の支配的な調整システムであること。

　コルナイの3指標は，民主主義が一定程度成熟した中東欧の移行国を念頭に置いている。これに対し，エリート支配の歴史的伝統があり，経済発展が進んで皆が豊かになれるなら，大衆は喜んで現行の政治体制を支持する政治構造が中国には存在する。また，改革開放後，階級闘争から経済成長に支配の正当性を変化させた共産党の政治的地位は，しばらく不変と考えられる。すなわちコルナイの第1指標（共産党が政治的な独占的地位を失うこと）は，中国の市場移行の指標として少なくともこれまでは問題とされてこなかった。ここでは，第2，第3指標に注目することにしたい。

　まず第3指標（市場が経済活動の支配的な調整システムであること）についてだが，中国はかなり以前からこの条件をクリアしている。政府発表によれば，

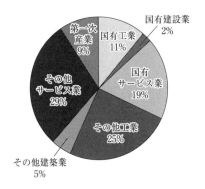

図2-3　GDPに占める国有経済（2014年）

出所：国家統計局編『中国統計年鑑』中国統計出版社，2015，2016年度版。推計方法は加藤・渡邉・大橋（2013）『21世紀の中国　経済編』朝日新聞出版社，参照。

1997年の社会消費品小売り総額に占める市場調節の割合は93.2%，農産物買付総額に占めるそれは80.5%，さらに生産財販売総額に占めるそれは81.6%であった。先進国においても，一部のエネルギー価格や食料品価格を政府が統制している場合は少なくない。こうした点を考慮すれば，1990年代末の中国は，主要な財の需給が市場を通じて調節される段階に到達していたといえる。

それにくらべ第2指標（生産手段の大部分が私的所有で，私的セクターがGDPの大部分を担うこと）については，評価がむずかしい。公式統計では，GDPの占める国有セクターのシェアは示されていないので，推計するしかないからだ。図2-3は，国が100%所有権を持つ国有企業と，国が支配的な株式を所有する国有支配企業からなる国有セクターがGDPに占める比率を推計したものである。ここから，2014年に至っても，国有セクターは依然として32%（工業11%，建設業2%，サービス業19%の合計）とかなりの大きさを占めていることがわかる。

また，2000年代の後半になると国有企業改革の遅れから，むしろ国有企業が民間企業の発展を圧迫しているのではないか，という懸念が生じ，「国進民退」という用語が広く使われるようになった。特定の産業における国有資本の支配的な地位を定めた部門立法が，上位法である国務院の行政文書や独占禁止法より優先されるという，いわば「憲政上の欠陥」ともいうべき事態が，石油工業

部門などにおける産業政策の現場でしばしば生じていることも指摘されている（加藤・渡邊・大橋，2013）。

　以上のように見てくると，厳密にいえば，中国はいまだ第2指標を完全にはクリアしていないといわざるをえない。しかし，一部の独占・寡占企業を例外として，今日の中国企業は，国有であれ私有であれ，国内外の市場で激しい市場競争を展開している。「ソフトな予算制約」が働いて，国有企業であれば赤字を政府が救済するという構造は，もはや中国には存在しない。以上の点から，少なくとも中国が目標モデルに掲げた「社会主義市場経済システム」は，資本主義の一形態と考えるのが妥当だろう。2000年前後の時期に，中国は，大部分の財・サービスが市場で取引され，私的所有が経済の主要部分を占めるという意味で，資本主義の基本的な特徴を持つ経済システムに移行したと捉えることができる（加藤・久保，2009）。

3　中国型資本主義の4つの特徴

　中国における市場移行が終了したとして，いま中国にある経済システムとはどのようなものだろうか。中国が1992年以来公式的見解としている「社会主義市場経済」の3本柱は，①現代的な企業制度の確立，②間接的なマクロ・コントロールの確立，③全国統一した国内市場の形成である。この3点を見る限り，欧米や日本の資本主義との差異を見いだすことはむずかしい。

　それでは，それほど遠くない将来に日本やアメリカと同じ社会が中国にも生まれると期待できるだろうか。中国の経験は，かつて日本が先に進み，その後を韓国，台湾が追随した東アジアの国々が成し遂げた成功となんら変わるところがないとする議論も，とくに欧米では主流となっている。しかし，中国には，明らかに先進国や東アジアの先発国と異なる特徴がある。歴史的に継承されてきた文化的伝統をもとに，経済的離陸と市場移行という「二重の移行」を進めた結果，中国の資本主義はどこにもない独自の特徴を持つようになった。中国型資本主義の特徴は，以下の四点にまとめることができる（加藤，2013）。

　中国型資本主義の第1の特徴は，さまざまなレベルで自由市場資本主義を上回るような激しい市場競争が存在することである。先進資本主義国においても，激しい市場競争はシステムにビルトインされており，この点では中国と何ら変

わるところがない。中国の特徴は，ルールなき（あるいはルールが曖昧な）環境の下で，政府機関・企業・個人など，さまざまなレベルの異なる経済主体間で激烈な競争が展開されていることである。

中国型資本主義の第2の特徴は，国有経済のウエイトが高い混合体制（国有と民営の並存）が存在することである。ここでいう国有経済とは，国が100％所有する国有企業と，国が支配的な株式を所有する国有支配企業を合計したものである。上述のように，2014年においてなお，GDPに占める国有経済の割合は32％と相当大きい。また，イアン・ブレマーの著作『自由市場の終焉』に代表されるように，中国をロシアなどと並んで，政府が経済活動に大きく関与する「国家資本主義」として位置づける議論も根強い。このように，中国が国家（政府）のプレゼンスが大きい経済であることは疑いない。しかし，国有企業と民営企業が並存し激しく競争していること，同一企業の中に国有の要素（国有資本）と民営の要素（外国資本や民間資本）が並存していることに示されるように，国有企業といえども市場競争から自由ではないし，民営企業も政府の意向を無視できないという独特の混合体制が形成されている。

第3に，中国型資本主義の特徴として注目したい点は，地方政府が経済成長に果たした積極的役割である。国土が広く多様性に富むことから，地方政府の自由裁量を大幅に認める独自の中央－地方関係が形成され，地方政府間では擬似的な市場競争に似た成長競争が観察される。地域間競争の担い手は政府官僚であり，各レベルの地方政府や中央政府の官僚は，程度の差はあれ均しく成長志向的であり，そこでは経済成長に成功したものが昇進できるという仕組みが形成されていた。

中国型資本主義の第4の特徴は，官僚・党支配層がある種の利益集団を形成していることである。第3の特徴で指摘したように，地方政府官僚が地元経済の発展を追求する目的は政府組織内での昇進にあるが，単にそれだけで市場競争を凌駕するような激しい成長競争が生じるとは考えにくい。昇進はもちろん目的の1つだが，官僚個人，あるいは利益集団化した組織の利益追求（汚職・収賄から親戚縁者への利益誘導などさまざまな形態を含む）も，地方政府間競争の重要な目的である。同じ構図は中央政府の各部門，あるいは国有企業間での激しい競争にも当てはまるだろう。

前記の4つの特徴は，それぞれ個別の特徴を取り上げる限り，必ずしも中国

第Ⅰ部　中国100年の歩み

独自とはいえないかもしれない。例えば激しい市場競争は，資本主義国，とりわけ経済離陸段階にある資本主義国に共通しているし，政府の強い経済介入は，市場移行国や一部の発展途上国で普遍的に観察されるものである。中国の独自性は，競争とは相容れないと思われる混合体制や地方政府の経済介入がかえって成長を促進したこと，激しい腐敗・汚職の中で成長が続いたところにあるといえるだろう。

4　新たな成長パターンの模索

　改革開放政策の実施以降，高度成長をもたらした中国の成長パターンは，強い政府のリーダーシップの下で，中国が比較優位をもつ低廉な労働力を利用し，輸出市場向けの労働集約産業に依存したものであった。こうした政府主導型の成長パターンは，たしかに当時の「国情」に適合していた。しかし，高度経済成長に陰りが見え始めた現在の中国では，従来の経済システムや成長パターンの根本的な見直しを迫られている。

　特に，2008年のリーマンショック以降は，政府による大規模な景気刺激策，ならびにそれを受けて活性化した地方政府主体の投資行動による「投資過剰」ともいうべき状況が生じている。これまで中国政府は，いわばパイの持続的な拡大を図ることで，このような投資過剰経済がもたらす問題の顕在化を回避してきた。しかし，このような問題の先送りは限界に来ていよう。旺盛な国内投資に代わる，新たな成長パターンの創出が求められているのである。

　中国政府も，2014年には中国経済が「新常態」と表現される安定的成長段階に入ったとし，市場メカニズムを重視した改革の継続や，投資に依存した粗放的な成長路線からの転換，いわゆる「供給側の改革」が説かれるようになった。以下では，「新常態」の下での中国経済が新たな成長パターンをつかむためにどのような模索を行っているのか，みていくことにしよう。

（1）　積極的な対外資本輸出

　新たな成長パターンの1つとして注目されているのが，海外への積極的な資本投資と，それに伴う輸出の拡大を新たな成長エンジンにするという政府の発展戦略の転換である。それを象徴するのが，2015年の全人代における政府活動

54

報告で強調された「シルクロード経済ベルト」に「海のシルクロード」を合わせた「一帯一路」戦略の推進である（第14章参照）。同時に，「一帯一路」に必要な資金の供給源として，中国が主体となって設立された国際金融機関であるアジアインフラ投資銀行（AIIB），および中国が独自に設立した「シルクロード基金」にも注目が集まっている。

　「一帯一路」構想に象徴される資本輸出型の経済発展戦略は，成長率の低下が避けられない情勢となった中国経済の将来を占う上で，極めて重要な意味を持っている。これらの経済発展戦略は，過剰な国内資本や外貨準備を，いってみれば海外に「逃がし」，従来型の経済成長パターンの中で顕在化した供給能力の過剰を緩和するという側面も持っている。だからこそこの構想が，安定成長路線すなわち「新しい常態」を迎える中国経済の新たな成長モデルとして強調されているのである。ただ，この試みが成功するかどうかは，中国資本によりインフラ建設を行おうとする周辺諸国の経済成長が軌道にのるかどうかにも依存しており，未知数だと言うほかはない。また，その動向を占う上では，国内金融システムの改革（第7章参照）や，対外開放の動向（第12章参照）なども重要な要素となろう。

（2）　都市 − 農村二元構造の解消

　長らく都市 − 農村間で二元的な制度上の分断が生じていた中国社会にとって，農村の都市化に伴い，農民層に都市住民なみの社会保障や住居などを提供することは喫緊の課題である。その実現を目指しているのが，現政権が取り組む新型都市化（城鎮化）政策である。この新型都市化政策には，「農民の市民化」を通じた中間層の創出によって，肥大化した国内投資に代わる，需要面での成長のエンジンを創出するという意味合いもある（第5章参照）。

　都市化政策と並行して，都市と農村の分断を生んできた従来の戸籍制度に代わり，都市ごとに条件を定め，それを満たした流入人口の定住化・市民化を進める戸籍改革も進んでいる。ただし，特に人口500万人以上の大都市の場合，市民としての権利を得るにはかなり厳しいハードルが課せられている（厳，2016）。上海市の事例をみると，市外から流入してきた住民が取得する居住証には，個人の技能や学歴・納税状況・居住年数などによるポイント制が導入されている。例えば，上海市の一般居住証を持っている人は養老保険や医療保険

に加入し，子女に上海市の中等教育を受けさせることができるが，上海の大学を受験させることはできない。すなわち，都市の発展にとって有用な技能や学歴を持っている「人材」であれば，市民として認めてさまざまな権利を認めるが，そうではない者に対しては限定した権利しか与えられない，という差別的なものとなっている。

中国における農村都市化の推進とその帰結の帰結は，社会の安定性に直接影響する，最重要課題の1つであることは間違いない。しかし，都市化の進展が大都市と中小都市の格差，あるいは都市住民間の差別といった新たな社会問題を生み出しつつあることには，十分注意が必要だろう。

（3）　中国式イノベーションの行方

中国政府は，消費の高度化に応える新産業・新技術を生み出す新たなイノベーション環境を形成し，経済成長の新たな原動力を求めるため，2015年より「大衆創業，万衆創新（大衆による起業，イノベーション）」という政策を打ち出し，中央だけでなく地方政府のレベルでも創業やイノベーションを奨励し，政策支援を進めている。

中国が進めようとしている大衆による起業とイノベーションの中心になっている都市が，電子産業の集積する広東省深圳市だ。深圳には1980年代の対外開放政策でいち早く経済特区が設けられ，労働集約的な産業の加工貿易などで急成長した。その後，賃金上昇や外資優遇政策の転換により多くの労働集約的な産業が撤退した。その一方，電子部品を供給するための「専業市場（卸売業者や製造業者がブースを並べる雑居ビル）」が急速に整備されるなど，電子産業の集積地としての顔を持つようになった。中でも1.45km^{2}の敷地に電子専業市場が立ち並び3万件以上の業者が出店する華強北地区は，世界最大規模の電子製品や部品の市場として注目を集めるようになる。

深圳の電子産業に代表される，中国でのイノベーションの特徴は，それが知的財産権の保護が十分でない状態の下で生じている点だ。典型的なのは2002年ぐらいからこの地域で生産が始まり，全国に普及していった「山寨携帯（パクリ携帯）」の流行だろう。その一方で，通信機器の生産やネットワーク構築までを手掛ける華為技術（ファーウェイ）や，民生用小型無人機（ドローン）の生産で一躍有名になった大疆創新科技（DJI）など，高い技術開発能力を持つ世

界的な企業もこの地から生まれている。

　また，独創的なアイデアを持つ個人起業家（メイカー）のアイデアを形にするための「エコシステム（産業生態系）」としての深圳の役割も注目を集めている（高須，2016）。深圳にはプリント基板の実装や試作品の製造を小ロットで請け負う中小企業，創業資金を出資するベンチャーキャピタルに加え，メイカーに開発のための場所を提供して情報共有や資金提供者とのマッチングをサポートする「メイカースペース」が，２時間で行ける圏内に集積している。こうしたエコシステムが形成されることで，深圳は中国国内だけでなく，世界中のメイカーが集まる「メッカ」と化しつつある。

　もちろん，こうした中国でのイノベーションの状況を楽観してばかりもいられない。例えば近年，李克強首相をはじめ政府要人もメイカームーブメントに注目し，深圳のメイカースペースなどを視察に訪れている。しかしいくら注目すべき動きだからといっても，政府が下手に介入を強めてしまうと，自由な発想に支えられたメイカームーブメントの生命力が損なわれかねない。中国独特の「政府」と「民間」の緊張関係が続く中で，今後もイノベーションを生むダイナミズムを維持していけるかどうか。その点に，今後の中国経済の持続可能性は大きくかかっているといえよう。

　いずれにせよ，経済の超大国へと向かいつつある中国はどのように動いても世界に大きなインパクトをもたらす。国内経済の安定的な成長を持続すると同時に，バブルの発生と崩壊のリスクを軽減し，世界経済の繁栄と貧困の削減に積極的な役割を果たしていけるのか。これからますます，中国経済の動向には目を離せなくなりそうだ。

●注―――――――――

（1）　1992年に鄧小平は，「計画が多いか市場が多いかは，社会主義と資本主義の本質的な区別ではない。計画経済は社会主義と同じではなく，資本主義にも計画はある。市場経済は資本主義と同じではなく，社会主義にも市場はある」と主張した。改革開放の開始から14年後のことである。

（2）　具体的な推計方法については，加藤・渡邉・大橋（2013）54頁を参照。同書で

第Ⅰ部　中国100年の歩み

は2009年のGDPについて，その38%が国有セクターによるものと推計している。

●参考文献

アセモグル，ダロン，ジェイムズ・A・ロビンソン（2013）『国家はなぜ衰退するのか（上・下）』（鬼澤忍訳），早川書房。

上原一慶（2009）『民衆にとっての社会主義』青木書店。

加藤弘之（2013）『「曖昧な制度」としての中国型資本主義』NTT出版。

加藤弘之・久保亨（2009）『進化する中国の資本主義』岩波書店。

加藤弘之・渡邉真理子・大橋英夫（2013）『21世紀の中国　経済編——国家資本主義の光と影』朝日新聞出版社。

厳善平（2016）「戸籍制度改革と農民工の市民化」加藤弘之・梶谷懐編『二重の罠を超えて進む中国型資本主義』ミネルヴァ書房。

高須正和（2016）『メイカーズのエコシステム——新しいモノづくりがとまらない。』インプレスR&D。

ブレマー，イアン（2011）『自由市場の終焉——国家資本主義とどう闘うか』（有賀裕子訳），日本経済新聞出版社。

楊継縄（2012）『毛沢東大躍進秘録』（伊藤正・田口佐紀子・多田麻美訳），文藝春秋。

Naughton, Barry, *The Chinese Economy*, The MIT Press, 2007.

ウェブサイト

毎日新聞フォトバンク　https://photobank.mainichi.co.jp/php/KK_search.php

よみうり報知写真館　https://database.yomiuri.co.jp/shashinkan/

　日本の大手新聞による，過去の記事の写真アーカイブ。記事の検索と閲覧は無料でできる。「文化大革命」「日中国交正常化」などの歴史的事件の写真を検索してみよう。

（加藤弘之・梶谷　懐）

第Ⅱ部

産業発展と政府・企業

第3章
農業・農村・農民（三農）問題

　アジア的農業の基本問題は，経済成長とともにその重心が移り変わる。工業化の初期段階では，増え続ける人口を養うための食糧増産をいかに実現するかは，農業に求められる最も重要な使命であるが，工業化，都市化が進むにつれ，生産性格差に由来する都市農村間の所得格差を是正し，そのための構造調整をどのように進めていくかが，新たな政策課題として重要性を増し，また，構造調整の進展に伴い，食糧をはじめとする農産物の自給率低下が回避できず，食糧の安全保障は異次元の問題として浮上する，とされる。本章では，食糧問題から構造問題に，さらに食糧安全保障問題へと進化する農業の基本問題に関する考えを援用し，中国のいわゆる「三農問題」を考察する。具体的には，まず中国における農業，農村および農民に関わる諸問題の構造変化をペティ・クラークの法則や二重経済論に基づいて概観する。次に三農問題の進化過程を考察しその背景にある政策制度の変遷を描き出す。最後に市場経済化が進む中国における農産物貿易の構造変化を明らかにし，今後の食糧需給見通しを試みる。

キーワード：三農問題，三農政策，中央1号文書，所得格差，農民工，戸籍
　　　　　　制度改革，都市化，食糧生産，農産物貿易，食糧自給率，食糧
　　　　　　安全保障

1　中国農業の構造転換

　ペティ・クラークの法則が教えるように，経済が成長するにつれ，国内総生産（GDP）または総就業者の産業別構成比が一定の方向性をもって変化する。つまり，所得水準が上がっていくにつれ，GDPまたは総就業者に占める第一次産業の割合が徐々に低下していき，代わりに，非農業の割合が上昇する。欧米や東アジアの国々で観測されるこの経験則だが，実に中国経済の成長過程に

61

第Ⅱ部　産業発展と政府・企業

も概ね当てはまる。改革開放が始まった直後の1980年の中国で，総就業者，GDPに占める第一次産業の割合はそれぞれ68.7%，29.6%だったが，2015年には28.3%，8.8%へと低下したのである[1]。

　また，近代経済成長の牽引車は製造業を中心とする工業であり，工業化は農業から工業へ，または農村から都市への人口移動を引き起こす，いわゆる都市化現象をもたらす。日本や韓国の経験が示すように，工業化と都市化はほぼ同時に進行するものである。だが，1950年代から80年代初めにかけての中国では，国営企業と人民公社を基礎とした計画経済体制が敷かれ，戸籍制度等を通して人口の都市集中を抑制し独特の工業化戦略が採られた。当時の中国では，工業化は比較的高い水準に達したものの，都市化水準を表す都市人口割合がほとんど伸びなかったことはその主たる特徴である（図3-1）。

　1980年代以降の中国では，工業を中心とする第二次産業のGDP比がほぼ安定し，第一次産業のGDP比が急速に下がった。背景に第三次産業の急成長があり，農村都市間の人口移動に対する規制緩和，およびその結果としての都市化が進んだこともある。ただ，日本，韓国など東アジアの経済成長における産業構造と就業構造の関係に比べて，中国の経済成長における産業別就業構造の変化がGDPの構造変化に大きく遅れている特徴点も指摘できる。2000年に，第一次産業のGDP割合は僅か14.7%しかないのに対して，第一次産業の就業者割合は50.0%にも上る。長年，中国農業に余剰労働力が滞積し，農村は過剰人口の受け皿となっていたということができる。

　1990年代以降，郷鎮企業（厳，2002，および本書第4章参照）の成長拡大や沿海部における対外開放の加速に伴い，農村部の過剰人口は次第に減少し，2000年代に入ってからは労働力の絶対的過剰がなくなったとまで言われ始めた。その兆候として挙げられたのは，都市労働市場の求人倍率が高止まりし，現場労働者の実質賃金が上昇し続けていることである。2000年代初めまで0.7以下に安定した求人倍率は10年代に入って1を上回るようになり，都市部に暮らす農村からの出稼ぎ労働者（農民工）の実質賃金の年平均伸び率も1980年代の1.2%，90年代の3.1%から2000～15年の10.0%に急上昇した。こうした労働市場における需給逼迫の長期化を根拠に，中国経済は全体として「ルイスの転換点」を超えたと主張する者もいる。

　いわゆる「ルイスの転換点」についてその理論的エッセンスを以下のように

第3章　農業・農村・農民（三農）問題

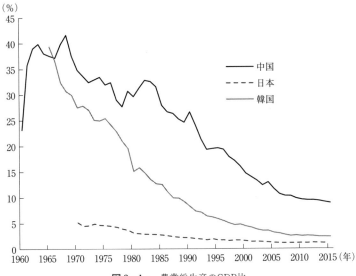

図3-1a　農業総生産のGDP比

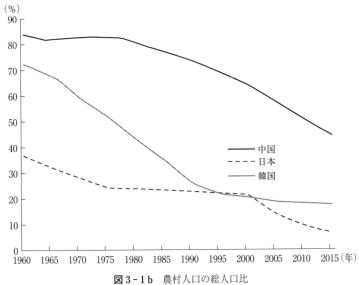

図3-1b　農村人口の総人口比

出所：World Development Indicators（http://data.worldbank.org/indicator）より作成。

第Ⅱ部　産業発展と政府・企業

まとめることができる。近代経済成長の初期段階では，家族経営の農業に多くの過剰労働力が存在する。そのため，都市部の非農業部門に雇用さえあれば，生きていく上で必要とされる生存費賃金でも農家の若い人は躊躇することなく農村から都市へ移動する。低賃金で利益を得た企業は投資拡大を繰り返しながら急成長を続ける。そうした中，非農業部門の雇用が増え，農村からの労働流出が拡大し，残された農家の労働生産性が上がり収入も上昇する。そしてある時点に至ると，農業部門の余剰労働力が枯渇し，企業が生存費賃金を引き上げないと，それ以上の労働移動が望めなくなる。このような経済成長と産業間における労働移動の関係を考案したアーサー・ルイス（Arthur Lewis）の名前に因んで，労働力の過剰から不足への転換が発生した時点をルイスの転換点と呼ぶとされている（南・牧野・郝，2013）。

　戸籍制度による都市農村間の分断，あるいは都市内部における戸籍住民と農民工の分断があるため，ルイス流の二重経済論を用いて中国の経済成長およびそれに伴う農業の構造転換を説明しきれない側面もある。1990年代半ばまでは農村都市間の人口移動が厳しく制限され，それ以降移動自体は自由化しているものの，戸籍の転出入が依然難しく，都市部に暮らし働く農民工およびその家族が増え続けている。2014年に，都市部に居住する者（常住人口）の対総人口比＝都市化率は54.8％に上るが，都市戸籍を持つ者（戸籍人口）の対総人口比は34.9％に留まり，両者間に20％ポイントものギャップがある。同年の総人口が13.7億人であることから，都市部に常住しているにもかかわらず，都市戸籍を取得できずにいる，いわゆる「流動人口」は3億人近くに上ると推計される。常住人口比率と戸籍人口比率のギャップは1980年に2.4％ポイント，90年に5.3％ポイント，2000年に11.4％ポイントだった。だが，14年以降，戸籍制度改革の加速により，都市戸籍を取得した若い世代の農民工が激増し，戸籍ベースの都市人口比率も16年には41.2％に急上昇した。

　他方，第一次産業就業者が全体の68.7％を占めた1980年に比べ，同割合は2015年に28.3％へと大幅に低下したものの，同期間中，総人口が3億8700万人増えた（39.3％増）こともあって，第一次産業就業者の絶対数は2億9100万人から2億1900万人へと24.7％しか減っていない。それに，耕地面積が減少し，農業機械化が大きく進展している。そうしたことを総合して，中国の農村部にいまだに膨大な過剰労働力が存在するということができる。

64

このように，中国における経済成長と産業構造の高度化，都市化の関係において先進国の経済成長過程で普遍的に見られる要素が多々ある一方，固有の特徴も内包している。今後，市場経済化が図られていく中，戸籍制度等を抜本改革し，都市部に暮らす流動人口を定住させ，農村都市間の人口移動を出稼ぎ型から移住型に転換させていくことは喫緊の政策課題となっている。

2 農業問題と三農政策の変遷

(1) 食糧生産の持続的拡大

図 3-2 は食糧の年間生産量および都市農村間の所得格差に[(2)]，農業，農村，農民に関わる共産党政府の基本方針，具体的な政策，中央指導者の顔ぶれ，および三農政策の生み出した結果を重ね合わせて示したものである。

まず，食糧生産が持続的に拡大した状況を示しそれを可能にした要因を考える。1980年から2015年までの35年間にわたって，2000年前後の一時期を除くと，中国の食糧生産はほぼ持続的に拡大する傾向にある。2015年の食糧生産量は6.21億トンに上り，1980年の3.2億トンより94％増えた。同期間中の総人口は39％しか増加しなかったため，1人当たりの食糧生産量も同期間中325kgから452kgへと39％増加した。一人っ子政策の施行で人口の増加速度が低い水準で推移し，食糧増産につながる一連の農業政策が実行に移されたことは大きな理由として挙げられるが，以下の諸点は特筆に値する。

第1は厳しい農地の転用規制である。中国は1998年に「基本農田保護条例」を制定し，工業化，都市化に伴う農地の転用を厳しく制限する方針を決定し，1.2億ha以上の耕地面積を何としても保持しなければならない数値目標を定めた。食糧の基本自給（95％以上の穀物自給率）を実現するにはこれだけの農地が必要不可欠という考えからだ。

1997年から2008年までの11年間で耕地面積は800万ha減り，1億2172万haとなったが（図 3-3），耕地の減少する速度は高度成長期の日本に遠く及ばず，減った耕地の6割超は傾斜地等を森林や草原に戻したことによったものである。また，国土資源省が2013年末に公布した全国土地調査の結果によれば，2009年の耕地面積は1億3539万haと1997年農業センサスの時よりも微増した。農業の生産基盤が固められているからこそ，食糧の大増産は可能となったのであろ

第Ⅱ部　産業発展と政府・企業

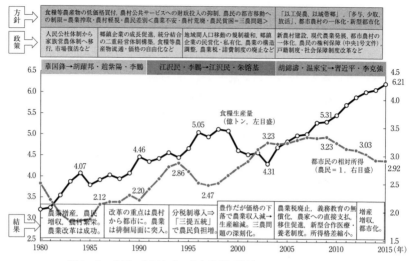

図3-2　中国の食糧生産，都市農村間格差および三農政策の推移

出所：国家統計局編『中国統計年鑑』中国統計出版社，各年版などより作成。

う。

第2は2003年初めに発足した胡錦濤・温家宝政権が力強く推し進めた新しい農業政策である。家族営農体制が復活した1980年代に入ってから，農産物価格の引き上げも影響して，食糧生産は順調に拡大した。ところが，90年代末より食糧の流通・価格が自由化し，豊作が価格の下落を引き起こし農家の収入がそれで減少してしまうという豊作貧乏のメカニズムは生産者を直撃するようになった。それを受けた農家は食糧の作付面積を減らし，その結果として，食糧生産の大後退がもたらされた（1999～2003年，図3-2）。

2000年代初めの数年間，政府は備蓄食糧を放出し，大規模な輸入をせずに食糧の安定供給を何とか実現したものの，そのような状況を放置すれば食糧安全保障が脅かされかねないという危機感をも持つに至った。胡・温政権は農業の豊作貧乏と食糧生産の不安定，農村における公共サービスの供給不足，農民の相対的貧困という三農問題を解消すべく，さまざまな政策を打ち出した。農業税・諸費制度の廃止，義務教育の無償化，新型農村合作医療・養老保障制度の構築，農村都市間移住規制の緩和，食糧最低価格制度の実施，直接支払制度の導入，などである。

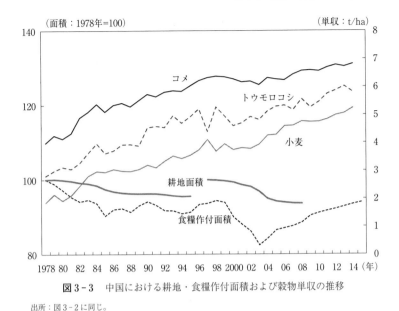

図3-3　中国における耕地・食糧作付面積および穀物単収の推移

出所：図3-2に同じ。

　第3は技術進歩による土地生産性の急上昇である。図3-3が示すように，食糧の作付面積が長期間にわたってほとんど変わらなかった中，生産量が増え続けた最大の理由はいうまでもなく土地単位面積当たり収穫量の大幅な上昇である。中でも，小麦，トウモロコシの伸びが際立ち，40年近くでそれぞれ2倍，3倍となった。新品種の開発と普及，栽培技術の改善，灌漑面積の拡大，化学肥料・農薬の投入増加は，土地生産性の向上に寄与した。また，政府が自らの役割を果たし，経済的利益を追求する農家のプレーできる市場が健全化しつつあったことも生産性上昇を後押ししたのであろう。

(2) 都市農村間の所得格差

　次に都市農村間の所得格差を考察する。図3-2では，都市世帯員1人当たりの可処分所得と農家世帯員1人当たりの純収入を比較して両者の倍数で格差の度合いおよびその推移を示している。農業改革が成功を収めた1980年前半に所得格差が一旦縮まったものの，それ以降の約20年間にわたって都市農村間の所得格差は拡大傾向にあった。2003年以降，格差拡大の勢いが弱まり，10年にようやく縮小傾向に転じた。15年に都市農村間の所得格差は2.92倍となったが，

第Ⅱ部　産業発展と政府・企業

日本など東アジアでみられる都市農村間の格差からすれば，中国の状況は異常というしかない。それに，教育，医療，年金などの社会保障で都市農村間に横たわる巨大な格差も考え合わせると，実質的な格差はさらに大きい。ただし，13年より，都市世帯と同じように，農家の可処分所得と純収入の両方が公表され始めた。可処分所得でみる都市農村間格差も13年の2.75倍から16年の2.72倍へとわずかながら縮小している。

　人民公社の集団農業から家族農業へ移行した1978年から84年にかけて，食糧の大増産に農産物買付価格の大幅な引き上げも加わり，農家の収入が急増し都市との格差も縮まった。改革の重点が農村から都市に移された85年頃から，食糧生産をはじめ，農業は全体として徘徊の局面に陥った。農業，農村と農民が置き去りにされ，農家の相対的貧困が度を増した。分税制改革（第6章参照）が行われた94年以降，地方政府の財政基盤が弱体化し，教育，公共事業，末端行政の経常支出まで，農家の拠出金で賄われなければならなくなった。農業諸税およびさまざまな名目の負担金は農家の苦しい経済状況に拍車をかけた。

　1996年に，中国政府は米ワールドウォッチ研究所のレポート『誰が中国を養うか』（1994年）に端を発した中国の食糧脅威論を払拭するため，95％以上の食糧自給率を目標とする国際公約を発表した。食糧作付面積の確保を行政指導し買付価格を引き上げることで食糧の生産拡大を実現させたものの，90年代末に開始された食糧流通の自由化に伴い，増産ゆえの価格暴落が発生し，豊作貧乏が広範囲で見られた。都市農村間の所得格差が拡大し，2003年に3.23倍に上った。国内外のメディアや研究者が三農問題に対し高い関心を示し始めたのはちょうどその頃であった。

　2003年に，胡・温政権が発足し，13年余りも続いた江沢民政権に取って代わった。中国には，共産党政府がその年の最重要課題を年初の中共中央・国務院1号文書（中央1号文書）として扱う慣例があり，1982年から86年までの5年間，農業関連の政策がその扱いを受けた。80年代中頃までの農業・農村改革が大きな成果を収めたのもそのためだとされている（厳，2002）。ところが，87年からの17年間にわたり，農業，農村および農民にかかわる政策は一度もそのような扱いを受けたことがない。つまり，共産党政府はその間「三農」をあまり重視してこなかった。その意味で，三農問題の深刻化は当然の帰結であり，長年のつけが回ってきただけといってもよい（厳，2010）。

68

胡・温政権の下，工業を以て農業を促し，都市を以て農村を牽引せよ（以工促農，以城帯郷），多く与え，少なく取り，規制を緩和せよ（多与，少取，放活），都市農村の一体化，といった新たな方針が打ち出された。同政権の10年間，「三農」を扱う政策文書は全て中央1号文書として発布された。習近平・李克強政権が動き出した2013年以降もその流れが受け継がれ，17年には連続13年の記録を達成した。各年のメインテーマは時々の社会経済情勢を反映しているが，いずれの中央1号文書でも，いかにして，農家の収入増を実現し，農業の総合的生産能力を高め，新しい農村の建設・都市農村の一体化を進めていくか，について具体的な政策，対策が示されている。

ここで特筆に値するものとして以下の6点を挙げる。

第1は，農業税を廃止しさまざまな名目の農民負担金をなくすという農村税費改革である。2000年代に入って，社会経済情勢が変化し，農村教育等への財政投入を増やすことも可能となり，三農問題の深刻化をもたらす負担金や農業諸税を減額し免除する基礎的条件が整うようになった。06年より農業税および諸負担金が完全に撤廃された。

第2は，直接支払制度を導入し，食糧農家への生産補助，良種・大型農機・農業生産資材の購入代金への価格補助を行うことである。これは2000年頃から実験的に開始された制度であり，2000年代後半から全国的に普及され，補助金も年々増額されている。末端行政は補助対象に関する基礎資料を整備するが，交付金は県政府の担当機関が農家の指定口座に直接振り込むというところに特徴がある。

第3は，小中学校の義務教育を完全無償化することである。一時は農家の拠出金で運用されていた農村部の小中学校だが，2006年から授業料や教材の無償化はもちろん，貧困地域の寮生に対して生活費の補助も実施されている。

第4は，新型農村合作医療制度を普及させ，財政による保険料負担を増やしたことである。2003年に導入された同制度に農家は自らの意思で加入するかどうかを決めることになっていたが，補助金が増え続けていることもあり，10年以降農家人口のほぼ全員がこの制度に加入している。地域により同制度の運営方法や効果も一様ではないが，大きな病気にかかった際のリスクが軽減され，病気のせいでたちまち貧困化することが回避できていることで農家から高い評価が得られている。

第Ⅱ部　産業発展と政府・企業

　第5は，農村養老保険制度を構築し国民皆保険を実現したことである（第9章参照）。中国の農村社会に，子供が老いた親の面倒をみる伝統がある。ところが，30年余り施行された一人っ子政策の影響もあり，社会保障制度の構築が必要不可欠となった。2009年に農家を対象とする養老保険制度が試行され，今はほぼ全国的に実施されている。今のところ，60歳以上の農家世帯員は年間1000元程度の手当しか受け取れず，同制度の役割は当面限られるものとならざるを得ないが，大きな進歩と評価してよい。

　第6は，戸籍制度を改革し農村都市間の人口移動を段階的に自由化しつつあることである。1980年代以降生まれの若い世代の農民工が急増し，彼らの都市への移動・定住は喫緊の政策課題となった。2006年頃から，農民工の就業，賃金，社会保障および子供の学校教育に関わる制度や，それらのすべてに絡む戸籍制度が改革されている。

　胡・温政権下では，大きな政策的努力により農家収入が急伸し，2010年以降の伸び率が都市住民のそれを上回った。都市農村間における格差拡大のペースが03年以降落ち，10年についに縮小する傾向に変わった。

（3）　三農の今日的課題

　前述のように，習近平・李克強政権が誕生した2013年以来の5年間，三農政策は中央1号文書として扱われた。三農に対する共産党政府の重視姿勢が示された格好だが，三農問題が依然根本解決に至っていないことも暗示されている。

　ここ5回の中央1号文書では，現代農業や農業現代化といった用語がしきりに使われ，工業化，都市化，情報化に比べ著しく遅れている農業の現代化に対する政府の危機感が見え隠れする。食糧をはじめとする農産物の生産拡大はあるものの，人件費，生産資材費の高騰に零細な家族経営からの脱却ができずにいること，さらに，人民元の為替レートの上昇や国際市場における農産物価格の下落も影響して，中国における主要農産物の国内価格は全て国際価格を上回るようになっている。

　農村都市間の移住制限のせいで，1995年から2002年にかけての7年間，高度経済成長にもかかわらず，農家世帯数も農村人口も減るどころか，それぞれ15％，6％ずつ増えた。これは日本など東アジアの経済成長過程でみられた現象と大きく異なる。また，農業機械の総動力が同期間中3倍も増大し，農作業

70

第3章　農業・農村・農民（三農）問題

の機械化がかなり進んでいるのに，第一次産業就業者数は15％しか減っていなかった。農産物の国際競争力を高め，都市農村間の所得格差を是正するため，第一次産業就業者および農家世帯の絶対数を減らし，農地の流動化を通して大規模経営を実現し，労働生産性を上げていくことは，中国農政に求められる緊急の政策課題といえる。

　2010年代に入ってから，戸籍制度改革が加速され，中小都市への移住が大きく緩和されている。若い世代を中心に農村から都市への移動は将来にわたって離村することを意味し，これは農家世帯数の絶対的減少，農地流動化，農業の大規模経営を促すことにつながると期待されている。

　農地の所有権，請負権と経営権の「三権分立」が制度的に認められ，農家は，集団所有の農地を請け負う権利を保持し，その請負権を行使して自分で農地を営むか，第三者に農地の使用権すなわち経営権を委譲することができる。実際，多くの地方で出稼ぎに行った人たちは，農地の請負権を持つ実質的な地主と化し，政府からの補助金を受け取りながら，その請負権を有償で他の農家または農業企業に委譲している。農家の宅地や農地の請負権を取引する市場が各地方で整備され，農地の流動化と有効利用が促されている。農業部の統計によれば，2016年6月に全国で農家世帯の30％超にあたる7000万戸で農地請負権の移動が発生し，東部沿海では農地流動が起きた農家は農家世帯の過半に達する。請負の農地面積でみてもほぼ同じ状況だという。農業の機械化が進み，大規模経営が増え，農業従事者の収入も大きく増えている。

　とはいえ，中国の三農にまつわる問題は一朝一夕で解決できるものではない。都市農村間の所得格差是正が特に難しい。民主主義的政治体制が採られておらず，農民は自らの権利を守り，投票行動でさまざまな制度差別に異を唱え，義務教育や医療・年金等の社会保障，生活インフラに対する財政投入の都市農村格差を是正させる術を持っていないためである。

　2010年代に入ってから，農村から中小都市への移動・定住が比較的容易になってはいるが，直轄市や省都のような大都市では，戸籍の転入に対する厳しい規制が依然残っている。上海市では，政府は，農民工の子どもの小中学校への入学要件（親の勤続年数，社会保障制度の加入年数など）を厳格化し，所定の要件を満たさない子どもの入学を認めない方法で，入学希望の子どもを選別している。その結果，適格とされない子どもおよびその親が都市から締め出されて

71

第Ⅱ部　産業発展と政府・企業

いる。

　食糧生産に関しては，95%以上の自給率を目指すという数値目標が2010年以降いわれなくなっている（阮，2014）。農業省の高官によれば，今後の中国は，食糧安全保障を重視しつつ，その重点を大豆，いも類も含む糧食から穀物へ，さらにコメなどの食用穀物に移していくという。中国の大豆輸入は1995年以降増大の一途を辿っている。今後，畜産業の餌としてトウモロコシの輸入も増えれば，国際市場に大きなインパクトを与えずにいられなくなるだろう。

　中国の三農問題は，表面的にはかつてほど目立たなくなっている。しかし，食糧の安全保障や都市農村間の所得格差に潜む構造的な矛盾が解消されないでいる。世界一の人口大国だけに，何か問題が起こった時の国際社会への影響も計り知れない。三農の抱える根深い問題に高い関心を持ち続け，その解決に向けての絶えざる努力を中国社会全体が払っていかなければならない。

3　農産物貿易と食糧安全

　1990年代半ば，中国の経済成長は世界を飢えさせるという中国の食糧脅威論が国際社会で喧伝され，大きな社会的関心が巻き起こった。①人口増加や消費構造の高度化に伴う食糧需要が拡大する一方，道路や住宅建設に農地が転用され水不足が深刻化することで食糧の潜在的生産能力が大幅に減退する，②国内の需給ギャップを埋めるために，中国は輸出拡大で稼いだ外貨を用いて国際市場から食糧を買い漁る，③巨大すぎる中国の登場で，世界規模の食糧危機が避けられない，という主張である。

　ところが，1995年以降の中国で，総人口は1億6300万人増え，食生活の質的改善も顕著であった。食糧の需要拡大は紛れのない事実だが，食糧生産も増大し，95%前後の食糧自給率が維持されている。グローバル化が進む中，中国は，比較優位性の弱い国産大豆については生産を調整し，ブラジルやアメリカから大量輸入を続けるだろうが，予想外の災厄が起きない限り，国際公約の食糧自給率を維持することができると見られている。

（1）　農産物貿易

　中国は，WTO（世界貿易機関）加盟後の貿易自由化に備え，1990年代末より

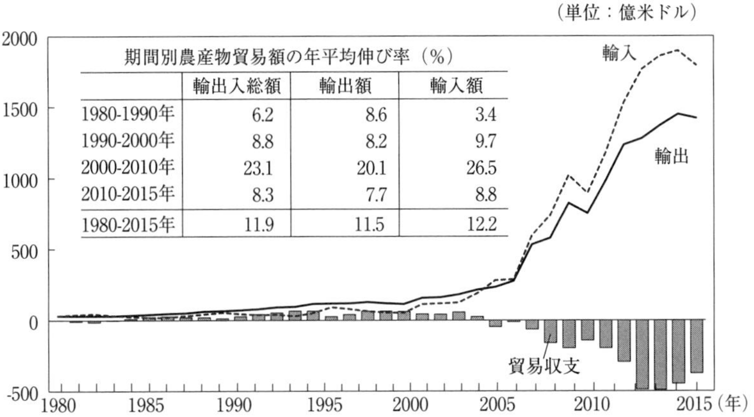

第3章　農業・農村・農民（三農）問題

（単位：億米ドル）

期間別農産物貿易額の年平均伸び率（％）			
	輸出入総額	輸出額	輸入額
1980-1990年	6.2	8.6	3.4
1990-2000年	8.8	8.2	9.7
2000-2010年	23.1	20.1	26.5
2010-2015年	8.3	7.7	8.8
1980-2015年	11.9	11.5	12.2

図3-4　中国における農産物貿易収支の推移（単位：億米ドル）

出所：中国農業信息網（http://www.agri.cn/V20/cxl/），および国家統計局国家数据（http://data.stats.gov.
　　　cn/index.htm）より作成。

農業の構造調整に着手し，従来の気候条件優先の農業立地政策を見直し，人件
費や地代をも考慮して高い収益性が得られるかどうかを適地適作の判断基準に
改めた。また，耕地が少なく労働力が多いという中国農業の抱える基本状況に
鑑み，野菜，果物など労働集約型農産物の生産を拡大し，大豆など土地利用型
農産物の生産を抑え，国内市場の需給変動を国際市場とリンクさせながら農産
物の輸出入を行う，という比較優位論に立脚した農産物貿易政策を取り入れた。
　WTO加盟を果たした2001年以降，工業製品の輸出が急増し，貿易収支は恒
常的に黒字となっている。一次産品の輸出で外貨を稼がなければならない時代
が終焉し，貿易不均衡の是正を目的とする農産物の輸入拡大が迫られるように
なった。国内の土地・水資源の厳しい制約を緩和する必要もあり，中国はつい
に大豆，食用植物油などの大量輸入に踏み切った。図3-4からわかるように，
WTO加盟後，農産物の輸出入額が共に急拡大し，00年代には，それぞれの年
平均伸率が20.1％，26.5％に達した。また，農産物貿易の収支構造が激変し，
04年以降は恒常的な輸入超過が発生している。近年の赤字額は400～500億ドル
に上っている。
　実物ベースでみた主要食料品の貿易収支に興味深い特徴がある（表3-1）。
コメ，小麦，トウモロコシは近年，輸入超過を拡大させてはいるものの，国内
の年間生産量にしてみれば，その規模はわずか数％程度にすぎない。主要穀物

73

第Ⅱ部　産業発展と政府・企業

表3-1　中国における主要農産物の貿易収支（実物ベース，輸出—輸入）

（単位：万トン）

年次	食糧	コメ	小麦	トウモロコシ	大豆	綿花	肉類	食用糖類	野菜	果物
2004	-496	15	-617	232	-1,988	-210	-7	-36	592	198
2005	390	17	-293	864	-2,618	-274	-16	219	671	243
2006	250	51	90	303	-2,788	-396	-36	19	721	233
2007	835	85	297	488	-3,035	-272	-97	-8	808	332
2008	32	64	27	22	-3,695	-224	-153	-20	809	305
2009	-178	43	-66	5	-4,220	-175	-106	-42	794	281
2010	-447	23	-95	-145	-5,462	-312	-117	-83	830	232
2011	-423	-8	-93	-162	-5,243	-354	-157	-233	956	138
2012	-1,297	-209	-342	-495	-5,806	-539	-179	-328	913	144
2013	-1,358	-179	-526	-319	-6,317	-449	-225	-407	940	155
2014	-1,875	-260	-282	-258	-7,119	-266	-211	-302	954	35
2015	-3,218	-309	-289	-472	-8,156	-173	-239	-410	994	2

出所：図3-4に同じ。

の完全自給がほぼ達成しているといってよい。

　大豆に関しては全く異なる状況が見られる。大豆が輸入超過となった1996年以降，所得水準の上昇に伴い植物油および豚肉など肉類の消費が拡大し，それに牽引されて大豆の輸入も激増している。2015年に，中国は国際市場の6割超に相当する8156万トンもの大豆を輸入し，国内の大豆自給率を20％ぐらいにまで押し下げている。

　他方，比較優位が強化され輸出超過となった農産物も多い。野菜，果物はその代表的な存在である。食糧生産の優位性が失われた山東省，浙江省では，コメから野菜や花卉への転作が進められ，国際市場を視野に入れた現代的農業経営が成長している。2000年から15年にかけての15年間に，農産物輸出額が年平均16％で伸びたことはまさしく比較優位論に立脚した構造調整の成果といえる。

　中国の農産物輸出は日本をはじめとするアジアがメインだったが，2000年代以降，ヨーロッパ，アフリカ，南米など世界各地へと輸出先の分散が進んでいる。農産物輸入に関しても，グローバルな視点で食糧ビジネスを展開し食糧安全保障を高めようとする努力が払われている。アメリカは小麦とトウモロコシと大豆，オーストラリアは大麦と菜種，カナダは菜種と菜種油，ブラジルは大豆，インドネシア・マレーシアはパームオイル，ベトナム・ミャンマー等はコメ，の主な輸入相手国である（李主編，2014）。

第3章　農業・農村・農民（三農）問題

（2）　食糧の需給見通し

中国は自国民の食糧需要をほぼ自力で満たしており，この情勢は今後も変わらないだろう。農地の転用規制や農業技術の進歩を通して食糧生産を緩やかに増やしていくことが期待できる一方，食糧の総消費は人口増の減速，高齢化・都市化の影響を受けてさほど拡大しないだろう，と考えられるからである。

一人っ子政策が長年施行され，先進国で見られがちの少子高齢化は中国でも急進している。中国の総人口は2030年頃にピークを迎え，その際の人口数は14.5億人と今より1億人程度増えると予測されている。仮に今日のような消費水準を維持しようとするなら，4000万トン程度の食糧増産が必要になるが，手の届かない目標ではない。

普通，経済成長に伴い国民の消費構造が高度化し，穀物の直接消費と，動物性カロリーの摂取を通した穀物の間接消費を足し合わせた総需要は，人口増を上回る速度で増大する。中国では，動物性食料品の消費が確実に増え，都市農村間に動物性食料品の消費格差も存続している。今後，総人口の半分近くを占める農村人口が肉類やミルクの消費をさらに増やすようになれば，食糧需要が一層拡大するに違いない。しかし他方では，都市化により食糧の直接消費が減少することも見逃されてはならない。農村から都市へ移動し，農業で肉体労働を余儀なくされる者が減っていけば，食糧の直接消費も減少するはずである。直接消費の減少分を畜産業の飼料に回すことで動物性食料の供給拡大が可能になる。経済成長あるいは都市化に伴って生じる食糧の間接消費の増加と直接消費の減少が相殺する可能性が大きいというわけである。

食糧消費に及ぼす高齢化の効果も無視できない。高齢者は青壮年ほどには食糧を消費しない。総人口に占める65歳以上の高齢者比率が上昇すれば，食糧の需要増は人口増に比例しない。中国は高齢化社会に突入しており，2015年の高齢者割合は10.5％に達した。30年には16.5％に上がると予測されている。

要するに，中国は今までどおり，農地の転用規制と有効利用に努め，農業技術の改善・普及，灌漑拡大等の基盤整備を継続的に推進すれば，中長期的な食糧安全保障を自力で確保することができるだろう。世界一の人口大国を養えるのは中国自身しかない，という状況認識を中国も持っていることは言うまでもない。

75

第Ⅱ部　産業発展と政府・企業

4　中国農業の行方

　1980年代以降の中国では，農村の社会経済を取り巻く制度や政策が大きく変化している。農業は食糧をはじめとする農産物の大増産，非農業部門への豊富で安価な労働力の大量供給を通して，国民経済の高度成長に貢献してきた。一方，都市農村間の所得格差に象徴されるような構造問題は解消されておらず，経済のグローバル化を背景とする食糧自給率の低下も食糧安全保障上の懸念材料として無視できない。中国農業は今後どのようになるのであろうか。

　まず，食糧の基本自給すなわち食糧の自給率95%以上を保持することができるだろうか。改革開放以来の人口増加と所得向上にもかかわらず，食糧の基本自給がほぼ果たされている。この状況は近い将来大きく変わらないだろうが，農地の転用規制を強め，食糧の潜在的生産能力を維持していくことは重要な政策課題である。

　次いで，都市農村間の所得格差を迅速に是正できるか。これは今後の中国にとって最も重要な課題かもしれない。農村都市間の人口移動をより一層自由化させ，農業就業者および農家世帯数の絶対的減少を進めることにより，農業の大規模経営と労働生産性の向上を実現し，農家の収入増ひいては都市農村間の所得格差を縮めることは必要不可欠である。

　2004年以来，13年連続で農業，農村および農民に関わる政策課題が中央1号文書として提出されている。ここ数年，習近平・李克強政権は，半世紀以上も人々の移住や職業選択の自由を束縛した戸籍制度を改革し，農村都市間の移動規制を緩和し，経済成長と産業構造の高度化に見合うような都市化を推し進め，さらに，そうしたことに絡み合う農地制度のさらなる改革をも断行している。都市と農村の分断，都市内部に潜む戸籍住民と農民工の分断を解消し，人為的に作られた二重社会に決別を告げ，より平等で公平な社会への移行を目指す共産党政府の新しい方針は時代の流れに合致していると評価できよう。三農問題の根本解決にそうした抜本改革は欠かせないが，一朝一夕で達成できるものではない。しばらくは中国の三農から目が離せない。

第3章　農業・農村・農民（三農）問題

■　　■　　■

●注

（1）　本章で用いる統計数字について，出所が明記されない場合，すべてが中国国家
　　統計局の公式統計に基づいて算出したものである。

（2）　中国の食糧統計では，コメ，小麦，トウモロコシ，豆類およびいも類（生産量
　　20％として計上）をまとめて「糧食」としているが，本章で使う「食糧」はそれ
　　に当たる。ちなみに，これらの割合は2016年にそれぞれ33.6％，20.9％，35.6％，
　　9.9％となっている。

●参考文献

大塚啓二郎（2014）『なぜ貧しい国はなくならないのか――正しい開発戦略を考える』
　　日本経済新聞出版社。

厳善平（2002）『シリーズ現代中国経済2　農民国家の課題』名古屋大学出版会。

厳善平（2009）『叢書・中国的問題群7　農村から都市へ――1億3000万人の農民大
　　移動』岩波書店。

厳善平（2010）「中国の農業・農村・農民問題」『経済セミナー』8・9月号。

速水佑次郎（1986）『農業経済論』岩波書店。

南亮進・牧野文夫・郝仁平編著（2013）『中国経済の転換点』東洋経済新報社。

阮蔚（2014）「中国における食糧安全保障戦略の転換――増大する食糧需要に増産と
　　輸入の戦略的結合で対応」『農林金融』第67巻第2号。

李経謀主編（2014）『2014年中国糧食市場展報告』中国財政経済出版社。

ウェブサイト

中国農業信息網　http://www.agri.cn/

　　中国政府・農業部農業信息中心が運営するウェブサイトであり，農業・農村・農民
　　（三農）の動向を伝える新聞記事，三農問題にかかわる法令や政策，および農産
　　物の生産・価格・貿易などに関する統計データが豊富に掲載されている。中国語
　　のサイトだが，日本語バージョンもある。

中国農村研究網　http://www.ccrs.org.cn/

　　華中師範大学・中国農村研究院が運営するウェブサイトであり，三農問題に関する
　　研究論文，調査報告，史料などが豊富に収集され，無料利用可能である（中国
　　語）。

（厳　善平）

77

第4章
企業体制改革とその行方

　　1949年に誕生した共産党政権は社会主義計画経済という方針の下で近代産業，特に重化学工業へ傾斜的に資源配分を行った。その担い手として国有企業体制が選択された結果，私有企業が消え去ってしまった。

　　しかし，国有企業一辺倒の企業体制は中国経済に非効率性をもたらした。1978年に始まる改革開放政策は計画経済から市場経済への移行（復帰）を目指すもので，国有企業の改革がつねにその中心的政策課題であった。経営自主権の拡大，経営請負制の導入，現代企業制度の建設などを経て従来の国有企業体制が大きく様変わりした。

　　他方，国有企業の改革とは別に，異なる所有形態の企業の設立ブームが起きた。最初は郷鎮企業，のちに私営企業，外資企業が急速に拡大し，いまは国有企業，私営企業と外資企業の三者鼎立の状勢を呈している。

　　この三者鼎立の企業構造はいわゆる社会主義市場経済のミクロ基礎となっている。その存立基盤は国有企業に対する保護政策，私有企業に対する差別政策，外資企業に対する優遇政策という政府の分別的な企業政策にあった。今後，三者間の垣根を取り払う必要があるが，政治的，経済的，社会的理由から高いハードルが横たわっている。

キーワード：国有企業体制，不足の経済，非国有企業の成長，外資企業，経営自主権の拡大，株式制企業への改組，国有支配企業，混合所有制，三者鼎立の企業構造，分別的な企業政策

1　社会主義計画経済システムの確立に伴う国有企業体制の創出

　第二次世界大戦後の世界はソビエト連邦を中心とする社会主義陣営とアメリカを中心とする資本主義陣営に二分され，中国共産党政権は私有制と市場経済を基本的経済制度とする資本主義陣営ではなく，公有制と計画経済を基本的経済制度とする社会主義陣営に加わった。

第Ⅱ部　産業発展と政府・企業

　中国は朝鮮戦争によってアメリカとの関係が決定的に悪化し，政治，経済，思想，外交などの面においてソビエト一辺倒となった。ただ前政権から受け継いだ国有企業や官僚資本，外国資本は全て国が管理することとした中国政府は私有企業に対して，その経営活動にさまざまな制限を設けたものの，その存続は認めていた。すなわち一挙に社会主義体制への移行を考えておらず，時間をかけて行う方針であった。

　ところが，共産党政権は1952年から社会主義の早期実現を目指して軌道修正を行った。まず，重工業優先の発展戦略が立てられ，ソビエトの技術・資金の援助を得て多くの国有企業[(1)]が新設された。次に私営企業は公私合同経営の形を経て国有企業への再編が行われた。中国は工業化の実現に向けて経営資源を中央政府に集中させ，その実施主体として政府の直接管理下に置かれる国有企業を必要としたのである。

　つまり，計画を厳格に実行するために，資材と製品の価格は全て政府によって人為的に決められ，国有企業は工場のように政府の指令に従い，与えられた資材によって定められた量の製品を製造し，指定された商業部門に渡せばよいのであった。ビジネスチャンスを機敏に察知し，それをモノにする経営者の役割と自主的企業経営は基本的に不要であった。

　国有工業企業の数は1957年の5万社から一時12万社まで急増したが，その後数を減らし，78年頃8万社程度であった。それに対して全国工業生産高に占める国有企業の比重は52年の41％から57年の53％を経て65年に90％，78年に80％という高い水準で推移していた。

　ところで，このように数が多く，しかも広い国土に分布している国有企業に対する管理監督には自ずと限界があった。そこで「国家所有，分級管理」の方針が導入され，それによって中央国有企業と地方国有企業という分類が行われた。また中央政府による直接管理の非効率性が露呈すると，地方ないし企業に権限移譲のアプローチが試みられた。ただ，どこまでその権限の委譲を認めればよいのか，時期によって程度の差がみられるが，計画経済体制時代を通してみると，いわゆる権限の集中と移譲のゲームが繰り返された。

　ただ当時のイデオロギーのもとでは，市場経済と計画経済は水と油のように融合できないものと見なされ，市場経済的なものを極力抑えることが政治的に正しいという風潮があった。

ともあれ，中国は近代化＝工業化を実現させるために，国有企業を基本とする計画経済体制の構築を目指した。資源の集中的投入というメリットは確かにあったが，国有企業による非効率的経営が蔓延し，そして経営資源を重工業の分野に集中投下していたがために，食品，繊維，サービスなど住民の日常生活にかかわる産業への配分が十分でなくなり，「不足の経済」[2]を生んだ。

2　非国有企業の生成

1978年を起点とする改革開放路線は国有企業体制とそれに基づく計画経済体制の手直しが焦点であった。その改革はいくつかの段階を経ていまなお続いている。振り返ってみると，国有企業改革そのものの中身と進展を理解するには，国有企業が直面する環境の変化，特に非国有企業の成長が重要である。そこで，この節は非国有企業の成長について集団所有企業[3]，私有企業と外資企業の順に概観する。その上で次節以降は国有企業の改革，それから国有企業と非国有企業の相互作用について分析したい。

なお，中国の企業に関する統計データは関連法整備の遅れや統計基準の変更などにより連続性に欠き，その推移を正確に描きだすことが困難なため，ここで表4-1のように各種企業の就業者数に基づき，1978年以降各種企業の盛衰浮沈の実態を明らかにしたい。

（1）　急成長を遂げた集団所有企業

集団所有企業はもともと国家財政力がカバーできない地域や分野において国有経済を補完するために主に地方政府の投資によって形成したもので，いずれ国有企業へ格上げされることが暗黙の了解であった。その数は1957年の11万社から78年の26万社に増え，それぞれ同時期国有企業数の2倍と3倍を超えていた。政治的に異論が少ないので，改革開放後の企業成長をリードすることになった。

集団所有企業は都市集団企業と農村集団企業に分けられる。都市集団企業は1978年に2048万人を雇っているが，99年に3628万人とピークに達し，その後年々減少し，2008年に566万人まで低下した。それは私営企業への大規模改組，いわば民営化の結果だと思われる。

第Ⅱ部　産業発展と政府・企業

一方，農村集団企業は1978年まで「社隊企業」（人民公社，生産大隊が出資と経営を行う企業）と呼ばれていたが，人民公社の解体で84年から「郷鎮企業」と呼ばれるようになった。78年に2827万人を雇用していたが，その後急速に伸び，85年に6979万，95年に12862万人に達した。郷鎮企業は95年に全国工業生産高の3分の1，そして99年に国内総生産の3分の1を占め，国内外からの注目を浴びた。

なぜ郷鎮企業はこのような大躍進をとげたのか。地方政府の役割がその謎を解く最重要要素の1つとされる。

1980年代のビジネスチャンスに機敏に反応したのは郷鎮企業であった。郷鎮企業の所有者である郷鎮政府は地元の雇用と財政収入の増加に直結する経営の成否に強い関心を示し，経営者への権限移譲と経営支援を徹底的に行った。一方，地方政府の出資がなく，実質的に個人の企業であっても，自己防衛的に郷鎮企業という名で登録するケースが多かった。その背景には私営企業に対する政治的差別が根強く残っていること，また実際のビジネスにおいて土地使用，資金調達，税金などの優遇措置，労働その他紛争の解決にいずれも地方政府の関与と支持が不可欠であったことが挙げられる。

ところが，初期の成長段階を経て自己資本の増加，経営者の人的資源の蓄積に伴い，郷鎮企業の経営に対する経営者のコントロールが強まる半面，政府の役割が低下するようになった。また競争の激化によって企業倒産リスクが高まり，それが地元政府に郷鎮企業とのかかわりを再考させる圧力になった。

興味深いことに郷鎮企業の先進地域とされた東部沿海地方に政府の関与が強いとされる蘇南モデルと，政府の関与が弱く，私営企業への改組が多い温州モデルという対照的なモデルケースが存在した。しかし，，1990年代後半になって蘇南地域の郷鎮企業も民営化への改組が一挙に行われた。それに伴って郷鎮企業という名称の含意も変質した。当初は郷鎮政府が出資者としてその経営にもかかわるところに力点があったが，現在は，単に農村に立地する地方企業を意味することに変わっている。

（2）　よみがえった私有企業

1952年の工業生産の50％を占めていた私有企業はその後，ほとんど姿を消し，かわって公私合営企業という社会主義改造の中間形態に改組し，まもなく国有

第 4 章　企業体制改革とその行方

表 4 - 1　各種企業の就業者数の推移　　　　（単位：万人）

	1978年	1995年	2008年	2014年
国有部門	7,451	11,261 (7,544)	6,447 (2,501)	6,312
都市集団部門	2,048	3,147 (2,945)	662 (566)	537
都市私営企業		485	5,124	9,857
都市個人経営	15	1,560	3,609	7,009
外資企業		513	1,622	2,955
有限会社			2,194	6,315
株式会社		317	840	1,751
株式合作企業など		53	207	125
郷鎮企業	2,827	12,862	15,451	
農村私営企業		471	2,780	4,533
農村個人経営		3,054	2,167	3,575

注：(1)国有部門とは資産が国家所有とする経済組織を指し，国有企業と政府機関などを含む。

　　　カッコにあるのは国有企業の就業者数である。

　　(2)都市集団所有部門とは資産が集団所有とする経済組織を指す。

　　　カッコにあるのは都市集団所有企業の就業者数である。

　　(3)外資企業は外国資本と香港・マカオ・台湾資本の合計。株式合作企業等は聯営企業を含む。

　　(4)郷鎮企業は当初，一企業形態とみなされ，就業者数を計上してきたが，2011年からそれがなくなり，

　　　その就業者の一部が有限会社などに計上されるようになった。

出所：国家統計局編『中国統計年鑑』中国統計出版社，各年版より筆者作成。

化されてしまった。改革開放が開始される1978年の時点において，わずか15万人の個人経営が残存していただけであった。

　中国では個人経営と私営企業の両方を私有企業（または私有経済）と呼び，それぞれ都市と農村に分けて就業者数を計上している。表 4 - 1 によると，個人経営は，都市部では直線的に右上がりであるのに対して，農村部では一定の変動がみられる。一方，私営企業については都市部では急増し，農村部も都市部ほどではないが，増え続けている。

　社会主義を標榜する中国にとって私有経済はタブーの中のタブーであり，改革当初，それに対する急激な政策転換が望めなかった。しかし，厳しい生活と雇用状況に直面する庶民の要求を全く無視するわけにもいかず，政府は漸進的な政策転換を余儀なくされたのである。

　日本の内閣府にあたる国務院は1981年に「個人経営は国営経済と集団経済に必要な補完物」で，必要があれば，「2,3人の多くて 5 人を超えない見習いをとることができる」と規定した。当時，雇用者 7 人以上を認めるべきか，学界で

第Ⅱ部　産業発展と政府・企業

も真面目に取り上げられたことがあるが,「私営企業暫定条例」(国務院, 1988年)の制定がその論争に終止符を打った。条例は私営企業とは「企業資産が個人所有に属し, 雇用人が8人以上の営利的な経済組織」であると定義している。そして1993年11月, 各種所有制経済の平等参加と市場競争の環境を提供し, 各種企業に対して平等に扱う方針を明確にし, 2003年の憲法修正で懸案であった私有財産の不可侵など, 私有財産の保護に関する文言を明記することになった。さらに05年に国務院は非公有制経済の市場参入範囲を拡大する方針を盛り込んだ。

　このような政策転換と法律の修正が私有経済の経営環境を改善し, 私営企業の新設と公有企業の民営化を促した。例えば私営企業数は1989年に9万社であったが, 20年後の2008年に657万社, 14年1546万社に急増した。現在, 繊維, 家電, 食品, 不動産などの伝統的産業だけでなく, インターネット関連や通信などのIT産業においても優秀な私営企業が輩出し, 世界的な知名度を有することになっている。例えばインターネット関連では, 有力な国有企業が存在しなかったこともあって私営企業の独壇場となった。アメリカのアマゾン, グーグル, フェイスブックに対応してアリババ, 百度, テンセントが業界の王者となっている。また通信機械メーカーの華為技術有限公司は通信関連機器事業では世界のリーディングカンパニーとなっている。同社は研究開発に力を入れ, 国際特許出願件数では世界屈指の地位を占め, 近年携帯電話事業に参入し, 話題を呼んでいる。

　ところで, 1980年代の私営企業は労働集約型に集中し, 企業規模も小さく, 経営者は低学歴者が多かったが, 私営企業の業種と規模の拡張に伴い, 経営者像も大幅に変わり, 大卒以上の学歴を持つ人が増えた。90年代以降, 役人, 知識人のビジネス界転身, 国有企業・集団企業の民営化改組, 海外留学組のIT企業の創設などが寄与しているとみられる。

　中国で毎年長者番付が発表されているが, それにランクされているのはほとんど私営企業家である。たとえば2016年富豪上位100人の中にアリババの馬雲, テンセントの馬化騰, 百度の李彦宏がそれぞれ2位, 3位と7位にランクされている。ちなみに第1位は万達という不動産開発会社社長の王健林で, ここ20年中国における不動産業の発展ぶりを物語っている。

（3） 外資企業の参入

　厳密に言うと外資企業も私営企業として扱うべきだが，中国では，法的にも政策的にも別個の存在になっている。

　もともと1949年共産党政権の樹立を受けて，外国企業はほとんど撤退し，また国内民族企業の一部も香港，台湾，マカオへ逃げ出した。78年当時，香港がイギリス，マカオがポルトガルの植民地であったので，中国で外資といえば，香港・マカオ・台湾からの資本を含んだ用語であった。その後香港とマカオの中国返還に伴い，統計上，香港・マカオ・台湾資本と外国資本にわけて表示するようになったが，ここでそれを一括して外資企業と呼ぶ（なお，外資企業の活動については本書第12章を参照）。

　中国は最初から海外資本の導入に積極的であったわけでなく，むしろ設備と技術の輸入に力を入れた。その背景には外国企業に対する警戒と不安の心理があったとされる。しかし，せっかく貴重な外貨で輸入した技術は消化できず，設備の操作はできない，交換部品はない，あるいは不合格品が多いなどの問題に悩まされ，いわゆる「洋躍進」の輸入代替政策は早々に失敗に終わった。

　そこで近隣の香港，台湾，韓国，東南アジアの国々と地域が外国直接投資を受け入れ，成果を上げていることに着目し，合弁企業を通じて加工貿易を行う，いわゆる輸出志向型の戦略が導入された。多国籍企業の投資は92年から本格化し，全国工業生産高に占める外資の比率が93年の7.5％から98年の15％，2000年の27.4％へと急増した。またその就業者数は95年513万人，08年1622万人，14年2955万人のように伸びてきた。

　全体的には中国を加工基地とする投資が多く，その結果，国内総生産に占める貿易の比重，いわゆる貿易依存度が60％まで達し，大国としては非常に高い。中国は世界の工場と呼ばれているが，輸出商品の大半はその製造加工だけでなく，その原材料の輸入と完成品の輸出も外資系企業によって担われている。それがピークに達したのは2009年で総輸出額に占める外資企業のシェアは55.9％であった。その後やや低下して，14年のそれは44.9％であった。それを補う形で私営企業の輸出シェアは09年の28.2％から14年の54.1％に上昇している。

　一方，中国のWTO加盟以降，外資企業は国内市場向けの投資を増やしている。自動車の生産販売はその一例である。2016年2800万台まで拡張した中国の

第Ⅱ部　産業発展と政府・企業

国内市場をめぐって世界の自動車メーカーは中国で合弁生産を行い，その市場シェアの拡大にしのぎを削っている。そして中国に研究開発の拠点を設ける多国籍企業が増えている。

　ところが，中国経済の急成長に伴い，これまでの主な進出誘因であった低い生産コスト，とくに労働コストが急騰した結果，一部の外資系企業，とくに労働集約型の企業はコストの安い東南アジア，南アジアに移転する動きが加速している。それと同時に中国国内企業の海外進出も活発化し，中国をめぐる外国直接投資の状況が新な段階に入ったと考えられる。

3　国有企業改革の帰結

　以上のように集団所有企業，私有企業，外資企業など非国有企業は1978年以降大発展を遂げ，中国の企業地図を塗り変えることになった。一方の国有企業はその後どのような発展経路をたどったのであろうか。就業者数でみた場合，78年から95年までの増加期と95年から現在までの減少期を経験している。ピーク時の95年は7544万人であったが，2008年は2501万人まで激減している。明らかに90年代半ばは国有企業にとって大きな転換期であった。この節ではそれを境に経営自主権の拡大と所有権の改革という2つの時期に分けて述べたい。

（1）　経営自主権の拡大（1978〜93年）

　計画経済時の国有企業は行政組織の一部に過ぎず，本当の意味での企業ではなかった。政府はその活性化を図るために経営権の委譲を実施することにした。

　具体的には「放権譲利」，すなわち経営自主権の拡大，利潤の企業内留保など，企業側に経営のインセンティブを与えることであった。同じ手法が1978年以前も何回か試されたので，単に権限の移譲と回収のゲームの再開との見方が当初多かったが，一進一退の局面が繰り返される中で，企業の経営自主権は確実に拡大していった。

　経営自主権の拡大は政府が期待したとおり，経営の自立性と企業の生産意欲を高めた反面，新しい問題も生じた。その1つは財政収入の減少である。1980年の国家財政収入源の85％を占めていた国有企業の利潤の自己留保が財政赤字の拡大問題に直結した。その対応策として「利改税」（利潤を税金として支払っ

てもらう）による財政収入の確保や国有企業の資金源を無償の財政投資から有償の銀行融資に改めることによる財政負担の軽減策などがとられたが，予期した効果はなかった。

そこで政府は，1987年に経営請負制の導入に踏み切った。これは政府が経営者に対して一定期間において企業の売上あるいは利益の請負を条件にその経営権を委ねる，いわば経営自主権の委譲が進んだ段階での改革措置であった。しかし，企業が利益を生み出したときには，請負契約通りに利益の配分が行われるが，何らかの理由でそれが達成されなかったときに経営者はその責任を負えないという問題があった。経営者にはそれを担保する財産もないし，そもそも製品価格は市場ではなく，政府によって統制される場合が多く，企業業績を評価する客観的基準にはならなかった。また，経営者が自分の短期的利益のために機械などの設備を酷使し，企業の長期的成長に必要な投資を怠るなどの問題点も存在していた。

いま1つはインサイダー・コントロール現象の顕在化である。経営者にとっていったん経営権を獲得すれば，経営に関する情報の非対称性からその発言権が強まるのが一般的にみられる現象である。特に国有企業の場合，国を代表する政府機関はいくつの部署に分散し，それぞれ企業経営に口を出すが，その経営責任を負えず，所有者としての役割を果たせなかった。その結果，国有企業のインサイダー・コントロールはさらに強まったのである。

結局，国有企業では，経営者と従業員の利益が優先し，誰もが国有企業を食い物にするのが当たり前という風潮が蔓延した。期待した経営好転は見られず，経営自主権の拡大を中心に展開してきた改革路線の限界がはっきりしたのである。

強調しなければならないのは1990年代前半まで国有企業の絶対数が増え続けてきたことである。80年代以降におけるビジネスチャンスの拡大と国有企業の設立形態の変化がそれに寄与している。

国有企業は元来，財政支出によって出資，運営されるもの，いわば財政出資型企業である。改革前の国有企業は中央企業と地方企業の違いがあるが，そのほとんどがこの分類に入る。しかし改革以降はさまざまな事情によって異なるタイプの国有企業が登場してきた。その1つは銀行融資型である。おびただしい数の国有企業を財政支出で支えることが困難となった政府は1985年に国有企

業への資金供給を財政予算から銀行貸出に改めることにした。銀行融資だけで新設される国有企業もあったといわれる。いま1つは予算外投資型である。地方政府および国有企業などは予算外投資を盛んに行い，これによって多くの国有企業が設立され，企業規模や業種，管理方法などの面で予算内企業と大きく異なっていた。

このように多様な出資形態の国有企業の出現は企業経営の自立化に微妙な影響を与えた。一般的には財政出資型，銀行融資型，予算外投資型の順に企業経営に対する政府の関与度が弱まり，企業の経営自主権が強くなる傾向がみられる。

（2） 所有権改革（1994年以降）

以上述べたように所有と経営の分離に基づく改革，つまり所有にメスを入れず，経営権の拡大によって問題の解決をはかるやり方はつまずき，やはり所有権の改革が避けられないという考えが次第に強まった。

一方，国有企業体制のままで急成長を遂げてきた一部の新興国有企業もあった。そこには，家電企業ハイアールのようにカリスマ的経営者が政府の信頼を得て自主的な経営を展開できたという共通性がみられる。その経営者は政府の経営関与の可能性を遮断するためにも，また自分の経営貢献を明確化するためにも国家所有権の調整に挑む動きが活発になった。

そこで，所有権改革の手段として株式制企業への改組が選択されたのである。すなわち国有企業の資産を資本に置き換え，それに外部資本を導入するというやり方である。1993年会社法が公布し，有限会社と株式会社が現代企業制度として国有企業などが目指すべき企業形態とされた。これによって改組された企業は国以外の株主を取り入れ，純粋な国有企業からの脱皮が図られた。

そして政府もあまりにも多数の国有企業を管理することの難しさを悟り，中小型国有企業の民営化に踏み切った。その際に「株式合作制」，具体的にはこれら企業の純資産を内部従業員に売却し，株主になってもらい，1人1票の議決権が与える組合的な運営方式が行われた。それはやがて内部経営者に株式が集中する方向へ転換し，私営企業に脱皮した。こうした民営化の動きは，1990年代末以降，競争産業に属する大企業まで及んで拡大した。一部の企業ではMBO（経営者による企業買収）が行われ，大きな話題を呼んだ。

第4章　企業体制改革とその行方

　一方，さまざまな理由により，改組しても経営が成り立つ見通しのない国有企業については破産法に基づき清算された。2008年までに合計4980社が破産し，967万人の労働者が職を失ったという。

　このようにかなり大胆な形で国有経済の構造調整が行われた結果，国有企業のカバーする分野は大幅に縮小し，就業者数が急減した。ただし，大型国有企業については引き続き，国有企業体制を堅持していく政府の姿勢に変わりはなかった。その場合も株式制への改組が行われたが，改組後の企業は国有株の比率が圧倒的に高く，国有支配企業と呼ばれている。

（3）　国有支配企業の実像

　伝統的な国有企業は産業組織の視点から見ると三つの特徴を持っていた。第1に，一企業一工場制をとるため規模が小さく，高度な「分業」体制を敷いていた。第2に，計画経済による資源配分が原則であったため，企業間における自由な取引と結合が認められなかった。したがって，各産業における生産集中度は低く超分散的な生産構造が形成されていた。第3に，各企業は学校・病院を含めて従業員とその家族のための日常生活関連施設など，非経営的資産を抱えていた。

　国有企業が経営自主権の増大という方針の下で改革を進めた結果，上述した第1と第2の特徴はなくなったが，第3の特徴は残っている。株式公開をにらんだ株式制改組が模索されるようになった際に，焦点となったのは国有企業が内部に抱えている非経営的資産や不良資産の処置であった。

　現在，国有企業を改組して株式公開を果たした企業の大半はいわゆる「部分上場方式」，つまり企業資産の一部だけを切り出して上場させる方式を採用している。具体的には，株式の公開発行には国が定める上場基準をクリアする必要があるため，非経営的資産を増大させ，経営業績の不振に陥った国有企業は，コア資産（優良資産）を分離した上でそれをもとに株式会社を新設し，残りの不良資産や非経営的資産また余剰人員は別の企業に回すというものである。それらの企業の上に集団公司が作られ，持株会社として各企業の資産を所有することになっている。つまり，図4-1に示すように，部分上場方式で設立された上場企業の場合は，集団公司が親企業として君臨し，その集団公司を政府部門が所有するという間接的な構造になっている。

第Ⅱ部　産業発展と政府・企業

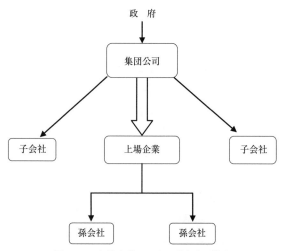

図4-1　上場企業における所有支配構造
出所：下谷政弘編（2008）『東アジアの持株会社』ミネルヴァ書房，191頁。

　このような，部分上場方式によって改組・上場した企業と集団公司との間に二重の統治構造が発生してくる。すなわち，会社法によって設立されている上場企業と，その上場企業を持株会社として支配する集団公司，この2つの異なる企業形態にもとづく二重の統治構造が1つの企業グループの中に重層的に存立している。
　上場企業には株主総会，取締役会および経営執行機構が設置される。取締役会およびその会長は最高意思決定機関である株主総会によって任免されるが，社長（総経理）は取締役会によって招聘されることになっている。また，監査部門として株主総会によって選出される監事会がある。
　一方，集団公司は純粋の国有企業であり，基本的には伝統的な国有企業の統治方式を踏襲している。有限公司の形態に改組されたものもあるが，その場合でも，国有単独出資の一人会社であるため，取締役会は設置されるものの，株主総会は存在しない。
　このような集団公司-上場企業という二重構造は企業側と経営者にとって都合がよい体制といえる。まず，集団公司というクッションを置くことによって事業経営に対する行政からの直接介入が遮断できる。また，集団公司の経営陣

は政府によって任免されることになっているが，内部出身者からの選出が多いために内部者による企業支配が可能となる。あるいは，上場企業の配当は政府ではなく集団公司に直接支払われるため，グループ内での損益相殺ができる。さらに，集団公司との資産取引などを通じて上場企業の事業構成と経営業績を容易に操作することも可能である。実際，集団公司が大株主としての地位と権限を乱用して少数株主の利益を侵害する事例が後絶たなかった。

（4） 今後の改革諸課題

　2000年代後半，特に08年の金融危機を契機に緊急経済対策が行われた結果，多くの国有企業はその恩恵を受け，好業績を謳歌し，いわゆる「国進民退」が話題になった。しかし13年以降中国経済はこれまでの高成長から中成長に突入し，非効率経営と過剰生産能力を抱える国有企業の改革が再び注目されるようになった。従来考えられなかったような企業間の合併再編が繰り返され，過剰生産能力の消去とゾンビ企業の退場が行われる一方，コーポレート・ガバナンスの再構築にかかわる諸課題への取組が強調されている。

　まず「国有企業改革の深化に関する指導意見」（2015年9月13日，中国共産党中央委員会と国務院）によれば，国有企業を商業性の強いものと公益性の強いものに分類したうえで異なる管理監督の方法を採用するという。次に国有資本投資運営公司を改組・新設して国有資産の管理監督を中心とする体制から国有資本の管理運営を中心とする管理体制への転換を模索する。次に混合所有制の改革を加速させる。2015年末現在，中央国有企業の中で混合所有制企業（非国有の資本が入っている）に改組した企業の比率が67.7％に達している。中央国有企業は388社の上場企業を支配し，資産の61.3％，営業収入の62.8％，利潤の76.1％がこれら上場企業に含まれている。今後，混合所有制改革が子会社・孫会社といったレベルにとどまらず，親会社の集団公司レベルでも実施されていくだろう。いずれにせよ，より多くの非国有資本の導入やストックオプション，従業員持ち株の実施に伴い，国有資本比率の低下が期待される。

4　三者鼎立の企業構造

　以上，1949年以降，特に1978年以降の中国企業を国有企業と非国有企業に分

第Ⅱ部　産業発展と政府・企業

けてその盛衰栄枯の歴史について概観した。78年の時点では，圧倒的な比重を占める国有企業とそれを補完する集団所有企業，いわば公企業の天下であったが，その十数年後の90年代前半になると，国有企業，郷鎮企業と私営企業という三つ巴の競争体制に変わった。その後，郷鎮企業の民営化と外資企業の参入に伴い，国有企業，私営企業と外資企業という三者鼎立の企業構造が成立したのである。この節ではまずこの三者それぞれが適用される法体系を整理し，その立法理由を明らかにした上で，次にデータがそろっている工業企業に焦点を当て，三者の経営実態を概観する。最後に三者それぞれの特徴および相互関係について考察し，今後の行方を見通してみたい。

（1）　異なる企業形態に関する立法等

　企業形態には出資者の種類による経済形態と法律によって規定される法律形態という2つの分類がある。

　表4-2は経済形態と法律形態の両方の分類を組み合わせる形で中国における企業形態の状態を示している。有限会社と株式会社など会社形態企業以外に出資者の所有性格によって国有企業や集団所有企業，外資企業，私営企業のように分類され，それぞれの根拠となる法律が制定されている。

　共産党政権下における企業に関する最初の法律は1979年の『中外合資経営企業法』であった。同法は，25％以上の外資出資比率を満たしたものを合弁企業として認定し，所得税の減免などさまざまな優遇措置が盛り込まれている。会社法のなかった中国は外資を誘致するにあたって優遇策を与えると同時に外資の不安を払拭し，外資の権益を単独の法律によって保護する必要があったのである。この法律は外国の有限責任会社を参考に合弁企業のことを規定しているとみられる。その後，独資企業や合作企業に関する法律も公布している。[4]

　一方，長い間，主導的企業形態である国有企業について何ら法的規定はなかった。その工業企業についてようやく法律を設けたのは1988年4月のことである。なお「私営企業暫定条例」が制定されたのはその直後の7月，集団所有企業に関する立法は90年代以降のことであった。

　株式制企業の実験は1980年代にさかのぼるが，93年末に公布した会社法は有限会社と株式会社を今後，中国企業が導入すべき現代的企業制度としたという点で画期的であった。その補完としてその後，パートナーシップ法と個人独資

92

表4-2　中国における企業形態とその根拠法

経済形態 (出資者の種類)	主な法律形態					
	私営企業	外資企業	有限会社	株式会社	集団企業	国有企業
私企業	○	○	○	○		
公私合同企業		○	○	○		
公企業			○	○	○	○

注：法律形態の根拠法は下記のとおりである。
　　・外資企業→「中外合資経営企業法」1979年7月1日公布。
　　・国有企業→「全人民所有制工業企業法」1988年4月13日公布。
　　・私営企業→「私営企業暫定条例」1988年7月1日公布。
　　・有限会社，株式会社→「公司法」1993年12月29日公布。
　　・集団企業→「郷鎮企業法」1996年10月29日公布。
出所：筆者作成。

法も制定している。

　中国政府は会社法を制定した段階で企業制度を会社形態に統一しようという目論見があったと考えられるが，さまざまな現実的理由により，その法的整理ができないまま，各種の所有形態が併存するようになったのである。

（2）　各種工業企業の経営実態

　次に工業企業を例にこのような企業構造について確認し，各種企業の経営状況を比較してみよう。

　表4-3は主営業収入額が一定規模に達した工業企業（2008年と2015年）を対象に集計したデータである。[5] 以下では，国有企業，私営企業と外資企業という3つのカテゴリーに分けて，三者それぞれの経営状態とその変化について比較分析してみたい。

　まず企業数について。2008年に比べ，15年の私営企業の比重が増え，外資企業のそれが下がっている。次に就業者数と資産総額と主営業収入の三項目において国有企業と外資企業の比率がともに下がっているのに対して，私営企業のそれは大幅に増加している。また利潤総額の比率では国有企業は大幅に下がり，私営企業が大幅に上昇したのに対して，外資企業は横ばいである。

　総じて2008年の段階において企業数では私営企業，資産規模と利潤総額では国有企業が突出している。それに対して，主営業収入と利潤総額においては国有企業の優位がみられ，私営企業と海外資本は同じ水準にある。また就業者数

第Ⅱ部　産業発展と政府・企業

表4-3　一定規模以上工業企業における各種経営指標の比較

(単位：%)

2008年	企業数	就業者数	資産総額	主営業収入	利潤総額
国有企業	6	25	50	35	35
私営企業	71	40	20	31	33
外資企業	23	35	30	34	32
合　計	345,010 (100)	7,244 (100)	376,835 (100)	425,645 (100)	25,607 (100)

2015年	企業数	就業者数	資産総額	主営業収入	利潤総額
国有企業	7	23	48	28	22
私営企業	75	46	28	44	47
外資企業	18	31	24	28	31
合　計	288,537 (100)	7,595 (100)	827,711 (100)	873,759 (100)	51,564 (100)

注1：2008年は主営業収入が年500万元以上，2015年は年2000万元以上の工業企業を対象に集計したデータである。
注2：「合計」欄の単位について就業者数は万人，資産総額，主営業収入，利潤総額は億元である。
出所：国家統計局編（2016）『中国統計年鑑』中国統計出版社，426～443頁より作成。

においては国有企業，私営企業と外資企業の三者がほぼ拮抗しているとみてよい。しかし，15年になると，私営企業はいずれの項目においても躍進している。それに対して国有企業は主営業収入，利潤総額，外資企業は企業数，就業者数，資産総額，主営業収入の項目において地位後退している。

（3）　三者鼎立の企業構造の成立基盤

　以上，一定規模以上の工業企業においても国有企業，私営企業と外資企業という三大勢力が鼎立する状況を確認することができた。なぜこのような企業構造が成立したのであろうか。

　その背景として，中国共産党政権は社会主義計画経済を目指すために国有企業主導の企業体制を構築したこと，そしてその改革と体制移行に際してビッグバンではなく漸進的なアプローチをとったこと，またイデオロギーと厳しい現実に挟まれる中，改革のグランドデザインがないまま，プラグマティズムの方針で即効性のある政策を選好したことなどが挙げられる。

　国有企業は1978年まで，政府にとって一人息子のような存在で経済資源をほぼ独占していた。改革開放後，私有企業と外資が認められるようになったものの，土地の使用，資金の調達，参入規制，税金優遇政策などあらゆる側面にお

いて，自他ともに「共和国の長男」として政府の優遇政策を受けてきた。同じ移行経済でありながら国有企業体制を一挙に解消した東欧・ロシアと異なり，中国は社会主義市場経済という錦の御旗のもとで独自の路線を歩み，乗り越えようとした。

　1990年以降経営悪化の一途を辿った国有企業に対して，中国政府は国有経済の戦略的調整，すなわち中小国有企業を民営化させ，大型国有企業の管理に専念すること，また一部の競争的産業から撤退するが，かわって国家安全にかかわる産業，自然独占の産業，公共商品とサービスを提供する産業および基幹産業とIT産業に対する支配力を強化する方針を打ち出した。これら産業の主要企業について株式制改組と株式公開を優先的に実施させ，限られた国有資産を持ってより多くの社会資本を支配しようという考えが主流となった。と同時に大幅に収縮した国有資産の管理体制にもメスを入れた。従来財政部は資金，組織部は人事，商務部は商品と，各部門が別々に国有企業の経営に介入していたが，2003年に国有資産管理監督委員会が設立され，単独で出資者としての機能を果たせるような体制が模索された。設立当初同委員会に直属する中央国有企業数が合計196社であったが，企業間合併による再編が推進され，17年8月現在，98社まで減少した。今後そのうちの30〜50社を国際競争力のある大企業に育成する計画である。

　このような改組，事業集中と再編に加え，2000年以降の経済成長が国有企業の経営好転をもたらした。不動産ブームを起爆剤とする経済成長，また金融危機に対応するための内需拡大策は国有企業に多大な潤いを与えたといわれている。

　フォーチュン誌が発表する世界のトップ500企業（2016年）にランクインした中国企業は110社で日本企業は52社にとどまった。上位5社のうち，中国石油化工集団，中国石油天然ガス集団公司と国家電網公司はそれぞれ4位，3位と2位を占め，いずれも国有企業である。

　なぜ中国はいまなおこれだけの国有企業を必要としているのか。それは社会主義を堅持する共産党政権にとって公有制が必須というイデオロギーの要素もさることながら，経済資源を政府に集中させ，国家戦略の実現を目指そうという現実的な思惑もあるようだ。ただし，国有企業は1993‐2007年に国家に全く配当を支払わなかった。逆に独占的地位を利用して，計上した利益を経営者や

第Ⅱ部　産業発展と政府・企業

従業員といった内部者に優先的に配分していることが問題にされている。そして海外進出に際してその事業の国家的性格が非難の的になっている。

　私営企業が持つ最大の特徴は効率的経営へのあくなき追求である。国有企業と違ってもともと無一文の経営者はビジネスチャンスに迅速かつ果敢にチャレンジし，その経営手法は柔軟性に富んだ。最初は食品，繊維，小売，サービスなど先行投資が比較的少なく，競争的な産業に参入し，ローエンド製品の生産販売に価格競争力で勝負するのが得意であった。国有企業の人材と技術を援用しながら，国有企業との競争に勝つことになった私営企業が税金と雇用の主役として台頭してくると，国有企業改革にとってもそれまでにない環境を提供したことはたしかである。政府は私営企業の成長を認めたのはそのような経済効果を期待したに他ならない。私営企業の成長こそ中国に市場経済をもたらしたのである。

　一方，力を増した私営企業は国有企業の独占を打破すべく，参入分野のさらなる拡大を要求するようになった。例外的ではあるが，鉄鋼，金融，非鉄，石油化学などの分野で，部分的参入を実現する成功例もあった。

　それはいうまでもなく，国有企業の既存利益を脅かすもので，強い抵抗を受けた。現在私営企業の新規参入のハードルはなお高く，2008年の世界金融危機以降，それらの事業分野の一部は逆に国有企業や外資企業に侵食されることになったといわれている。

　たしかに中国経済における私営企業の地位が徐々に向上しているものの，それに対する差別的な政策はなお多く残存している。上述した参入障壁のほか，銀行や資本市場からの融資難もよく挙げられる。また法律の運用は私営企業に不利といわれる。中国政府が社会主義という錦の御旗を掲げる限り，国有企業を通じて社会の経済資源を支配することが正当性を持つ半面，私営企業は国有企業に比べると不利な扱いを受けざるをえない。私営企業にとってその成長史はまだ30年程度であり，さまざまな面において弱みを持つことが事実である。

　一方の外資企業は微妙な立場に立たされている。外資の台頭は国内資本，特に私営企業にとって競争環境の悪化を意味している。地方政府が競い合って税金・融資と土地使用などの面における優遇策を用意して派手な外資な誘致活動を手掛けた結果，私営企業は外資企業との間で不利な競争を強いられてきた。

　なお，それまで外資企業を優遇してきた企業所得税を2008年に内資企業と統

96

一したように，中国はそれまでの原則無条件で付与した外資誘致策から選別的外資誘致策へ転換している。

5　今後の行方

　以上のように，中国の企業は所有制によって受けられる政策待遇が異なっている。

　国有企業は規模の縮小と再編を経ていまもなお最大規模の資産を誇り，いくつかの基幹産業において独占的，または寡占的な体制を維持している。非効率的な経営を行いながら，政府による人為的な参入障壁やその他特権に助けられ，莫大の独占利益を生み出している。

　それに対して，私営企業は競争的産業に立地し，政策的差別を受けながら，たくましく成長してきた。企業家精神にあふれる経営者のもとで，コスト競争とローカル・マーケディングに強いといわれる。実力を身につけてきた私営企業は利益率の高い産業への投資意欲が強いが，それは国有企業の既存利益を脅かすことになるため，国有企業の抵抗と政府の参入障壁政策に阻まれ，また現在の金融体制のもとではなかなかそのための融資は得られない。

　一方，外資企業は技術，資本と管理などの面において優位性を有している。また市場経済のルールに習熟しており，海外市場に強固な地盤がある。それに政府の税制などの優遇策を加えると，国内資本に対して強い競争力を持っている。事実，一部の産業において外資による合併再編が行われ，大きな話題を呼んでいる。

　私営企業にとって外資企業は強力なライバルである。技術，資本と管理などの面において優位性をもつ外資に対して，私営企業はコスト競争力，末端ローカル市場に密着したマーケディング力と国内政策への理解度などが強みとされる。

　いずれにせよ，国有企業と外資企業に与えている特権や優遇策，または民営企業に対する差別等がいまの企業構造の成立基盤になっている。その分別的な企業政策がこれまでの中国経済の発展経路に合致し，その高成長に大きく寄与したと考えられる。つまり，中国経済は低コストの労働を武器とする製造業，例えば繊維や食品，家電などにおけるローテクの加工や組立など生産工程の下

第Ⅱ部　産業発展と政府・企業

流に特化し，そして外資企業を誘致し，その力で必要な原材料を輸入し，そこで加工した製品を海外に輸出する，加工貿易型によって成長を図ってきたのである。

　今では産業の高度化が中国企業の合言葉である。資本財やハイテク部門での競争力を培い，半導体，医療用画像診断装置，ジェット航空機のような洗練された製品をつくり，それを世界市場でうまくマーケティングする能力を身につける必要がある。テクノロジーに対する消費者の欲求の把握，新テクノロジーを組み込まれたパフォーマンスの高い製品の開発，グローバルなサプライチェーンに対する効率な管理などが中国企業に求められる。

　ところが，分別的な企業政策の下では企業制度の健全化と企業競争力の獲得が阻害されている。特に私営企業にとって資金など経営資源や，平等な市場参入機会の獲得，税制などの優遇において国有企業や外資企業に差を付けられたが，いま世界経済との一体化が進むにつれ，分別的な企業政策を堅持する環境と基盤が崩れつつある。今後，所有制や国籍ではなく，会社法による会社形態で企業分類を統一して公平な競争環境をつくることが不可欠である。

■　■　■

●注

（1）　国営企業とも呼ぶ。全ての国民が所有者とされる全人民所有制企業である。1980年代における経営自主権の拡大に伴い，国有企業と呼ばれるようになった。本章は以下「国有企業」で統一する。

（2）　ハンガリー生まれの経済学者コルナイ・ヤーノシュが社会主義経済の分析において初めて使用した用語である。ほとんどの市場が売手市場となっていて商品不足の状態が一般化した経済を「不足の経済」という。

（3）　全人民所有制に比べ，集団所有制はその所有者の範囲が行政区域や事業単位の構成メンバーに限定される。

（4）　契約式共同経営企業のことで，合作関係者はその責任，権利，義務について協議し，契約で定める。現金出資でなくてもよいし，また利益配当も持株比率に基づかなくてもよいとされる。

（5）　『中国統計年鑑』は年主営業収入額を一定規模以上の工業企業の認定指標とし，2007-2010年はそれを500万元以上，2011年以降はそれを2000万元以上と変更して

いる。

●参考文献

加藤弘之（2016）『中国経済学入門――「曖昧な制度」はいかに機能しているか』名古屋大学出版会。

下谷政弘編著（2008）『東アジアの持株会社』ミネルヴァ書房。

今井健一・渡邉真理子（2006）『シリーズ現代中国経済4　企業の成長と金融制度』名古屋大学出版会。

川井伸一（2003）『中国上場企業』創土社。

丸川知雄編（2002）『中国企業の所有と経営』アジア経済研究所。

ウェブサイト

国務院国有資産監督管理委員会　http://www.sasac.gov.cn/n86114/n86137/index.html

この中国語サイトで中央国有企業のリストや1991年以降国有企業に関する政策などが閲覧できる（中国語）。

（黄　　孝春）

第5章
地域発展戦略と産業・人口の集積

　中華人民共和国建国以後の地域発展戦略の大まかな流れは，3つの期間に
区切って理解できる。第1の期間は，建国から改革開放政策が始まるまでの
時期であり，総じて，内陸地域の工業基盤の形成に重点がおかれた。第2の
期間は，改革開放政策が始まってから1990年代末までの時期であり，特に
1990年代中頃までは，経済成長を加速させるために，沿海地域優先発展戦略
がとられた。第3の期間は，1990年代末以降であり，西部・東北部・中部・
東部のそれぞれに総合的地域発展戦略を打ち出し，地域協調発展の方向性が
顕著となり，持続可能な発展への指向性も強まってきた。改革開放以後，沿
海地域を中心に工業化が進む中で，さまざまな類型の産業集積が成長してき
たが，人件費高騰の影響から，内陸部や海外への立地移転や産業の高度化を
はかる動きが顕在化している。工業化にくらべて相対的に遅れていた都市化
は加速傾向にあり，近年，農業から離脱した人口を中小都市中心に吸収し，
その「市民化」をめざす「新型都市化」の模索が始まり，注目されている。

キーワード：三線建設，先富論，梯子理論，西部大開発，成長の極，東北振
　　　　　　興，中部勃興，東部地区先行発展，主体機能区，産業集積，専
　　　　　　業市場，都市化，都市化率，農民工，小城鎮，国家級新区，国
　　　　　　家新型城鎮化規画

1　地域発展戦略の変遷

（1）　建国から改革開放政策開始前までの時期（1949～78年頃）

　この期間の地域発展戦略は，総じて，沿海地域よりも内陸地域の工業基盤の
形成を促進するものとなった。産業配置の内陸地域への傾斜は，第一次五カ年
計画（旧ソビエト連邦の援助によって建設された大型プラントの約8割が内陸地域に配
置）や三線建設[1]の時期に特に顕著であった。このような内陸傾斜型産業立地政

第Ⅱ部　産業発展と政府・企業

策が採られたのには，①内陸地域の資源供給地域近辺に関連産業を立地させて合理的な産業立地をはかるため，②遅れた内陸地域の工業基盤を整備し，経済の底上げをはかるため，③国防上の観点から沿海地域に集中している工業基盤を内陸地域へ分散させるためといった理由があった。

　相対的に発展の遅れた内陸地域の工業基盤を形成するために，少なからざる努力が傾注されたとはいえ，経済発展の地域間均衡が必ずしも実現された訳ではないことに注意しよう。工業部門のみの域内生産総額をみると，内陸地域が全国に占める比率は，1952年には32％であったのが，78年には39％にまで上昇している。一方，域内総生産全体の変化をみると，沿海地域と内陸地域の1人当たり平均の域内総生産額の地域比は，52年においておよそ約1.4：1であったのが，78年には約1.6：1となり，格差が拡大している。この時期の地域発展戦略は，沿海地域と内陸地域の間に存在した工業基盤配置の著しい不均衡を是正する上では一定の役割を果たしたが，経済発展の地域間均衡は必ずしも達成しえなかったことがわかる。

（2）　改革開放初期から1990年代末までの時期（1978～99年頃）

　改革開放期に入ると，これまでの政治・イデオロギー中心路線から，経済建設中心路線への転換が図られ，遅れた経済を発展させることが至上命題となった。経済政策を貫く基本思想は，それを「公平か，効率か」という軸で整理すれば，前期には前者をより重視していたのに対して，この時期には明らかに後者を優先するようになった。そのことは鄧小平の「先富論」（先に豊かになれる人々・地域がまず豊かになることを容認する）に如実にあらわれている。

　この転換を受けて，地域発展戦略の重点は，沿海地域におかれた。経済条件が最も優れた沿海地域で，先行的に対外開放を実施し，外資受入のための減免税措置などの各種優遇措置を講じ，優先的に公共投資を配分した。その背景には，沿海地域の経済成長をまず加速させ，その経済的輻射力を利用しながら，やがて沿海から中部，更には西部へと発展を段階的に波及させるという「梯子理論」の考え方があった。

　1990年代に入ると，沿海地域優先発展路線は地域協調発展（地域間のバランスのとれた発展）の方向へと変化を始めた。まず，沿海地域に限定されてきた対外開放が内陸地域にも及ぶようになった。1990年には上海浦東新区の設置が決

定され，1992年からは14の国境都市を辺境経済合作区として対外開放し，さらに重慶など長江沿岸5都市と内陸の省政府所在都市を対外開放した。かくして90年代中頃には「全方位対外開放」が一応実現した。こうした地域協調発展を目指す流れは，第九次五カ年計画期（1996〜2000年）になるとさらに鮮明となり，五カ年計画綱要に地域発展格差を縮小させるために，中西部地区へ資源開発やインフラ投資プロジェクトの優先配分や財政移転支出の増額といった内陸地域支援策が盛り込まれた。

この時期の地域開発政策の1つの帰結は，地域格差の拡大であった。立地条件や経済条件がもともと優れている沿海地域で先行的に対外開放を行い，優遇政策を与えてテコ入れした結果，沿海地域を中心として外資導入が進むと同時に，郷鎮企業を中心とする非国有経済主体が高い成長をみせ，経済成長が加速した。その点では大きな成果を挙げたが，沿海地域と内陸地域との経済格差は日増しに顕著となり，優遇政策の蚊帳の外に置かれた内陸地域の不満も高まってきた。それをうけて1990年代に入ると地域協調発展を目指す動きが出てきた。全社会固定資産投資の地域比率をみると，90年代中頃から内陸部の比重が上がっているのはその1つの現れである。ただし，沿海−内陸間の域内生産額の格差はすぐには縮小に転じず，むしろ90年代を通じて拡大する傾向にあった（図5-1参照）。

（3）　1990年代末以降から現在までの時期

この時期の地域発展戦略は，地域協調発展を基調としながら，生態環境の保全・持続可能な発展への指向性が強くなり，近年では，新しい形の都市化にむけた動きも本格化している。

1990年代中期からの地域協調発展への流れは，江沢民・朱鎔基体制期に提起された西部大開発の始動によってさらに明確となった。江・朱体制を継いだ胡錦濤・温家宝体制においては，この流れを継承しながら，さらに西部以外の地域の支援を拡張し，全国を西部・東北部・中部・東部の4大ブロックに分割した上で，そのそれぞれに「西部大開発の推進」・「東北地区等の旧工業基地の振興」（通称「東北振興」）・「中部地区の勃興促進」（通称「中部崛起」）・「東部地区の先行発展の奨励」という地域発展基本戦略を定めている。2000年前期以降，固定資産投資に占める内陸地域の比重はさらに高まる傾向をみせ，域内総生産

第Ⅱ部　産業発展と政府・企業

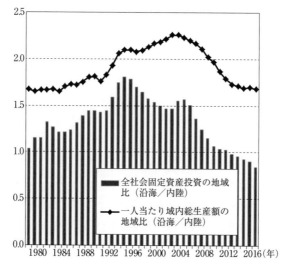

図5-1　改革開放後の固定資産投資と1人当たり域内生産額の地域比率

出所：国家統計局編（2010）『新中国60年統計資料彙編』，同（2009）『中国人口和就業統計年鑑』，同（2010，15，16，17）『中国統計年鑑』いずれも中国統計出版社より計算。

額の格差も大きくみれば縮小に転じ始めた。沿海地域と内陸地域の人口1人当たり域内総生産額の比をとると，最も格差が大きかった2003年の2.26から16年には1.68（ほぼ1982年の水準に相当）にまで下がっていることに，その一端があらわれている（図5-1を参照）。

これら4大ブロックの地域発展基本戦略の概略に触れておこう。

(i)　西部大開発の推進

政策対象となる西部地域は，重慶市・四川省・貴州省・雲南省・チベット自治区・陝西省・甘粛省・寧夏回族自治区・青海省・新疆ウイグル自治区・内モンゴル自治区・広西自治区の1直轄市・6省・5自治区からなり，2016年における面積・人口・域内総生産額（全国に占める比率）は，それぞれ686.7万km²（71.5％），3億7414万人（27.1％），15兆6828億元（20.1％）である。

西部大開発は，21世紀中頃までのおよそ半世紀の間に，経済発展が相対的に遅れかつ多くの少数民族地区が集中している西部地域の経済底上げをはかるとともに，生態系の保全・環境保護をはかることを目指した長期的政策であり，これまで第10次（2001〜2005年）から第13次五カ年計画（2016〜20年）までの4つの五カ年計画期間を跨いで取り組みがなされてきた。主な政策内容は，①鉄

道・道路・エネルギー・通信などのインフラ建設強化，②生態環境の保全（例えば，25度以上の傾斜地にある耕地を森林や草地に戻す「退耕還林還草」など），③農業基盤と農村部の生活条件の改善，④特色があり比較優位をもった産業の育成，⑤教育・医療・衛生などの基本公共サービスの改善，⑥科学技術や人材育成の支援などが重点課題として取り組まれてきた。

(ⅱ)　東北振興（東北地区等の旧工業基地の振興）

　東北地区は，遼寧・吉林・黒龍江の3省からなり，2016年における面積・人口・域内総生産額（全国に占める比率）は，それぞれ78.8万km^2（8.2%），1億910万人（7.9%），5兆2410億元（6.7%）である（ただし，東北振興計画の対象地域には内モンゴル東部も含む）。

　東北地区は，計画経済期から続く歴史のある工業地帯を擁しており，重要な食糧生産地域でもある。しかし老朽化した重工業や資源採掘が基幹産業となっている地域が多く，企業所有の面でみても民営化の難しい大型国有企業が相対的に多いこともあって，改革開放以後の市場経済化の流れへの適応が遅れ，経済成長は相対的に緩慢であった。

　したがって2000年代前半から続いている東北振興の主要課題は，成長の足枷となっている旧体制のリストラクチャリング，従来型産業の構造調整と産業構造の高度化を通じて，経済成長力を取り戻すことにおかれている。具体的には，①国有企業・国有資本体制改革の深化と非公有制経済の発展，②農業の更なる強化，③新たな基幹産業の育成，現存の基幹産業の高度化や構造調整（サービス産業の育成，先進的設備製造業のアップグレーディングや供給過剰業種の構造調整），④資源枯渇型都市の後継産業育成などが挙げられる。

(ⅲ)　中部崛起（中部地区の勃興）

　中部地区は，山西・安徽・江西・河南・湖北・湖南の6省からなり，2016年における面積・人口・域内総生産額は，それぞれ102.8万km^2（10.7%），3億6709万人（26.6%），16兆0646億元（20.6%）である。東部と西部，北部と南部とをつなぐ交通の要衝に位置しており，農業生産とりわけ食糧生産が盛んであり，エネルギー産業や素材産業などを中心として一定の工業基盤を有しており，人口規模が大きく経済発展のポテンシャルが高いとみられている。

　2006年に提起された中部崛起の重点課題は，「3つの基地と1つの中枢」，つまり①食糧生産基地，②エネルギー・素材産業基地，③現代的装備製造業とハ

第Ⅱ部　産業発展と政府・企業

イテク産業基地の強化と④綜合的交通運輸中枢の整備拡充（各種交通インフラの整備拡充，武漢や鄭州など全国的な交通中枢都市の拡充）と要約される。

(iv)　東部地域の先行発展の奨励

　東部地区は，西部・東北部・中部以外の7省・3直轄市からなり，2016年における面積・人口・域内総生産額は，それぞれ91.6万km^2（9.5%），5億2951万人（38.4%），41兆0186億元（52.6%）である。東部地区は，中国でも最大の市場規模を有し，産業と人材の集積も厚く，市場化・対外開放の面で最も進んだ地域であり，改革開放以後，他地域を上回る高い経済成長を享受してきた。反面，開発強度はすでに相当高く，資源や環境面での負担能力からみれば，工業化・都市化において単なる量的拡張を許す余地は限られてきている。こうした点を反映して，東部地区の地域発展戦略は，①自主革新能力を強化し，産業構造の高度化を進め，粗放型経済成長からの脱却を図ること，②土地や資源の利用効率を高め，環境保全を強化し，発展の持続可能性を高めることなどに重きが置かれている。

　以上みたように，4大ブロックのそれぞれについて，地域発展戦略の大枠が与えられており，それに呼応する形で，省などの地方レベルから多数の地域開発計画が提起されているのが実情である。また，こうした地域発展計画の具体的内容は，後継政権から出される目玉政策とも連動する。例えば，第13次五カ年計画期における西部大開発計画などでは，習近平・李克強体制のもとで出された「一帯一路」（「シルクロード経済ベルト」と「21世紀海のシルクロード」）建設（第14章参照）や「長江経済帯」（「揚子江流域経済ベルト」）の発展推進や「京津冀協同発展」（北京・天津・河北の協同発展）や「新型城鎮化戦略」（新型都市化戦略）といった大きな戦略的措置と整合させ，シナジーを生み出すように政策内容が提起されている。

　地域協調発展という基調とならんで，もう1つの重要なポイントは，急激な工業化・都市化の中で，無駄の多い都市部の土地利用，過度の耕地改廃と生態系と環境の破壊，資源の乱開発などの問題が深刻化してしまった反省を踏まえ，持続可能な発展への指向性が強まってきたことである。ただしこのことは中国の経済成長の原動力である工業化や都市化を全面抑制するということでは無論なく，工業化・都市化を進める重点地域と生態系保全や耕地保護の重点地域の空間配置を合理的に定めて，秩序ある開発を行おうということである。こうし

た考え方は，第11次五カ年計画期（2006～11年）から提起された主体機能区計画（『全国主体功能区規画』）によく現れている。本計画は，資源・環境面でどれぐらい開発に耐えうるかというキャパシティー，これまでの開発強度，これからの発展潜在力に基づいて，全国土を最適化開発区・重点開発区・開発制限区・開発禁止区の4種類（ないしは都市化区域・農業生産区域・重点生態機能区域の3種類）に分類して，戦略的な国土空間構造の実現を目指すものである。全国レベルでみた場合，①「両横三縦」を主とする都市化戦略の配置，②「七区二十三帯」を主とする農業戦略の配置，③「両屏三帯」を主とする生態系保全戦略の配置という形で国土空間のグランドデザインを打ち出している。

　「両横三縦」とは，ランドブリッジと長江という中国を東西に走る2本の「横軸」と海岸線とハルピン―北京―広州と包頭―昆明という中国を南北に縦断する3本の「縦軸」を指し，これらの国土軸上を中心に，18の都市圏や都市群を国家レベルの重点開発区（大規模な工業化・都市化を重点的に進める地域）[2]に，中国の経済発展を牽引してきた環渤海地区・長江デルタ地区・珠江デルタ地区を最適化開発区（都市化と工業化がすでに相当進んでおり，今後は，都市用地利用効率の向上や産業構造の高度化とイノベーション力の強化，生態環境の保全を強めるべき地域）に指定して，都市化の推進・質的向上を重点的に図っていこうとするものである。

　「七区二十三帯」とは，東北平原・黄淮海平原・長江流域・汾渭平原・河套灌漑地区・華南地区・甘粛新疆地区の7地区とその他23帯を指し，これらの地域は農業生産を主とする開発制限区に指定し，大規模な工業化・都市化を制限し，耕地改廃を防ぎ，農業の総合生産能力の増強を主目標とする。また，「両屏三帯」とは，青蔵高原および黄土高原から四川雲南両省にかけての地域，東北森林帯・北方防砂帯・南方丘陵地帯という生態系保全のためのバリアーとなる地域を指す。こうした地域や大河川・重要水系付近に開発制限区を設置して，また各地の国家級自然保護区などを開発禁止区に指定することで，生態系の保護をはかっていくことが主目標となっている。

　こうした国家レベルでの主体機能区計画と並行して省レベルで主体機能区計画が編成され，都市化とともに耕地保全と環境保護をはかり，持続可能な発展の新たなモデルが模索されている。

第Ⅱ部　産業発展と政府・企業

2　産業の集積

　前節で見たように，計画経済期には三線建設を典型として，工業配置を内陸地域へと分散させる政策がとられた。改革開放以後，沿海地域優先発展戦略の後押しを受け，また生産配置を決定する上で軍事的配慮のような非経済的要因よりも経済的要因がより大きな役割を果たすようになった結果，沿海地域の工業化が急速に進展し，多くの工業業種について，生産が沿海諸省へと相対的に集中する傾向が強まってきた。大量の外国直接投資を受け入れ，郷鎮企業や民営企業の急激な成長がみられた沿海部の多くの地域（しばしば県や郷・鎮のような地域レベル）でさまざまな業種・形態の産業集積が形成され，「世界の工場」中国のモノづくりを支えるようになってきた。産業集積の形成は，それを労働力の移動や人口の居住という側面に重点を置いてみれば，都市化の進展とも重なっている。

（1）　産業の集積とは何か？

　産業集積（industrial agglomeration）とは，「特定の地理的範囲に企業の事業所や関連諸組織（例えば，公的研究機関や業界団体）が集中して立地していること」（『有斐閣　経済辞典』第4版）などと定義される。集積には，ある特定の地域に多くの企業が集まるのだから，地代ひいては地価が上昇する傾向をもつはずである。すると労働者の住居費も上昇するから，実質賃金を目減りさせないためには賃金を上げてやらねばならない。こうした地代とか人件費などのコスト増大のみならず，混雑や公害といった問題も生じてくる。集積に伴うこうしたデメリットにもかかわらず，実際に，多くの企業が集まってくるのは，集積することで，そうしたデメリットを打ち消して余りあるメリットが存在するからにほかならない。

　そうしたメリットとしてまず指摘されるのは，知識のスピルオーバー（漏出）である。ある企業が入手したマーケット情報や技術上の工夫などは，集積内の他企業に広まってゆき，地域産業全体の生産性を高める。企業間のフェイス・トウ・フェイスのコミュニケーションを通じた情報交換，スピンオフや転職によるアイデアやノウハウの拡散は，研究開発やイノベーションを容易にす

る。

　また，ある業種に属する企業が多く集まることで，当該業種むけの原料や中間財やサービスへの需要量が大きくなり，道具，原料，それに専門化された機械やサービスを供給する補助産業の成長が促される（後方連関効果）。補助産業が近隣に成長してくると，原料や中間財などの供給は潤沢となり価格の低下や選択の幅が広がることで，それを原料として用いている業種の企業に利益が及ぶことになる（前方連関効果）。

　さらに，集積は熟練労働力のプールとしての機能も有している。ある業種の熟練労働者は，彼らを必要とする当該業種の企業が集まる地域において，比較的容易に雇用先を確保することができる。逆に，企業側にとっても，集積に立地することによって，彼らにとって必要不可欠な熟練労働力を雇用しやすくなる。これは雇用する側・される側の双方にメリットがある。

　現代経済学の礎を築いた学者の1人であるマーシャルは，彼の時代の産業地区あるいは産地（industrial districts）の観察から，以上の3点に類する知見を得ていた。しかし，産業集積のメリットはこれだけに留まらない。ある特定業種に関連する多数の企業（多くは中小企業）からなる産地型産業集積の場合，企業間分業が高度に発達していることが多い。この場合，企業は生産工程中の特定部分に特化することが可能となり，保有する設備を少なくできる。新規参入企業の初期投資額は少なくてすむから，起業にあたってとらねばならないリスクも小さくなる。蓄積しなくてはならない知識や能力の幅も比較的限られることになるから，その意味でも起業が容易となる。従業員がスピンオフする形で新規参入が起こり，集積の厚みが増していく。産地が比較的短期間のうちに急激に拡大していくことは少なくないが，その背後にはこうした理由がある。

（2）　中国における産業集積の形成と近年における変化

　産業集積と一口でいってもいろいろなタイプがある。大企業を中心とした企業城下町のようなタイプもあれば，上で挙げたような履物や衣服のような特定業種に関連する多くの中小企業が集まっている産地型産業集積もある。産業集積の形成という面でリードしているのは，沿海地域であり，中でも長江デルタ地区や珠江デルタ地区である[3]。これらの地区で比較的多くみられるのは，産地型産業集積であり，中には，鎮（町ないし小都市に相当）全体が特定業種に特化

第Ⅱ部　産業発展と政府・企業

している「専業鎮」のようなケースもある。

　こうした集積が成長し，競争力をもつ背景には，上で指摘したような産業集積のメリットがある。例えば，浙江省北部のアパレル産業集積で実施した企業調査からは，優れたインフラ条件や交通輸送条件のほかに，産業集積における市場情報の迅速な伝達や充実した関連サービス業の存在，原料・部品の調達のしやすさに多くの企業がメリットを感じていることが明らかにされている（日置，2012：130-133頁）。また，中国の産業集積では，近隣の専業市場が，産地製品の流通・生産のオルガナイズに重要な役割を果たしているものが多くみられる点に特徴がある。専業市場とは，ある特定種類の関連商品を取り扱う専門卸売市場のことで，例えば，浙江省義烏の雑貨産業集積には，「義烏小商品城」のような巨大専業市場が存在し，それが義烏の商人ネットワークと結びついて，産地形成に重要な役割を果たしている（今井・丁，2008，179-206頁；伊藤 2015，53-145頁）。

　しかし，高成長を遂げてきた沿海地域の産業集積は，2000年代の半ば頃から転機にさしかかっている。中国沿海地域の産業集積で作られる諸製品の価格競争力を支える上で，低賃金労働力は大きな意味をもっていた。低賃金労働力の主体は，内陸地域を中心とする農村部からの出稼ぎ労働者（農民工）であるが，2000年代の半ば頃から，沿海地域において農民工の確保が次第に困難となり，これに中国政府による最低賃金の引き上げも加わって，人件費が急激に上昇するようになった。労働力の余剰基調から不足基調への転換（ルイス転換点などと呼ばれる）は，当然，企業利潤を引き下げる圧力となり，これまでのような高成長は難しくなる。

　こうした事態に対して，企業がしばしばとる対応として，以下の2つを指摘しておこう。

　第1に，低賃金労働力の確保が相対的に容易な中国の内陸地域や海外（ベトナム，カンボジア，バングラデシュ等々）に工場を移転ないし増設するという対応である。内陸地域の地方政府もこうした移転の受け皿になるような工業団地を整備し，積極的に誘致を行っている（これは，後述する「新しい都市化」における雇用機会創出につながる）。労働集約型産業を中心に，沿海地域から内陸地域の立地移動が観察されている。こうした流れは，アジア諸国の継起的工業化のプロセスを描写した赤松要・小島清による雁行形態論をもじって，「国内版雁行

形態」などとも呼ばれる（伊藤，2015，149-181頁）。

第2に，高度化（アップグレーディング）である。ここでの高度化とは，高付加価値化の意味で，生産性をあげて同じ製品でも低費用で作れるようにしたり（工程高度化），より高値で売れるような製品ラインアップを開発したり（製品高度化），バリューチェーン内部のより高い付加価値がとれる機能へと企業活動の軸足を移動したり（機能高度化）などさまざまである。例えば，中国のアパレル産地にはOEM生産（他社ブランドむけ生産）を行っている縫製工場は多い。そうした企業が，賃金高騰による利潤低下に抗すべく，成功すればより高い付加価値のとれる自社ブランド製品生産（OBM）に乗り出すケースはよくある。これなどは機能高度化によって生き残りを図ろうとする例であるが，より高いリスクをとらねばならず，製造において蓄積したノウハウとは異なる能力が必要となるため，失敗することも多い。

3　人の集積

（1）　都市化の進展

人の集積は，産業集積の形成と連動して起こることが知られている。例えば，前述のマーシャルは，集積形成の源泉の1つとして，熟練労働者のプールをあげている（マーシャル，1964）。また，ヘルプマンとクルーグマンは，製品の需要面から，集積形成の要因の1つとして，「自国市場効果（home market effect）」を挙げている（藤田・ティス，2017）。自国市場効果とは，企業は市場規模の大きい，すなわち，人が集積しているところに生産拠点を置き，自地域のための生産のみならず，他地域への輸出も行うというものである。つまり，人の集積が産業集積も引き起こすということである。このように，産業集積と人の集積は表裏一体の関係となっている。

では，経済学的には，都市はどのように定義されるであろうか。例えば，ジェイコブスによると，都市は，「多種多様な人間が集まって絶えず接触しながら情報の交換を行い，互いに刺激を与え合う」地域で，「独創的なアイデアや新しい技術が生まれ，持続的成長が可能である」地域として捉えられている（ジェイコブス，2012）。つまり，多種多様な人の集積が存在している地域が経済学的な都市として定義されるのである。

第Ⅱ部　産業発展と政府・企業

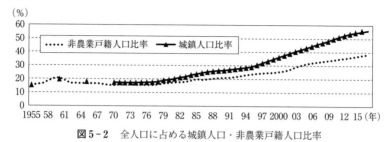

図5-2　全人口に占める城鎮人口・非農業戸籍人口比率

出所：国家統計局人口与就業統計司編『中国人口与就業統計年鑑』各年版，中国統計出版社，国家発展和改革委員会（2016）『国家新型城鎮化報告2015』中国計画出版社より作成。

　一方で，都市は，経済学的にではなく，行政的，あるいは政治的な定義によって規定されることもある。中国では，都市と農村で二分化する形で，経済的な要素だけではなく，行政的，政治的な要素も考慮した都市の定義が行われている。[(4)]

　中国では都市人口にあたる統計として長期的に入手可能なものに，城鎮人口と非農業戸籍人口の2種類が存在する。城鎮とは，基本的には各級の市と名がつく行政区画である城区と，建制鎮と呼ばれる鎮区からなる。この城鎮に常住している人口が城鎮人口である。城鎮人口と対になるのは，郷村人口である。一方，非農業戸籍人口は，1958年に制定された戸籍管理条例による，原則として出生地ベースの戸籍の種類に基づいた人口である。これと対になるのは農業戸籍人口となる。

　図5-2は，人の都市化を示す指標，すなわち都市化率として，全人口に占める城鎮人口と非農村戸籍人口の比率をそれぞれ示したものである。この図によると，都市化のペースは，時期によって大きく異なることがわかる。1950年代は比較的順調に都市化が進展していた。大躍進期間中の60年には，工業生産に多数の農村からの労働者も投入されたこともあり，非農業戸籍人口比率は20％を超えた。

　しかし，大躍進の失敗後，都市に流入していた労働者を農村へ返し，これ以降，農村から都市へ移動することを原則禁止した。さらに，文化大革命期には，都市部の就職難を緩和するために，都市部の労働者や知識青年を農村部へ移住させる「下放」を実施した。そのため1960年代から70年代末の改革開放開始までの期間，都市化率は停滞した。

第5章　地域発展戦略と産業・人口の集積

1970年代末より改革開放政策が始まると，都市化率は再び上昇を開始した。改革開放開始直後に都市化率が上昇した主な理由は，文化大革命期に農村部に送られていた人が都市部に戻ってきたこと，そして，人民公社の崩壊とともに，近隣の集鎮（いわゆる「小城鎮」）へ移住し，農業以外の産業に従事することが許可されたことなどが挙げられる。後者の近隣集鎮への移動による都市化は，他国で見られる首都のような大都市への移動を伴わない工業化モデルとして一時期脚光を浴びた。

しかし，食糧配給制の廃止などの市場経済化が進み，移動の制約がより少なくなった1990年代になると，農民は，より離れた沿海部の大都市へ，いわゆる農民工として長期の出稼ぎに行くようになった。特に2000年代以降は，大規模都市への移動が多くなり，都市化のペースは加速した（小島，2005）。15年のデータでは，城鎮人口比率は56.1％まで上昇した。一方，非農業戸籍人口比率は39.9％にとどまり，城鎮人口比率の上昇に比べると緩慢である。

また，中国全体の都市化率は近年上昇傾向にあるものの，世界的な水準からみると依然として決して高くはない。国際連合の『World Urbanization Prospects 2014』によると，2015年推定値で高所得国は80.4％，上位中所得国は63.5％，下位中所得国は39.8％，低所得国は30.8％となっており，中国の都市化の水準は上位中所得国と下位中所得国の間の水準にすぎない。

さらに，都市化の進展は地域によっても大きな格差が存在している。図5-3は，2015年の省別の城鎮人口比率を示したものであるが，沿海部の直轄市である上海市が87.6％であるのに対し，内陸部のチベット自治区では27.7％にすぎない。全体的な傾向としても東部沿海地域の省では都市化が進んでおり，西部内陸地域の省は都市化が遅れている。このように，中国国内でも高所得国なみに都市化が進んでいる地域がある一方で，下位中所得国なみの都市化率の地域も多数存在している。

（2）　都市化の問題点

都市化の進展に伴い，さまざまな問題点も発生している。ここでは，3点に絞って取りあげたい。

第1に，地方政府主導の過剰投資の問題が挙げられる。都市開発のために，地方政府は公共投資として道路や住宅などのインフラ建設を行うが，これらの

第Ⅱ部　産業発展と政府・企業

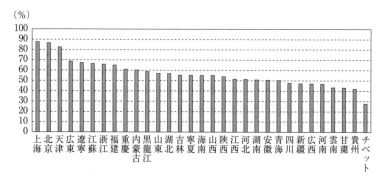

図5-3　2015年省別城鎮人口比率

出所：国家発展和改革委員会（2016）『国家新型城鎮化報告2015』中国計画出版社より作成。

投資が需要に見合わず，ほとんど人や企業がいないゴーストタウンのような新都市が中国各地に出現している。この問題の背景には，地方政府官僚の評価システムである「政績制度」の存在がある。「政績制度」の下では，管轄地域の経済成長率，財政収入成長率，失業率などによって測られる指標によって，官僚の上級政府への昇進が決まる。そのため，経済成長をめざす地方政府間競争が発生し，競争相手の地方政府に負けまいと過剰な公共投資が行われるのである。

第2に，都市化を行う際の土地の用途転用に関する問題が挙げられる。中国では，都市部と農村部で土地の権利関係の法律規定が異なっており，農地を都市建設用地に転換するにあたって，さまざまな土地の権利関係の調整を行う必要がある。また，第6章でも述べられているように，土地の用途転用によって地方政府が財源を確保する，いわゆる「土地財政」は，汚職や不動産バブルの温床となっているとの指摘もある。

第3に，戸籍に起因する問題が挙げられる。都市化を都市部への人の集積として考えた場合，第3章でもふれているように，都市部に流入する農民工の処遇は，長年の課題となっている。現在でも戸籍の転入が厳しい直轄市や省都のような大都市では，依然として公共サービスにおいて農民工に対する差別的待遇が残っている。

第5章　地域発展戦略と産業・人口の集積

4　地域発展戦略の新展開

　本章の最後に，近年行われている産業集積と都市化に関する地域開発政策の新たな取り組みについて触れておきたい。地域開発政策としては，新たな国家級新区の設置が挙げられる。最も早期に設置された国家級新区は，1992年に設置された上海浦東新区で，その発展ぶりはめざましいものであった。しかし，その後長らく新たな国家級新区は設置されてこなかった。2006年にようやく2カ所目の国家級新区として天津の濱海新区が設置された。2010年代半ばになると国家級新区の設置ペースは加速し，16年末時点で全国各地に18カ所が指定されている。さらに17年4月には19カ所目の国家級新区として，北京・天津両都市から近い河北省に雄安新区が設置されることが発表された。雄安新区の主なねらいは，過度に集中した北京から非首都機能を移転させることである。この雄安新区は深圳経済特区，上海浦東新区に次いで国家的意義のあるものとして中国共産党中央と国務院が通知を出しており，今後が注目されている。

　都市化に関する新たな取り組みとしては，「国家新型城鎮化規画(2014-2020)」が挙げられる。前述のとおり，現在の中国の都市化率は，世界水準からみて決して高いとはいえず，人口ベースでの都市化，すなわち人の都市化に向けた多くの問題も抱えている。この規画ではこれらの問題を解決しつつ，都市化を促進していくための施策と具体的な目標値が設定されている（表5-1）。超大都市（人口1000万人以上），特大都市（同500〜1000万人），大都市（同100〜500万人）への人口の過度な集中をふせぎ，中都市（同50〜100万人），小都市（同50万人以下），小城鎮を中心とした都市化率の向上させることで，単に都市化率を向上させるだけでなく，環境や地域バランスのとれた都市化をめざしている。また，これに関連し，国務院は，2014年7月に「戸籍制度改革のさらなる推進に関する意見」を発布し，半年以上都市に居住する非地元戸籍保有者に対し居住証を付与するとともに，農業戸籍と非農業戸籍の統一をめざすことも明記した。

　新区の設定による立地構造の調整や国家新型城鎮化規画による中小都市を中心とした都市化の促進は，混雑や環境悪化といった集積のデメリットを解消しつつ，より効率的な資源配置を実現しようとしている。このような調整は，人

第Ⅱ部　産業発展と政府・企業

表5-1　「国家新型城鎮化規画（2014～2020年）」における数値目標

分　類	項　目	2012年	2020年
都市化水準	常住人口の都市化率(%)	52.6	60前後
	戸籍人口の都市化率(%)	35.3	45前後
公共サービス	農民工子女の義務教育率(%)		99以上
	都市失業者，農民工などの基本的職業訓練実施カバー率(%)		95以上
	都市常住人口基本養老保険カバー率(%)	66.9	90以上
	都市常住人口医療保険カバー率(%)	95	98
	都市常住人口保障性住宅カバー率(%)	12.5	23以上
インフラ設備	人口100万人以上都市の公共交通利用割合(%)	45	60
	都市公共用水普及率(%)	81.7	90
	都市汚水処理率(%)	87.3	95
	都市ゴミ無害化処理率(%)	84.8	95
	都市家庭ブロードバンド(Mbps)	4	50以上
	都市社区総合サービス施設カバー率(%)	72.5	100
資源環境	一人当たり建設用地(m^2)		100以下
	都市再生可能エネルギー省比率(%)	8.7	13
	都市緑色建築比率(%)	2	50
	都市建成区緑化率(%)	35.7	38.9
	地級以上都市の空気質の国家基準クリア率(%)	40.9	60

出所：「国家新型城鎮化規画（2014～2020年）」より作成。

口や環境問題といった制約の下で，「成長の悩み」を解消しながら持続可能な成長をめざす，「新常態」の経済政策の方針とも合致するであろう。

●注
(1)　三線とは，主に雲南・貴州・四川・陝西・甘粛・青海・寧夏の全部または大部分と山西・河南・湖北・湖南の西部にまたがる内陸地域であり，三線建設とは，1964年頃から70年代にかけて，国防上の理由から，大量の建設資金を投じ，かつ沿海地域から三線地域へと多くの企業・研究所を移転させることで，この地域に国防工業を頂点とする工業体系と交通インフラの整備を目指した政策を指す。
(2)　こうした全国レベルの重点開発区の多くは中西部地区にあり（18のうち14は中部ないし西部にある），そうした都市圏を結ぶ交通インフラを一層拡充することで，それらの都市圏が周辺地域へさらなる波及効果を生み出し，成長を牽引する「成長の極」（Growth pole）となることが期待されている。
(3)　大規模な工業企業データベースを用いて中国全土の産業クラスター（産業集

積）の立地変動を調べた大森の研究結果によれば，2008年において産業クラスターのうち75.8%が東部地域（1998年には60.3%）に，このうち51.2%（1998年には32.1%）が長江デルタ地区と珠江デルタ地区に存在していた（大森，2016，92頁）。

（4） 行政的に指定する形で都市・農村の区分しているために，工業化の進んだ沿海部の農村や都市の中に取り残された農村である城中村のように，ほとんど農業を行っていない農村も存在する。

●参考文献────────

伊藤亜聖（2015）『現代中国の産業集積──「世界の工場」とボトムアップ型経済発展』名古屋大学出版会。

今井健一・丁可編（2008）『中国産業高度化の潮流』アジア経済研究所。

大森信夫（2016）「中国における産業クラスターの立地の変化──工業の個票データを用いた県レベル分析」『アジア研究』第62巻3号。

加藤弘之（2003）『地域の発展』名古屋大学出版会。

小島麗逸（2005）「中国の都市化と小都市・町の盛衰」『アジア経済』第46巻10号。

顧朝林ほか（2008）『中国城市化──格局・過程・機理』科学出版社。

ジェイコブス，ジェイン（2012）『発展する地域 衰退する地域──地域が自立するための経済学』（中村達也訳），ちくま学芸文庫。

日置史郎（2012）「長江デルタの産業集積」加藤弘之編『中国長江デルタの都市化と産業集積』第5章，勁草書房。

藤田昌久・ティス，ジャック・F（2017）『集積の経済学──都市，産業立地，グローバル化』東洋経済新報社。

マーシャル，アルフレッド（1964）『経済学原理』（馬場啓之助訳）東洋経済新報社。

ウェブサイト

中華人民共和国国家発展和改革委員会ウェブサイト http://www.ndrc.gov.cn/
　西部大開発などの地域開発政策をはじめ，さまざまな経済発展のための政策がこのページにて公表されている。中国語とともに英語ページもあり。

ジェトロ国別情報ページ・中国 https://www.jetro.go.jp/world/asia/cn/
　日本貿易振興機構（JETRO）の中国情報ページで，中国の貿易・投資にかんする情報とともに，地区別の情報も掲載されている。

（日置史郎・藤井大輔）

第6章
財政制度改革と中央 - 地方関係

　広大で多様な国土を抱える中国においては，中央政権がある程度地方の自主性に任せなければスムーズな経済政策の運用ができないという側面を抱える一方，権限をゆだねすぎると地域間格差の拡大や社会的分裂の可能性が出てくるというジレンマが常に存在していた。この中央と地方の綱引き関係は，財政資金の配分問題をどうするか，という問題に顕著に表れてきた。

　改革開放政策が始まった1980年代は，綱引き関係が地方の方向に大きく振れた時期であった。地方財政請負制度の導入などの「地方分権化」が推進された結果，地方政府による税収以外の自主財源が拡大し，中央によるコントロールが困難になっていった。1990年代以降は，分税制の実施など財政制度の「規範化」を目指した改革が行われ，中央に集められた財源が移転支払い制度によって地方に再分配され，経済格差の解消が図られた。しかし，「土地財政」や「融資プラットフォーム」を通じて，地方政府が中央にコントロールされない自主財源を追求するという「いたちごっこ」は続いた。

　近年では，市場メカニズムを通じた規律づけ，という手段を積極的に導入することで，地方政府の牽引力を活かしつつ，それをより間接的な手段でコントロールすることを目指しているが，それによってこれまでの中央—地方関係が大きく変化するかどうかは，現段階では未知数である。

キーワード：大一統，地方財政請負制度，諸侯経済，予算外資金，分税制，
　　　　　　　西部大開発，農民負担問題，農村税費改革，土地財政，融資プ
　　　　　　　ラットフォーム，地方債，PPP

1　財政システムと中央 - 地方関係——歴史からの視点

（1）　中央 - 地方関係の「重層性」

　広大な国土を抱える中国にとって，中央権力が地方の勢力をどのように統治していくか，すなわちどのように中央 - 地方関係を構築するか，ということは，

第Ⅱ部　産業発展と政府・企業

歴代王朝の頃から常に大きな課題であり続けてきた。「大一統（統一王朝による国土の一元的な支配）」の間隙にしばしば群雄割拠の状況が生まれてきたという歴史的な事実は，伝統中国における中央－地方間の緊張関係の一端を物語っているといえよう。特に近代以降の中国における中央－地方関係は，単に中央集権か，地方分権化か，といった二項対立ではとらえきれない複雑な性質を持っていた。ここでは，中国に独特の中央－地方関係について，その「重層性」と地域間の「多様性」という2つの観点に注目して考えてみたい。

　まず，中央－地方関係の「重層性」についてみていこう。ここで言う「重層性」とは，各地方レベルの行政・官僚機構のシステムにおいて，上級からの命令系統と，その地域内部での命令系統が複雑にからみ合っている状態を指している。このような行政・官僚機構の「重層性」を，中国社会では伝統的に「条条」と「塊塊」という言葉で呼びならわしてきた。「条条」とは，中央から省－市－県といったタテ方向に貫いている行政・司法・立法機構，および党機構における部門別の指揮・管理系統のことである。それに対して「塊塊」とは，ある地域の内部において権限が集中する1つの部署から他の部署への指揮系統のことを指す。

　中国政治を専門とする趙宏偉は，この「条条」，すなわち中央からタテ方向に貫く指揮・管理系統を指して「タテの集権」と呼び，また「塊塊」，すなわち地域の中での権限の集中という現象を「ヨコの集権」と呼んだ（趙，1998）。そして，省以下の各地方レベルにおいて，このような2つの「集権化」が混在し，相互に緊張関係を保っている中国の政治経済体制の特徴を「重層的権力構造」としてとらえている。趙によれば，このような「重層的権力構造」は，大躍進期にその基盤が作られたものであり，それによって中国はそれまでのソ連型の集権的な社会主義体制とは異なった独自の体制をとり始めたとされる。

　例えば，各地方における政策決定において共産党委員会が果たす役割の大きいことは知られているが，そういった地方における党委員会は，中央の政策を実行する出先機関というより，往々にしてその地域に根を下ろし，地方の利益を代弁する機関しての性格を強めていく傾向があった。このように，計画経済期・改革開放期を通じて現代中国では，多くの行政・官僚機構が形式的には「中央」の機関でありながら，一方ではその地域の利益を代弁する，という二重の性格をおびるという特徴がみられた。そもそも，中国の「国家予算」とは，

計画経済の時代から現在まで一貫して，中央政府の予算と地方政府の予算を足し合わせた概念であり，中央財政のみを「国家財政」と呼びならわしている日本とは大きく異なっている。そういった中央－地方関係の「重層性」の下で，ある時は中央のコントロールが強化され（「収」），ある時は地方への積極的な権限委譲が行われる（「放」）という，一種のサイクルが繰り返されてきたのである。

（2）　歴史的にみた中央－地方の財政関係

　このような中国社会に独特の中央－地方関係は，古くは王朝時代にその起源を求めることができ，その財政のあり方を規定してきた。明清期の中国の財政システムについて，歴史的な視点から詳細な検討を行った岩井茂樹によれば，当時の伝統的な中国の財政制度は，徴税権を集中的に管理する中央財政と，その財源が制度化された租税体系の中に十分位置づけられておらず，中央の財政収入の一部を留保することにより維持されてきた地方財政，という組み合わせからなっていた（岩井，2004）。

　一方で，中央政府がその租税収入を自前で徴収する能力をもっておらず，そのほとんどを地方権力にゆだねざるを得ない，という状況が，制度化された自前の収入を持たない地方財政を支えていた。そうして徴収された財源は，中央政府への送金分などを除いた一定部分が地方に留保され，その支出に当てられたからだ。また，このような正規の租税収入は硬直化・固定化する傾向があったため，国税の地方留保分でまかないきれない地方財政支出については，地方権力による恣意的な費用徴収や，税付加，さらには「徭役」と呼ばれた義務労働の徴発によって対応するほかはなかった。

　このような状況の下で，極めて硬直的な正規の政府財政と，さまざまなレベルでの権力機構の下で発生してくる，「制度外」の財政が併存する，という状況が生じたのである。これはまた，地方の統治機構が上級政府からの命令系統に従属しながら，地域固有の政治領域において独自の権限を持つという，現代の中央－地方関係にもつながる，中国社会の統治の二重構造をもたらしたと考えられる。いずれにせよ，このような，中央と地方とのいわば重層的な財政関係は，地方が地方としての明確な位置づけを付与されている，近代的な国民国家の下での地方財政のあり方とは，おのずから異なった性質を持つものであっ

第Ⅱ部　産業発展と政府・企業

た。このように地方レベルにおいて「制度外」の財政資金が徴収されるという状況は，さまざまな「予算外資金」や「土地財政」など，現代中国の財政制度にもその名残をみることができるだろう。

　さらに，不足しがちな税収を補うための自主財源を確保し，拡大していくために，地方の為政者が庶民からなけなしのカネを搾り取る，というのも，伝統的な中国社会では普遍的に見られる現象であった。その意味で，後述するような近年の中国農村で問題とされた，農民に対する恣意的な費用徴収の問題も，中国の財政システムが歴史的に抱えてきた構造的矛盾の帰結，という側面を持っているのである。

2　市場移行と財政制度改革

（1）　計画経済期の財政制度

　中国が市場経済化を開始する，改革開放期の財政・金融システムの特徴を考察する前に，計画経済期（1953〜77年）の財政・金融システムについても簡単に触れておきたい。改革開放期のシステムのある部分については，計画経済期においてその萌芽が見られ，両者の間には一定の連続性がみられたからである。

　計画経済期の中国の財政制度は，中央・地方財政双方の支出・収入を中央政府が統一的に管理する「統収統支」方式を出発点とする。具体的には，以下のような方法によって，財政資金の統一的な管理が行われた。すなわち，①一切の収支項目，支出方法と支出指標を全て中央が統一的に制定する。②一切の財政収支はすべて国家予算に組み入れて，収入は全部中央に上納され，支出は中央から支給され，年度末の剰余金も基本的にはすべて中央に上納される。③財政的権限は中央と大行政区に集中されるが，中央を主とする，以上である。（南部，1991）。

　このような計画経済期の財政システムを支えていたのは，私営企業の国有（公有）化を経た後での，国有企業への資金・資源の集中であった。このことを通じて，政府が国有企業の資金収支を一元的に管理し，国有企業からの利潤上納が国家財政収入の中心を占める一方で，政府に集められた財源についても，国有部門を主体とした重化学工業への建設性投資へと重点的に配分される，という仕組みが形成されたのである。

しかし、「統収統支」のような極端に中央集権的な財政制度は、厳密には1950年代初頭の数年間しか実施されなかった。実際の財政制度の運用は、「統一指導・分級管理」、すなわち、各級の地方政府が排他的に財政収入を徴収し、その一部を上級政府に上納するというやり方で行われた。つまり、かなり早い段階から、建前としての「中央集権」（「大一統」）と、現実の財政制度の運用とのズレが生じていたのである。また、この時期にはイデオロギー論争などの影響を受けた、めまぐるしい財政制度の変更が行われた。このことは、計画経済時代の中国の財政制度についてまとまったイメージを抱くことを困難にしているといえよう。

特に、1958年の大躍進政策による大胆な地方分権化は、財政システムにも大きな影響を及ぼした。この時期、国家財政収入において中心的な役割を占めていた国有企業の大部分が地方政府の管轄となり、1957年には約9300社あった中央管轄の国有企業は翌58年には約1200社まで減少した。このことは国家財政に占める中央財政収入の比率の低下に現れている（図6-1）。

図6-1は、1953年から2016年までの国家財政収入・支出に占める中央の比率を示したものである。大躍進期における行き過ぎた地方分権化は数年で終わったが、その後計画経済期を通じて、財政収入に占める中央の比率は、支出に占めるそれを大きく下回るという状態が続いたことがわかる。このことは、財政資金を「地方が集め、中央が使う」という状況が常態化したことを意味している。

いずれにせよ、このような計画経済期の財政システムは、近代財政の基本理念である公平性・普遍性の点で大きな問題を抱えていた。例えば、財源について国有企業からの利潤上納に多くを依存する財政の仕組みは、政府が国有企業の所有者であり、一方で財政資金の徴収者でもあるという矛盾した立場を浮き彫りにした。また、このシステムの中で農民は穀物の買い付け制度により収入が低く抑えられることを通じ、工業部門の発展のための資金的な負担を担うことが前提とされていた。中央と地方の関係に関して言えば、特に1960年代になり「三線建設（第2章参照）」が開始されると、豊かな沿海部の財政収入を中央政府が吸い上げ内陸部の経済建設に重点的に投入されるというメカニズムが恒常的なものとなり、沿海部では財政収入を増大させようというインセンティヴが十分に働かなくなっていたのである。

第Ⅱ部 産業発展と政府・企業

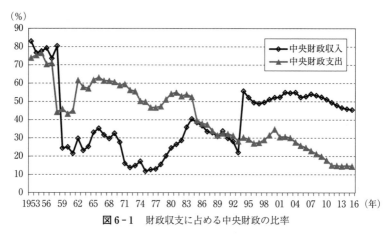

図6-1 財政収支に占める中央財政の比率

出所：国家統計局国民経済総合統計司編（2010）『新中国六十年統計資料彙編』中国統計出版社，国家統計局編『中国統計年鑑』中国統計出版社，各年版。

このため，1980年代に入り沿海地域優先の発展戦略が採用されるようになると，豊かな地方の収入拡大の意欲を高め，地域の経済を活発化させることを目的に，以下に述べる地方財政請負制度が導入され，80年代後半にはほとんど全ての省で採用されるに至ったのである。

（2） 地方財政請負制度の功罪

改革開放期の財政制度改革の歩みは，1979年に四川省ならびに江蘇省で実験的に行われた，地方財政請負制度（財政請負制）の導入によって始まるといってよい。財政請負制とは，簡単に言うと，地方政府が集めた財政資金の一部を中央政府に上納し，その残りを地方政府が独自に管理し，自由に支出を決定するというシステムのことである。

ただし，一口に財政請負制といっても，そこにはその実施時期および地域によってさまざまなバリエーションが存在した。例えば，1980年代半ばまでは請負の方式として，中央政府と省政府の間で財政収入総額の配分比率を協議の上決定する「総額配分方式」が多く見られたが，80年代後半になると，地方に対しより強い財政収入拡大のインセンティヴを与える「定額上納方式」が広く採用されるようになった。定額上納方式は，中央政府と省政府の間で固定した上納額を協議して決定し，省政府は上納した残りの全ての収入及び予算節約分を

受け取るもので、「狭義の請負制」あるいは「一括請負」と呼ばれることもある。この方式の下では、地方企業の収入と支出も省の管轄とされたため、省の財政基盤が大きく拡大した。

いずれの方式においても、中央への上納額やその比率などは、地域の経済状況や交渉によって各省ごとに個別に決定された。さらに、経済発展が遅れ十分な財政収入が得られない内陸地域や少数民族地域は、中央からの一定額の財政補助を受け取るものとされた。

こういった財政請負制の実施は、各地方政府にとって地元経済の発展のために用いることができる資金を、努力次第で拡大させる余地が生じたことを意味した。このことは、地方政府に地元経済への積極的な関与を行うインセンティヴを与え、地方の経済的な活力を引き出す上で大きな役割を果たしたと考えられる。

一方で、財政請負制の実施は中央財政の弱体化と再分配機能の低下をもたらした。請負制が本格に導入されてから、1990年代半ばに分税制が導入されるまで、全国の財政収支に占める中央財政の割合は一貫して低下し続けた（図6-1）。またそれだけではなく、中央・地方財政を合わせた支出の対GDP比率も趨勢的に低下していった。つまり、改革開放期を通じて、経済全体に占める財政的な活動の比重自体が縮小し続けていったのである。

計画経済時代から改革開放の初期にかけて、財政収入における地域間の格差は各地域の経済発展状況の格差を反映して比較的大きいものであった一方、財政支出に関しては相対的に豊かな地域から貧しい地域へと中央政府を通じた財政資金の移転が行われていたが、改革開放の進展に伴いこのような構図が急速に崩れていったのである。

それを象徴するのが予算外資金の増加である。予算外資金とは、地方政府が徴収した財政収入のうち、中央政府あるいは上級の政府に上納する必要がなく、地方政府のもとに自主財源としてそのまま留保される資金の総称である。特に相対的に豊かな地域において、その地域の経済発展のための資金が、予算外資金の形で企業や地方政府に留保されるようになったことで、中央政府の財政再分配効果は低下した。

予算外資金は、各種の税付加、各地方政府が経営する病院やホテルなどの事業体からの収入、そして国有企業の内部留保金などから構成される。分税制の

第Ⅱ部　産業発展と政府・企業

導入とほぼ並行して予算外資金のいくつかの項目，例えば国有企業の留保利潤などが予算内の財政資金に組み入れられるまで，予算外資金は拡大を続けた。特に相対的に豊かな地域においては，地方政府が積極的なアクターとして金融市場や土地市場に介入して税以外の収入を獲得し，その資金によってインフラ建設などの公共サービスの提供がまかなわれるという状況が広くみられた。

　また，財源の地方留保分の増加を背景とした地方政府の地元経済に対するコミットメントの強化は，資源の効率的な配分にゆがみをもたらすという側面も持っていた。例えば「諸侯経済」という言葉で表わされるように，地域市場を封鎖して生産財の囲い込みや地元産業の保護を図ったり，あるいは地方政府が国有銀行の地方支店に圧力をかけて融資を引き出して過剰な設備投資を誘導したり，といった資源の効率的な配分を妨げる現象が，改革開放期を通じて広範囲に観察された。

3　分税制の導入と地方政府の自主財源

（1）　分税制の導入とその効果

　これまでみてきたような地方財政請負制度が抱える問題点に対処し，中央のマクロコントロール能力を高めることを目的として，地方政府の抵抗を受けながらも，朱鎔基副首相（当時）のイニシアチブにより，1994年より分税制が全国で実施された。

　分税制とは，地方政府と中央政府の収入が明確に区別されることなく徴収されていた，それまでの地方財政請負制度のやり方を改め，財政収入を「中央固定収入」と「地方固定収入」，および一定の比率で中央・地方間で分配する「中央・地方調節収入」に分類して，徴税の規範化と中央政府による財政資金再分配機能の強化を図ろうとしたものである（表6-1）。さらには，財政の支出に関しても，安全保障，外交，国家機構の運営費，地域強調発展の支出などを中央政府の支出区分とし，それ以外を地方政府の支出区分とするという役割分担が定められた。

　その結果，特に税収のうち最大の比率を占める増値税（付加価値税）の75％が中央の収入として処理されたこともあって，1994年以降全体の財政収入に占める中央政府の収入は急激に上昇した（図6-1参照）。

第6章　財政制度改革と中央－地方関係

表6-1　分税制下における各種税収の区分

中央固定収入	関税
	消費税
	車両購入税
中央・地方調節収入	付加価値税
	営業税
	資源税
	印紙税
	都市維持建設税
	個人所得税
	企業所得税
地方固定収入	都市土地使用税
	土地付加価値税
	不動産税
	不動産取得税
	耕地占有税
	車両・船舶使用税
	葉たばこ税

注：（1）中国の「消費税」は奢侈品の購入に対する課税であり，日本で言う物品税にあたる。
　　（2）営業税はサービス業に対し，その売り上げ総額に対してかけられる税である。
　　　2016年5月より付加価値税に一本化するための改革が全面的に実施されている。
出所：劉（2016）『中国税制概覧（第20版）』経済科学出版社などより筆者作成。

　一方で，財政支出に関しては，1994年以降も依然として地方財政支出が中央財政支出を大きく上回るという状況が続いている。これは，中央財政から地方財政へ補助金などを通じて資金の再分配が行われていることを意味する。ただし，分税制の導入当初の中央から地方への財政資金移転は，地方政府の財政収入の急速な減少分を補うために，中央財政から地方に対して93年度の各省の付加価値税・消費税収を基準額として，それに毎年の税増収分の3割を加えた金額を返還する「税収返還」が中心であり，必ずしも地方間の財政格差を是正するものではなかった。

　分税制の下で，中央政府による財政を通じた再分配機能が高まるのは，1990年代末以降，「移転支払い」という日本の地方交付金に似た形での地方への財政移転が制度化されてからである。95年には，地域の経済発展情況などの客観的な条件をもとに各地の財政力調整を行うことを目的に「過渡期移転支払い」制度が導入された。また2002年からは地域の発展水準や，自然条件・民族居住状況などの社会・経済的条件に基づいて，より客観的に地域間の財政力の調整を行うことを目的とした，「財力性移転支払い」制度が整備され，内陸部，特

127

第Ⅱ部　産業発展と政府・企業

に経済発展が遅れており，少数民族が集中して居住する西部地域への補助金給付額が大きく増加した。

このような地方への財政移転が拡大するにあたって，中央の財源を確保するために，それまで地方の固定収入とされていた個人および企業の所得税を中央と地方で分け合う調節税にする改革が行われた。具体的には，2002年に地方管轄の企業の所得税，および個人所得税の50％が中央の取り分になり，さらに03年にはその比率が60％に修正された。

一方，第10次五カ年計画の主要プロジェクトとして1999年に提起された西部大開発を始めとした，地域間の均衡な経済発展を目指した大型の開発プロジェクトが次々に打ち出された（第5章参照）。西部大開発では，四川，貴州，雲南，陝西，チベット，甘粛，青海，寧夏，新疆の西部地域9省のほかに，内蒙古および広西の民族自治区，さらに吉林省延辺朝鮮族自治州などもプロジェクト実施の対象とされ，これらの地域に対して大規模な中央財政からの財政資金あるいは国債の発行を通じたインフラ建設資金の投入が行われた。

さらには，2005年10月，共産党第16期5中全会で「社会主義の新農村を建設する」という発展戦略が打ち出され，翌年から「新農村建設」が実施に移された。これは，農村への大規模なインフラ建設，農業産業化の推進，土地の流動化・集約化，農村金融機関の改革などをパッケージとして行うものである。

次に，分税制導入後の税収および財政支出の内訳をみておこう。図6-2は，分税制改革後の各税収の全体に占める比率の推移を示したものである。財政請負制の時代から税収全体に占める比率が最も高かったのは付加価値税であるが，その地位は次第に低下しており，2001年以降はそれに代わって企業所得税の比率が増えてきている。また，営業税はサービス業に対し，その売り上げ総額に対して一定の税率かけられる税である。付加価値税との二重課税が避けられないため，製造業などからサービス業への構造転換がなかなか進まない原因になっていることが指摘されてきた。このため，政府は営業税を付加価値税に一本化する改革を進めており，16年5月から全面的な試行段階に入った。図6-2で，同年の営業税の比率が大きく落ち込んでいるのは，そのためである。

一方，財政支出面では，1980年代はインフラ建設などの経済建設関係の費用がその大部分を占めていたが，分税制の導入以降その比率は大きく低下していき，現在では図6-3が示すように，公共サービスや教育・科学関連の支出，

第 6 章 財政制度改革と中央 - 地方関係

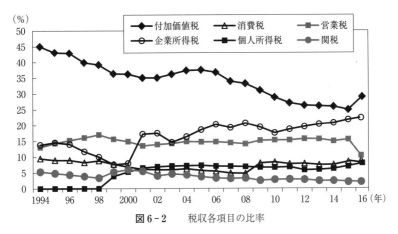

図 6-2　税収各項目の比率

出所：国家統計局編『中国統計年鑑』中国統計出版社，各年版。

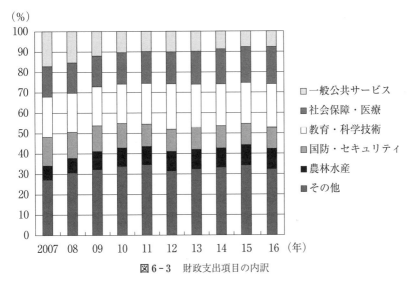

図 6-3　財政支出項目の内訳

注：『中国統計年鑑』所載の財政支出のデータは2007年よりその項目が大きく変わっており，それまでの統計と連続していない。
出所：図 6-2 に同じ。

第Ⅱ部　産業発展と政府・企業

および社会保障や医療衛生関連の費用など国民に対する社会サービスに対する
比率がその大部分を占めるようになっている。

（2）　地方政府の自主財源——農民負担問題と土地財政

　このように1990年代後半以降の状況をみれば，中央政府に財政資源のかなり
の部分が集中し，中央財政の再分配機能を強化するという分税制導入当初の目
標は一応達成されたといってよいだろう。ただ，それらの移転支出がどの程度
客観的な基準により配分され，地域間の財政力格差の縮小に寄与したか，とい
う点には疑問が残る。

　例えば，分税制の実施や予算外資金の改革によって郷や鎮といった農村にお
ける末端の行政単位は深刻な資金に陥り，農家に対する恣意的な費用徴収に
よって財政資金の不足分を埋め合わせるという現象が広く観測されるように
なった。特に1990年代末から2000年代初頭にかけては，このような「乱収費
（みだりに費用を徴収すること）」が貧しい農民の生活をさらに圧迫する，農民負
担問題が大きな社会問題とされた。

　こういった農民負担問題を解決するために実施されたのが農村税費改革であ
る。これは，地方政府による農民からの費用徴収や無償の労働力の提供を基本
的に廃止すること，農業税および農業特産税の徴収を最高税率７％という基準
に沿って調整すること，義務教育費などを農民からの費用徴収によってではな
く各地方政府の財政支出によってまかなうこと，などを盛り込んだ改革である。
農村税費改革はまず安徽省などいくつかの地域で実験的に行われ，2002年には
全国レベルに拡大していった。そして04年からは農業特産税が，さらに06年か
らは農業税も廃止された。ただし，この改革を実施した結果，郷・鎮政府の財
政的な自立性が失われ，灌漑施設の整備など公共事業の実施に支障をきたした
ほか，末端政府の役人の士気が著しく低下したという指摘もある。

　このような中央政府による地方政府への財政的なコントロールが強まる一方
で，地方政府の側も絶えずそれまでとは異なる形で自主財源を確保しようとす
る，「いたちごっこ」の状態が続いている。地方政府の土地市場に対する介入
を通じた財政資金の獲得，いわゆる「土地財政」もその典型的な例である。

　中国では土地所有について公有制を採用しており，都市の土地は全て国有，
農村の土地は集団所有とされている。いわゆる不動産市場では，政府から払い

下げられた使用権のみが取引される。その際重要なのは，その使用権の払い下げが事実上地方政府によって独占されており，その払い下げ費用は地方政府の重要な財源となっている，という点である。農村の土地はマンションや工場の用地として再開発する際，個別の農民が土地の所有権を持たないため，必ず（地方）政府が収用しなければならない。その際，農民に対する補助金を安く抑え，収容した土地の使用権を開発業者に高く払い下げることで，莫大な収入が地方政府にもたらされることになるからだ。近年では，地方政府の土地使用権の払い下げ収入は，正規の予算内収入の50〜70％に達しており，旺盛な都市開発を支える財源となってきた。[3]

一方で「土地財政」の拡大は，近年の不動産バブルの温床となっているという指摘があるほか，[4]2008年におけるリーマンショック後の景気刺激策の実施の際には，いわゆる「融資プラットフォーム（後述）」を通じた地方政府の隠れ債務の拡大にもつながったとして，中央政府も警戒色を強めている。このような自主財源の獲得に支えられてきた地方政府による積極的な市場への介入は，中国の高成長を牽引し，また不況からの一早い脱却をさせたというプラスの側面を持つ一方で，官僚の汚職問題や経済過熱・バブルの発生の温床でもある，いわば両刃の剣である。このため，中央政府としてもその扱いには絶えず頭を悩ませてきたと言ってよいだろう。

4　これからの中央 – 地方関係の行方

（1）　融資プラットフォームと過剰債務問題

繰り返し述べてきたように中国の地方財政には正規の税収のほかに，さまざまな非正規の自主財源が存在してきた。近年では，地方政府が「融資プラットフォーム」と呼ばれるダミー会社の設立を通じて地域の開発資金を調達する行為が広範にみられるようになった。これは，地方政府が実質的な出資者となり「都市建設投資集団」などといった名義の「プラットフォーム」を設立し，その企業が銀行から借り入れを受けたり，社債を発行するなどして都市開発のための資金を開発するというものである。このような手法が拡大した背景には，長らく地方政府が自由な地方債の発行を制限されてきた一方で，2008年の世界金融危機後に発動された景気刺激策の実行資金の大部分が，地方政府の自主財

第Ⅱ部　産業発展と政府・企業

源にゆだねられた，という事情がある。

　2011年6月に，政府審計局（会計検査院に相当）は，地方政府の実質的な債務の規模を確定するための大規模な調査を行い，地方の実質的な債務残高をGDPの約27%に当たる約10.7兆元と発表した。そのうち，約6500社の融資プラットフォームを通じた債務は全体の債務の46.4%に達するとされた（丸川・梶谷，2015）。

　このような融資プラットフォームについて，中央政府は早くからその存在を問題視し，その整理・縮小を狙った政策を打ち出してきている。例えば，2012年3月には，全国銀行監督委員会が「地方政府融資プラットフォーム貸出のリスク管理に関する指導意見」を公表した。これは，プラットフォーム企業の債務を状態に応じて分類して整理するとともに，新規の銀行融資を厳格に規制する内容である。このような厳しい処置によって，地政府の債務問題は縮小に向かうかと思われた。

　しかしそこで浮上してきたのが，銀行システムの外部にある「影の銀行」（第7章参照）を通じた資金調達の増加である。中央政府は，プラットフォーム企業に対する新規の銀行融資を厳しく規制してきた。しかし，このような当局の規制の強化は，皮肉なことに「影の銀行」からの資金調達を増加させる結果をもたらした。ただしこれは通常の銀行ローンに比べ高金利を課すものであり，その分貸し手・借り手双方のリスクも大きくなる。2012年12月に国務院財務部は「地方政府の違法，違反融資行為の禁止に関する通知」を出し，これを警戒する姿勢を明らかにしたが，効果は乏しかった。

　2013年末に発表された，中国審計署による中国の政府債務に関する調査報告書は，同年6月末の時点で，地方政府の実質的な債務残高が17.89兆元に達し，前回の調査に比べても70%以上増加したことを明らかにした。このうち，融資プラットフォームを通じた債務が全体の約40%を占めている。

　このような，度重なる政府の景気刺激策と，融資プラットフォームや影の銀行を通じた貸し出しの増加により，中国経済は次第に債務残高の重荷に苦しめられるようになっていった。BIS（国際決済銀行）が公表した数字によると，2017年3月末の金融機関以外の民間の債務残高はGDPの165.3%と，バブル期の日本における数字を大きく上回った。このように民間経済主体が過剰な債務残高を抱えた状況の下で，デフレや不況によって企業の売上予測が減少してい

けば，不良債権が急速に拡大し，信用収縮が起きてしまうリスクを抱えている。中国政府が「新常態」と呼ばれる安定成長路線を採用する中で，過剰債務状態からの脱却が急がれるゆえんである。

（2） 地方債発行とPPP方式

融資プラットフォームを通じた民間債務の拡大とそれに伴うリスクに対応するため，中央政府は地方債の発行に関する制限の緩和に踏み切った。まず2009年以降，リーマンショック後の景気対策を実施するために，2000億元規模の地方債の中央政府による代理発行が実施された。そして，11年から上海市，深圳市，浙江省，広東省といった沿海部の省と市で地方債の自主発行が開始された。その後，地方債発行の権限を持つ地域は順次拡大し，15年3月には制限が撤廃された（藤井，2016）。また，14年9月に国務院が発表した「地方政府性債務の管理強化に関する意見」では，地方政府の起債メカニズムの改善や予算管理の強化を通じて，地方政府が抱える債務リスクを解消させるという方針が打ち出されている。この方針は，より具体的には融資プラットフォームを通じて拡大してきた地方政府の隠れ債務を，地方債の債務に置き換えることを通じて，より透明性の高い，低リスクの債務として管理していくことを目指している。図6-4が示すとおり，これらの政府の方針に伴い，15年から16年にかけて地方債の発行件数および発行高が急激に上昇している。

地方債の発行と共に，公共事業などの財源獲得手段として新たに注目されているのがPPP（Public-Private Partnership），官民パートナーシップ方式である。これは公共部門と民間部門が行う連携事業を指す広い概念で，建設・資金調達を民間が担って完成後は所有権を公共セクターに移転するBTO（Built Transfer Operate）方式や，施設の所有権は公共部門に残したまま，施設の経営権を民間事業者に授与する特許経営（コンセッション）方式などがある。現在中国で注目されているのは，政府と民間資本が共同出資して新たに企業を設立し，その企業が政府から権利を授与されて，インフラなどの公共財や公共サービスの提供を行うという特許経営方式の変形である。

民間部門の資本や資源をインフラ整備などに振り向けることで，政府は資金不足を補うことができ，また民間資本にとってもリスクが政府にカバーされる形で新たなビジネスチャンスが広がる。このように，PPP方式はいわば官と民

第Ⅱ部　産業発展と政府・企業

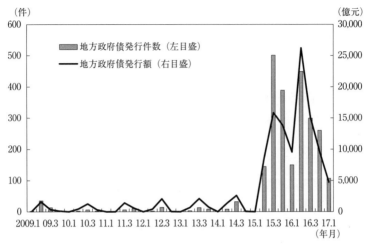

図6-4　地方債発行件数と発行額

出所：中国債券信息網ウェブサイト（http://www.chinabond.com.cn/）より。

のウィン・ウィンの関係が生じることを狙ったものである。融資プラットフォームが，地方政府が責任を曖昧にしたまま関与することで，債務とリスクを拡大させてきた反省を踏まえ，PPP方式により設立される独立事業体の債務は，地方政府の財政とは明確に切り離されることがうたわれている。財政部によると，2017年3月末の段階で政府が把握しているPPP方式のプロジェクトの件数は1万2300件に達し，投資総額は14.6兆元になるという。

　地方政府の自主財源獲得に中央政府が強いたがをはめてその活動をコントロールするだけでは，成長に大きなブレーキがかかってしまう。むしろ求められているのは，地方政府がより規律のある市場メカニズムにのっとって資金調達方法を行うことである。上記のような地方債の発行拡大の動きや，独立事業体が市場規律に基づき資金調達を行うPPP方式の推奨は，この方針に沿ったものだといえよう。

　以上みてきたように，現在の中国の財政システムは，市場メカニズムを通じた規律づけ，という手段を積極的に導入することで，地方政府の牽引力を生かしつつ，それをより間接的な手段でコントロールすることを目指していると言えよう。このことが，伝統的に続いてきた中央―地方関係のあり方を大きく変えていくのだろうか。そのことは，国有資本と民間資本が混在する中国型資本

主義の持続可能性とも深くかかわるだけに，今後一層注目していく必要がある
だろう。

■　■　■

●注─────────

（1）　中国の行政区画は中央－省級－地区級－県級－郷・鎮級の5つのレベルに分か
　　　れている。このうち，省級の行政区には省のほかに直轄市（北京・上海・天津・
　　　重慶の四都市）・民族自治区が含まれ，また県級行政区には県のほかに県級市や
　　　市轄区などが含まれる。
（2）　四川省で実施されたのは全体の財政収入を中央の固定収入，地方の固定収入，
　　　そして両者の交渉によって決まる部分に分けるという現在の分税制に近い方式で
　　　あり，江蘇省では「総額配分方式」が採用された。当初中央政府は四川省の方式
　　　を支持したが，地方政府にとってうまみがあるのは江蘇省の方式だったので，次
　　　第にこちらの方が全国に広がっていった。
（3）　土地使用権の払い下げに伴う収入は，制度上は「基金収入」として予算内の財
　　　政収支に組入れられることが定められている。ただし，実際には「第二財政」す
　　　なわち制度外の資金としてとして地方政府に留保されている部分も多いと思われ
　　　る。
（4）　不動産価格の高騰が社会問題となっていることを受け，2011年には個人所有の
　　　住宅保有に対する不動産税の課税が全国に先駆けて重慶市と上海市で導入された。
　　　ただし，不動産市場に与える影響力の大きさから政府は全面導入には慎重であり，
　　　現時点では実験段階にとどまっている。

●参考文献─────────

岩井茂樹（2004）『中国近世財政史の研究』京都大学学術出版会。

趙宏偉（1998）『中国の重層集権体制と経済発展』東京大学出版会。

南部稔（1991）『中国の財政金融政策』多賀出版。

藤井大輔（2016）「地方政府間競争と財政の持続可能性」加藤弘之・梶谷懐編『二重
　　　の罠を超えて進む中国型資本主義』──「曖昧な制度」の実証分析』ミネルヴァ
　　　書房。

丸川知雄・梶谷懐（2015）『超大国・中国のゆくえ4　経済大国化の軋みとインパク
　　　ト』東京大学出版会。

劉佐（2016）『中国税制概覧（第20版）』経済科学出版社。

第Ⅱ部　産業発展と政府・企業

ウェブサイト

中国債券信息網ウェブサイト　http://www.chinabond.com.cn
　　中国の債券市場についての総合的な情報サイト。国債，地方債，社債などの発行状
　況のほか，市場動向についての分析レポートを読むことができる（中国語）。

（梶谷　懐）

第7章
世界最大の資本大国の金融システム

　中国が計画経済から市場経済へ転換していったとき，金融システムはそれを体現する場であった。中国の体制転換がめざした市場経済が機能するためには，経済に参加する無数の企業や個人が分権的に意志決定をし，かつ経済のバランスが崩れないようにするための制度を再構築してきた。試行錯誤を経て，金融市場の形成と利子率決定の自由化，資本，債券の両方の資金調達チャネルの構築といった制度整備が進み，中国の金融制度はほぼ市場経済に即したものへの転換を完了しつつある。その中で，中国独自の資本主義のかたちが現れつつある。さらには，インターネットを舞台にした決済システムの広がりは，国民の利便性の向上に貢献し，新しいビジネスを生むインフラとなっている。また，中国は中央銀行を通じブロックチェーンの技術開発に取り組んでおり，金融イノベーションの一翼を担う存在になっている。

キーワード：金融の機能，金融政策，マネーサプライ，インセンティブ，株式市場，人民元，金融自由化，為替自由化，移行の完了，国際金融のトリレンマ，金融イノベーション

1　資源配分メカニズムの再構築としての金融改革

（1）　計画経済の構築と市場経済への転換──1949～2017年

　中国は，1949年の建国後，50年代に計画経済に転換した。大躍進，文化大革命といった政治と経済の運動が一体化する時期を経て，1978年には市場経済への転換が始まった。この計画経済化と市場経済への再転換のプロセスは，「行政による配分」から「分権的意志決定の市場を通じた調整」へと「経済資源の配分メカニズム」を支える制度を大きく転換させるプロセスであった。そして，2000年代の後半には，経済活動を支える制度のうち法律の整備という点からみ

137

第Ⅱ部　産業発展と政府・企業

ると，市場経済への転換（経済体制の移行）はほぼ完了しつつある。

　1949年の中華人民共和国の建国後，中国は第1次五カ年計画の編成に取り組み，53年から実施する。この五カ年計画において，中国は重工業優先発展戦略をとり，高度に集権的な資源配分制度と経営自主権を持たない企業経営メカニズムを作り上げた。計画経済体制下の資源配分メカニズムは，計画の策定と決定権を政府に集め，企業や金融機関は意志決定権を持たない実行部門になるというかたちで，企業，銀行のシステムを根本から転換させたのである（本書第2章第1節）。当時のソ連に対抗して中国の比較優位に背いた重工業優先戦略を実現するために，こうせざるを得なかったという指摘もある。

　政府が，目の前の投資機会の収益率を度外視して，ある投資計画に金融資源を配分しようとしたとしよう。しかし，ほかに収益率の高い投資があれば，金融資源はそちらに逃れてしまい，政府のもとに資源は集まらなくなる。こうした状態を回避するためには，金融資源の全てを政府の管理下に置く必要がある。そのために，①1949年から52年にかけて，金融を政府の独占管理とした。当時存在した銀行を国有化して中央銀行であった人民銀行に統合したのである。そして，②債券や株式の発行という直接金融を禁止し，さらに③非金融機関の企業間で資金の貸し借りを行うことを禁止し，いわゆる企業間信用までを排除した。さらに④海外との取引の調整に必要な外貨も集中的に管理しようとした。対外貿易を国家が独占し，外貨の需給バランスを国家が集権的に決定しようとしたのである。間接金融の司令塔となった中国人民銀行では，各末端銀行が吸収した預金は全て本部に納め，融資は統一の計画指標により本部が指令し行う「統一収入・統一支出」というシステムをとった。広大な中国の各地に広がった銀行システムにおいて，預金と貸出を中央で集権的に決定しようとしたのである。また，外貨も同様に全国から銀行システムを通じて，中央に集めた。さらに，物流も農産物も統一的に管理するシステムを構築したのである。

　このように政府がマクロの資源配分を支配するシステムを構築するためには，現場の企業，農民も国家の指令に沿って行動させる必要があった。そのために，製造業，鉱業を担う企業は国有企業となり，農業は農民を集団に所属させる人民公社を作った。しかし，このシステムは，マクロの資源配分，ミクロのインセンティブメカニズムの両面で問題を抱え，経済成長は停滞した。計画経済の時代の中国は，「核兵器の製造技術は持っているのに，消費財が作れない。製

造業も農業も何でもひととおりのものは生産できるが，輸出するような商品が作り出せない」という事態に陥っていた。この表現は，当時の中国経済がいわゆる西側経済に比べて停滞していた原因は工学的な技術力の問題ではなく，経済の資源配分メカニズムに問題を抱えていたことを表している。

（2）　金融の機能

　経済資源の配分システムを「行政による配分」から「市場による調整」に転換させるということは，財政から金融へ資源配分メカニズムの比重を移す，と言い換えることもできる。では，そもそも金融はどのような機能を担っているのだろうか。金融が担う「市場による調整」の難しさと面白さは，資源を必要とするひとと提供できるひとが個別に交渉し決定するという分権的なメカニズムであるにもかかわらず，全体としても効率的な資源配分がなされる，という点にある。そして，この複雑な機能が十分に働くためには，どのような制度が必要とされるのだろうか。

　クレイン他（2000）は，金融の機能を構成する要素として，次の6つを挙げている。

① 商品やサービスの代金の支払いを行う決済の機能。
② 資源をプール化したり小口化したりすることで，需要者と供給者のサイズにミスマッチを調整する機能，
③ 異なる時間・地点・産業の間で資源を移転する機能。
④ リスクを管理する方法（ヘッジング，分散，保険）を提供する機能。
⑤ 経済の中での分権的な意志決定を助けるための価格などの情報の提供。
⑥ 情報の非対称性に基づく，インセンティブの問題を解決する方法の提供。

　こうした機能を担っている制度を具体的に挙げてみると，①の決済機能は，銀行の決済システムが最も重要な制度として機能している。②については，銀行が預金と貸出を別個に運営していること，証券市場で株式や債券を小口化して売ることなど，銀行，証券ともにこの機能を担っている。③については，銀行預金，債券などの多くの金融商品は，そもそも異時点間の資源配分を目的に設計され，同時に異地点間の資源配分，産業間の資源配分も達成している。④のリスクの管理のための金融商品としては，先物や保険などが代表的なものである。⑤の価格とは，資源配分の状況を示す指標である金利，為替や株価など

第Ⅱ部　産業発展と政府・企業

である。⑥は，いわゆる企業統治（コーポレート・ガバナンス）の議論が最も関心を持っている論点である。企業統治論は，株主と経営者，大株主と少数株主の間で利害対立が起きる可能性があるとき，企業の資金や資産を適切に使わせるにはどのようにするべきか，そのためにどのように制度を設計すべきかを考察している。上記の6つの機能が望ましい状態で働くとき，経済資源は金融市場の調整を通じて，適切に配分されるようになる，と考えられている。

一方，金融と対比して語られることの多い財政は，一義的には政府が行う資源配分を指す。そして，規範的には国民の間での経済的な公平性を実現するために，所得などの経済資源の再配分を行う機能を指し，金融がめざす効率性とは異なる機能を果たすことになっている。しかし，財政がどのような機能を担うのか，その範囲は国によって微妙に異なってくる。特に中国の場合は，計画経済時代には，財政が経済資源の配分を支配するシステムを作り上げたこともあり，政府は再配分の機能ばかりでなく，企業活動や生産活動を行い経済効率性も追求する機能も担っているのが特徴的である。

（3）　中国の資源配分メカニズムの転換

では，1978年以降の市場経済への転換は，どのように進められたのだろうか。計画経済への転換のときと同様に，市場経済への転換の際にも，企業，金融，財政に関わる制度を同時にゆっくりと転換させる戦略をとった。表7-1では，請負期（およそ1980年から90年代半ば），独立期（1990年代半ばから2000年代前半），移行完了期（2000年代後半），そして金融自由化模索期（15年以降）の4つの時期に区分した（表7-1）。

請負期　1980年代の半ばには請負制（中国語では，承包制）というかたちをとり，一気に企業，金融機関を独立させるのではなく，企業と企業，中央政府と地方政府の資本関係，所有関係の問題はいじらずに，経営面での自主権を現場に与えた。

独立期　その後，1990年代に入り，政府，企業，金融機関の法人関係を独立する改革に入っていく。80年代におこなわれた形式的な分離に意味を持たせるため，企業は政府から独立し（会社制度が導入により，発起人，所有者が確定される），銀行は中央銀行から独立し（専業銀行と呼ばれる出口機関としての存在から，独立した法人として意思決定する国有商業銀行となる），地方政府は中央政府から独

第7章　世界最大の資本大国の金融システム

表7-1　同時進行した金融，企業，財政の制度転換

	年	金　融	企　業	財　政
第I期 計画経 済期	～1978	モノバンク（中国人民銀行 だけが存在）	全額補助金	
第II期 請負期	1984～	・中央銀行と専業銀行（融 　資先別に垣根がある銀 　行）の2段階制へ（1984）	・撥改貸（補助金から貸 　出への転換：1985） ・国有企業の経営自主権 　の拡大 ・請負制（1987-） ・郷鎮企業の参入	請負制（中央政府と地方 政府の間）
第III期 独立期	1992 南巡講 話～	・株式市場の設立(1991) ・専業銀行の国有商業銀行 　への転換(1994) ・短期金融市場での金融調 　節開始(1996)	・現代企業メカニズム 　（会社制度）の導入 　(1993) ・民営企業の参入の活発 　化	分税制(1994)
第IV期 移行 完了期	2005～	・国有商業銀行の株式会社 　化（2005） ・証券法改正（市場からの 　資金調達のルールを明 　示：2005） ・改正破産法（企業破綻の 　ルール化：2007） ・物権法（破産時の担保物 　権の確定が可能に： 　2007） ・銀行金利の自由化幅の拡 　大 ・人民元のドルへの再ペッ 　グ（2008）	・改正会社法（株主権利 　保護強化：2005） ・非流通株と流通株の統 　一（2005） ・独占禁止法の導入 　（2008）	地方交付制度の開始 （2005）
第V期 金融自 由化 模索期	2015～	・預金保険制度の導入 　（2015） ・貸出金利・預金金利の自 　由化（2015） ・人民元為替の管理バス 　ケット制度への復帰 　（2015） ・国際通貨基金の引出請求 　権バスケットへの人民元 　の編入（2016年）		予算法改正（2014）

出所：筆者作成。

第Ⅱ部　産業発展と政府・企業

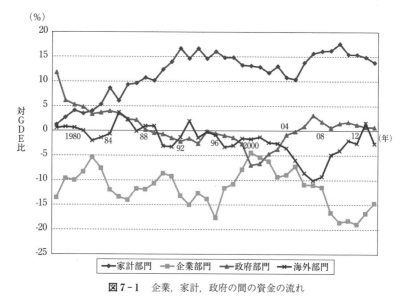

図7-1　企業，家計，政府の間の資金の流れ

注：資金流量表（実物交易表）の各部門の純金融投資を対GDE（国内総支出）比でとったもの。
出所：国家統計局編『中国統計年鑑』中国統計出版社，各年版，「国民経済計算章資金流量表（実物交易）」より。2000年以前は唐成氏推計。

立した財源を持つようになった（分税制）。ただ，この時期は企業の活動や意志決定，銀行の意志決定は，政府の政策に従うようにという制限も受けていた。

移行完了期　2000年代の半ばに入ると，金融機関と企業の関係に関するルールがほぼ出そろい，政府による裁量的な調整を必要とする領域が狭まり，ほぼ市場経済のルールが確立したといえる。こうした一連の改革は，金融機関，企業などがそれぞればらばらに実施していったのではなく，中央政府と地方政府，政府と国有企業，中央銀行と専業銀行（融資先が限定された銀行形態）の間でほぼ同時に導入され，経済全体の制度が転換していった。

金融自由化模索期　金融部門の体制移行が完了したあと，金融システムの自由化を模索する時期に入る。2015年には国内の金利自由化が完了し，16年には人民元は国際通貨基金の引き出し請求権（SDR）のバスケットに組み入れられたものの，資本の自由化，為替の変動相場制への移行など対外的な金融自由化は模索を続けている。

第7章　世界最大の資本大国の金融システム

表7-2　日本と中国の金融取引自由化のあゆみ

	日本		中国	
	年　次	経常取引自由化 年からの年数	年　次	経常取引自由化 年からの年数
自国通貨を対外決済通貨として容認する	1960	-4	2008	12
自国通貨を非居住者勘定を導入する。	1960	-4	2009	13
経常取引の為替交換自由化	1964	0	1996	0
対内証券投資の自由化	1967	3	2002	6
対外証券投資の自由化	1969	5	2006	10
非居住者の自国通貨建て債券発行の認可	1970	6	2005	9
通貨の暫定フロート制への移行	1971	7	2005	9
通貨の完全変動相場制への移行	1973	9	－	－
資本取引の自由化	1979	15	－	－
居住者のオフショア市場での自国通貨建て 債券発行	1984	20	2007	11
オフショア市場の創設	1986	22	2009	13

出所：張文芳「資本取引の自由化に向けての中国の取り組み」（三菱東京UFJ銀行『経済週報』2010年8月12日）に，
　　　筆者が加筆修正。

2　金融改革の到達点とマクロ政策手段の変化

　漸進的な改革は，制度間の不整合のため経済全体のバランスを失わせることがあるが，他方でそれがあらたに市場経済に向かった改革をより推し進める結果をもたらすこともある[2]。こうした試行錯誤を繰り返しながら，制度の転換は進んできた。

　表7-1に整理したように，その後2005年には企業の所有権の転換など市場経済化をめぐる制度転換はほぼ完成する。会社法，証券法などといった制度の転換，証券業，保険業といった業態の導入により，金融の機能のうち，インセンティブの問題を解決する方法，リスクを管理する方法，異時点間・異地点間で資源を移転する機能などの制度整備は大きく進んだ。金融改革のうち，ミクロの制度整備と市場の育成は，ほぼ試みられたことになる。17年現在も残る課題は，前述の金融の機能の5番目「経済の中で分権的な意思決定を助けるための価格などの情報の提供」を担う制度の進化，具体的には金融の自由化，マクロの金融調節の仕組みをどのようにするのか，についてまだ模索がつづいている。

　表7-2には，日本と中国の金融取引自由化のあゆみを描いている。これに

第Ⅱ部　産業発展と政府・企業

よると日本と中国は，ともに経常取引の自由化から，為替の変動相場制への移行および資本取引の自由化までに時間をかけて進めている。日本は，1964年に経常取引の自由化をしてから9年で完全変動相場制への移行，13年で資本取引の自由化を進めている。一方の中国は，2017年現在，21年が経過しているが，この2つの措置はまだ完了していない。これが金融改革の残された最後の課題である。さらに，オフショア市場の創設，自国通貨の決済通貨化などには10年近くの時間をかけている。特に金融の対外取引の自由化にはことのほか慎重であった。

　このように中国の対外金融自由化のあゆみは非常に漸進的である。国際金融のトリレンマの議論に基づくと，ある国はこの3つの「自由な資本移動」「固定相場制」「独立した金融政策」のうち，3つ全てを実現することはできず，2つだけを受容することができる。2005年に人民元の為替レートを管理通貨制度にしたがうように転換したあと，08年にはいちど事実上の米ドルペッグへ復帰をしている。さらに，15年には再び自由化をめざし始めたが，いまだ道半ばである。中国の国際マクロ金融政策の手段をみると，2017年現在，「独立した金融政策」と疑似的な「固定相場制」を選択し，「自由な資本移動」を放棄するというマクロ金融調節の組み合わせを維持している。

　表7-3は，IMFが世界各国で実際に採用されている為替制度にまとめた表の抜粋である。これによると，中国は2016年の管理通貨制度への復帰後も，米ドルへのソフトなペッグを行い，通貨政策のターゲット，アンカーとして貨幣残高を採用していると分類されている。同じ制度をとっているのは，ミャンマーやルワンダである。日本や韓国，台湾に限らず，インド，アフガニスタン，フィリピンといった多くのアジア諸国がすでに変動相場制への移行を完了しているのと対照的であり，この部分のあゆみがことのほか遅いことが見て取れる。

　図7-2は，対米ドルの為替レートと貨幣残高の関係を示したものである。2005年7月に，中国は「市場の需給を基礎に，バスケット通貨を参考に調節される，管理された変動相場制」に移行した。為替レートの水準は，経常収支というフローの動きと，自国と他国の間の貨幣残高の変化率に左右されると考えられている。図7-2をみると，05年から08年にかけて，経常収支が急激にのびる一方でマネーサプライ（M2）ののびは抑えられていた。結果として，人民元の対米ドル高の進行していた。しかし，08年7月から10年6月にかけての

表7-3　世界各国の金融政策フレームワーク：2016年時点

	為替レートのアンカー				貨幣残高ターゲット	インフレーションターゲット	その他
() 内は採用国数	米ドル (39)	ユーロ (25)	合成 (9)	その他 (9)	(24)	(38)	(48)
1. ハードペッグ制							
法定通貨 (14)	エクアドル	コソボ					
カレンシーボード (11)	香港, ジブチ	ボスニア・ヘルツェゴビナ, ブルガリア		ブルネイ			
2. ソフトペッグ制							
伝統的なペッグ (44)	バーレーン, サウジアラビア	デンマーク	クウェート　ブータン				
安定化を目指した運用 (18)	ギニア, レバノン, モルジブ	マケドニア	シンガポール, ベトナム		バングラデシュ	チェコ	コスタリカ, ラオス
クローリングペッグ (3)	ニカラグア ホンジュラス		ボツワナ				
クリーリング的な運用 (10)		クロアチア	イラン		エチオピア	ドミニカ	
その他 (19)	カンボジア		シリア		中国 (2016年12月14日より), ミャンマー, ルワンダ		マレーシア, パキスタン, 南スーダン
3. 変動相場制							
変動相場 (40)					アフガニスタン	ブラジル, インド, 韓国, フィリピン, ニュージーランド, タイ, 南アフリカ, トルコ	アルゼンチン, モンゴル
完全自由変動相場制 (31)						オーストラリア, カナダ, 日本, イギリス, メキシコ, ノルウェイ	アメリカ, ソマリア, EMU

出所：International Monetary Fund, *Annual Report on Exchange Arrangements and Exchange Restrictions 2016*, Table 2をもとに作成。

2年弱，14年10月から15年8月にかけての1年弱，事実上の米ドルへのペッグ政策に戻っていた（露口洋介『中国の金融改革と人民元の国際化』財務省中国研究会報告，2016年3月24日）。この時期，マネーサプライの伸びは，経常収支の大きさと連動するように動いている。15年8月には，「国際主要通貨のバスケットを参考にした管理された変動相場制」に移行している。

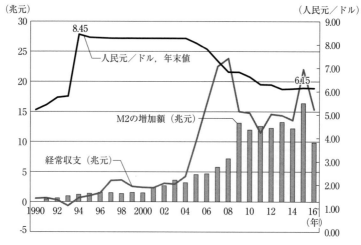

図7-2 対米ドル為替レートとマネーサプライ（M2）

出所：International Monetary Fund, *International Financial Statistics*, 2017 May.

　マクロの金融調節に関わる規制は，資本取引規制の撤廃に向けて，段階的に規制の緩和が進められている。2008年8月には，外貨管理条例が1996年以来初めて改正され，それまで政府への売却が強制されていた外貨収入の処分を各主体の判断に任せることとなった。これにより，外貨準備は中国国内にある外貨全体ではなくその一部となった。また，東南アジアと香港，そして日本を皮切りに，銀行システムを通じた決済に人民元を利用することが認められるようになった。人民元による決済の自由化（ハードカレンシー化）は実現の一歩手前まで来ている。こうした改革への努力と世界第2位の経済規模が考慮され，16年10月には，国際通貨基金の引き出し請求権のバスケットに人民元が繰り入れられ，世界の取引を担う主要通貨の1つとなった。

3　企業の資本構成とインセンティブと企業改革

　ミクロ面での金融改革は，主に企業や銀行のインセンティブを左右する制度設計の転換であった。ここでは，企業の資本構成（資金を資本で調達するのか，負債で調達するのか）に注目する。これは，金融の機能の6番目，情報の非対称

性に基づくインセンティブの調整に関わるものである。

　企業の資本構成とは，だれが企業の資産や利潤にどのくらいの持ち分をもっているか，を示すものである。企業は，「資本（equity）」もしくは「負債（debt）」というかたちで，資金を調達する。世の中に無数に存在する企業それぞれのバランスシートのうち，負債・資本項目と呼ばれる部分に記録されている。「資本」は，持ち分に応じて利益と損失を分配する利益分配権と企業の意志決定にかかわる意志決定権を持った「証券」である。出資者の最終的な取り分は企業の収益に応じて取り分が変化する。一方，「負債」は，企業の収益にかかわらず，貸出額全額を返済してもらう権利があるが，企業の意志決定に関わる権利は認められていない「証券」である。企業は「資本」だけで資金調達したとき，出資者は意志決定権を得られる一方で，経営者や支配株主は彼らとの意見調整が必要になる。企業が負債による資金調達をした場合，債権者は意志決定に関わらないため自由度がある一方で，返済に失敗すれば企業自身が倒産してしまう。このように企業が資本と負債を組み合わせて資金調達をすることで，支配株主や経営者がまじめにかつ安全に経営を行うインセンティブが与えられているのである。[3]

　しかし，計画経済期の中国ではこの「伝統的な知恵」に反するしくみが導入され，企業のパフォーマンスにマイナスの影響を与えた。①計画経済時代の国有企業，②1978年に改革が始まってから92年に会社法が施行されるまでの時期，③1992年の「会社法」の導入以降，④2006年の新会社法導入以降に分けて，その実態を具体的にみてみよう。

　計画経済時代の国有企業は，企業というよりも工場であったので，資本金という概念がまったくなかった。計画に従って生産活動を行えばよく，独立採算制ではなかった。自分の資金源を企業自身が管理することができなかったのである。企業が手にすることのできる資金は，売り上げから費用を引いて残った利潤（内部資金），銀行などから調達してきた資金（銀行融資，株式発行などの外部資金）からなる。このうち，当時の企業は，自分の売り上げの代金回収すらしておらず，国有銀行が代わりに回収・支払いをすることになっていた。また，そうして確保した利潤は国家に納入することになっていた。さらに，企業は固定資産の経済的価値の維持にあてるための資金留保，具体的には減価償却費も引き当てていたが，これも政府に上納していたのである。このように，国有企

第Ⅱ部　産業発展と政府・企業

業は通常の市場経済の企業であれば自己資金，内部資金として自由に処分できるものを，全額政府に上納してしまっていた。一方，外部資金については，証券市場そのものが禁止されており，銀行からの借り入れについて，政府が投資計画を認可して初めて，銀行融資を受ける権利を得ることができた。内部資金，外部資金ともに，どうお金を使うかは，政府に決定権があったのである。

　これでは，生産を効率化し，イノベーションを起こすインセンティブが企業にはまったくなかった。そこで改革開放期に入り，まず試みられたのが，企業に資金コストを意識させる「補助金から貸付への転換（撥改貸）」であった。1979年にモデル企業が選定され，85年から全国に展開された。借入資金の元本と利子を減らすためには，企業はどのようなかたちでも利益をあげればよいという独立採算制となったのである。独立採算制は「請負制（承包制）」というかたちが急速に広がった。具体的な形態としては，さまざまな形態が見られた。国有企業の「経営請負制」には，所轄官庁と企業との間で経営実績に関する契約を取り交わし，経営の結果に責任を負うものもあった。例えば，北京の首都鉄鋼の周冠五が1982年から推進した請負がモデルケースとなった。また，事業のアイディアをもっている個人が，国有企業の名義で新しい事業をたち上げ，親元の国有企業には一定の利益の還元を約束するかたちもあった。国有企業側は，銀行口座，営業許可，さらには銀行からの融資を受ける権利を貸す，というような状況も起きていた。のちに不動産会社の万科を設立した王石は，83年に広東省対外経済貿易委員会の身分を維持して，深圳市特区経済発展公司と協力して，トウモロコシ・飼料の売買を請負の形で行っていた。深圳市側は営業許可と銀行口座を提供するだけで資金を全く提供せず，請負側が負担し，利益は半々で分配する契約となっていた（王石自伝『道路与夢想』）。このほかにも，企業が個人業者に販売を委託し販売計画台数とそれに対応する利潤譲渡を契約で定め，そのためのコストは請負業者のほうが自己負担する，といった契約もあった（エアコン大手の格力の社長董明珠の自伝『市場烈烈（中国語タイトル：棋行天下）』）。これらは，中国の伝統的な「包」と呼ばれる取引の仕組みと通じる性質を持っていた。

　しかし，この請負制にも問題があった。利益が上がっているときはよいが，事業が失敗したときの責任がどこにあるのかがはっきりしなかったのである。事業に失敗し，請負業者が借金を返済できなくなった場合，請負業者も企業も

第7章　世界最大の資本大国の金融システム

責任を回避し，誰も負債の返済をしようとしなくなった。請負業者が外注した企業との間で「銀行融資を受ける権利」を借りていたとしても，そうした貸借関係を定める物権法はない。仮に外注した企業の責任としても，この時点での企業は法人ではないので，その責任が負えない。それでは，企業に指令をしている政府に債務返済の責任があるのだろうか。必ずしもそうとはいえない。このように経済の主体が独立して取引したときのルールがないまま，経済活動が始まったため大きな混乱が起きたのである。こうした混乱を回避するためには，国有企業を法律が認める独立した主体である法人として認める必要が生まれた。そして，法人を設定するためには，誰がその法人の出資者で企業の行動の結果の責任を負うのかを定める必要が生まれた。こうして1993年に会社法が制定され，この新しい会社法のもとで国有企業の法人への転換が進められたのである。

　1993年の会社法の制定により，企業の所有権が確定し，株主の権利と責任の範囲が明確になった。そして，政府と企業の関係は，所有権の確定した株主としての権利として再定義された。ただし，この93年の会社法では，企業の所有権，株主の権利以外の投資などの意志決定を巡るルールについては政府の介入が残っていた。企業の意志決定は，最もフォーマルには株主大会が決定し，その計画の策定を経営陣が担うことになる。しかし，一定規模以上の投資，債権，株式の発行などについては，所有制にかかわらず政府の認可を求めるようにも定めていたのである。2006年の会社法の改正により，国有独資企業への政府の関与が明記された代わりに，その他の法人形態一般の意志決定には政府による認可要件が消えた。これにより，法律的には政府と企業の関係の独立が成立した。こうして，意志決定権と比率に応じた収益権をもつ「資本」と，経営にかんする意志決定権はもたないが事前に固定された収益権をもち，破綻した場合には企業の破綻処理を主導する権利をもつ「負債」という機能が，中国においても働き始めたのである。

4　金融から見た中国の資本主義の特徴

（1）　ほぼ出来上がった市場取引の基礎

　2006年の改正会社法の制定に続き，企業の取引，資金調達，意志決定に関わる重要法令が次々に改正，制定された。会社法の改正に続き，証券法の改正も

第Ⅱ部　産業発展と政府・企業

表7-4　2000年代後半の経済関連法令の整備

	経済取引の基礎	資本市場	競争法
2005		非流通株と流通株の統一	
2006	改正会社法施行：企業設立の際国の関与を求める条項を削除。	証券法改正：規制緩和方式へ。金融革新，混合経営も可能に。	
	改正破産法施行：倒産ルールが始めて明示。	上場企業M&A管理弁法：市場を通じたM&Aが可能に。	
		外国投資家による国内企業の合併・買収に関する規定を公布。	
2007	物権法施行：担保，質権，所有権などモノに対する権利のルールが明確化。		
2008			独占禁止法施行
その他	貸出人法（出資法，金銭貸借法に相当）起草中。		

出所：筆者作成。

され，株式・債券による資金調達ルールが明記された。07年には，物権法が制定され，破産法が改正された。物権法の制定により，動産や不動産などモノの関する権利の確定ルールと保護が明確になった。特に企業の破綻の場合に担保の権利が誰に帰属するのかが明記され，銀行融資，買収といった取引のルールが定められたことになる。これによって，経営者，銀行，株主といった利害関係者のインセンティブの方向性を整え，企業価値の維持を支える制度が整ったことになる。このように法制度整備の意味では，2000年代の後半には，市場経済への移行はほぼ完了したといえる。

（2）　国退民進と国進民退の間でのゆらぎ

　市場取引の仕組みができあがった中国では，国有企業も政府の一部門から，政府と発起人もしくは出資者とすることが明記された独立した法人となった。法人という意味では，自然人や外国人が出資者となる企業と同じ立場となったのである。しかし，社会主義市場経済の中国においては，政府・国有部門は独特のプレゼンスを持っている。

　中国政府の公表する統計上は，国有企業のプレゼンスは一貫して減少している。経済の要となる場では，国有企業のプレゼンスは依然として大きい。ところが，効率性の指標として利潤／資産比率を取ってみると，国有企業の総資産純利益比率（ROA）は2001年，16年ともに約3％にとどまっているのに対し，

第7章　世界最大の資本大国の金融システム

民営企業は約6％から11％へと上昇している。一方で，債務比率（総資産総債務比率）をみると，国有企業は01年の59％から16年に61％と拡大しているのに対し，民営企業は60％から50％にまで圧縮している。収益率が下がる一方で債務比率が上昇している中，日本銀行スタッフの推計ではこうした過剰債務企業の生産性はサンプル平均の78％にとどまっているという（日本銀行国際局，2017）。

　このように国有企業の収益性が私営企業を上回ったことはないにもかかわらず，2000年代後半からは，市場的な手法を通じて，国有企業の傘下の企業が拡大する傾向が見られた。具体的には，主要なM&Aの案件では，民営企業が最終的に国有集団に買収されるケースが目立つようになっている。鉄鋼産業では国有企業による民営企業の買収が進んでいる。09年に，赤字の国有鉄鋼メーカーである山東鉄鋼が，民営の収益の高い日照鉄鋼，そのほか莱蕪鉄鋼などの鉄鋼メーカーを買収，山東鉄鋼集団が成立した。河北省の国有の唐山鋼鉄が，より収益性のたかい民営，国有の主要鉄鋼メーカー2社を吸収合併し，河北鉄鋼集団が成立した。どちらも収益性の低い国有企業が，収益力のある民営，国営企業を合併する事案で一般投資家から不満が表明される案件であった。こうした取引が成立する背景には，銀行がM&A融資を開始したが，そのターゲットを鉄鋼業に限るというという指導があった。こうした政策的な金融支援を通じて，中央政府は鉄鋼産業を国有企業と中心とするいくつかのグループへの再編を進めようとしている。

　製薬産業においては，各都市に1つあるといわれた製薬企業を，中国薬品集団，上海薬品集団，華潤などの製薬グループの傘下に買収を進めている。また，食品加工業では，中国糧食集団という中央直属の国有企業が，傘下に多くの民営企業を収めている。2008年にコカコーラへの買収を発表した果汁・ソフトドリンクの民営メーカーである匯源は，独占禁止法の最初の独占認定審査を受け，結果として，コカコーラへの売却が不可となった。その後，中国糧食集団が買収に名乗りを上げている。その後，08年に起きた粉ミルクへのメラミン混入事件をうけて大打撃を受けた乳業メーカーのうち最大手の1つ蒙牛を傘下に収めた。また，メラミン事件を起こした三鹿集団は，北京市所属の国有企業である光明集団に売却されている。中国の平均的な数値でみると，国有企業は収益性で私営企業に劣るにもかかわらず，政府の傘下あるという立場と規模の大きさ

第Ⅱ部　産業発展と政府・企業

ゆえに，規模の小さい民営企業の買収主体になる動きが目立っている。

　すでに述べたように，中国の金融のしくみは，ほぼ市場経済と同じルールでの運用が始まっている。しかし，この市場経済のルールを使い，政策による優遇的な支援を受けながら，国有企業が市場経済の中で大きな力をふるうようになっているのである。

　この問題は，2012年に習近平政権が成立後も存在している。資源・鉄鋼・エネルギーなどの分野で国有企業が活動が業界全体を左右する存在として行動しており，17年の段階でも，中国社会はこうした産業を起点とする環境汚染や生産能力過剰の問題に悩まされている。

（3）　「中国式」資本主義の出現？

　制度の転換を終え，姿を現した「中国式」資本主義は，政府の支配下にある国有企業とそうした背景をもたない私有企業が混在して相互に競争するというかたちを取っている。多くの国では国有企業は限られた業態にしか見られないのに対し，中国の場合は，多くの業界で規模の上で主導的なポジションにあるという，世界でも稀にみるかたちをとっている。[4]そして，この構図は金融面からも強化されている。企業が資金を調達する，資本つまり証券市場と負債つまり銀行融資のそれぞれのチャネルをみてもこの状況はあきらかである。

　例えば，中国の上海，深圳の両株式取引所に上場する企業の所有制の動きをみると，2016年現在，国有上場企業は1000社前後でとどまっているが，民営企業が最終支配権をもつ企業および支配株主がないタイプの企業は1800社を超えるようになっている（図7-3）。しかし，銀行セクターにおいては，国有商業銀行と郵便局が預金，貸付のトップ，市場での支配力が強い。大規模な企業の資金調達の場では，国有商業銀行が圧倒的な力をもっている。

（4）　体制外金融の発生と金融イノベーション

　2010年代に入ると，なかなか改革，民営部門への開放が進まない体制内金融の機能を補うかのように，2つの「体制外金融」が拡大成長し始める。1つは，影の銀行（シャドウバンク）が扱う理財商品である。これは，フォーマル金融での規制をかいくぐったグレーな商品であった。もう1つは，インターネット取引の拡大の中から生まれてきた決済サービスである。

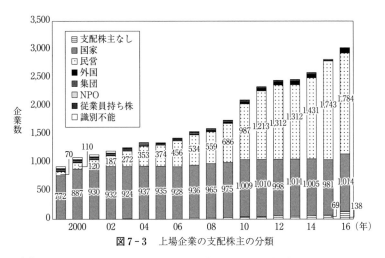

図7-3　上場企業の支配株主の分類

出所：Sinofin Data Base, China Economic Research Center, Peking University.

　理財商品とは，金利規制を受ける銀行などのフォーマルな金融機関の提供する投資商品を上回る収益を提示した商品であった。これは地方政府が投資を行うための資金調達を行うために設立された融資プラットフォームという仕組みを通じて理財商品が取引されるようになっていた。2008年のリーマンショックへの対応として発動された4兆元の景気刺激策を機に，このシャドウバンクは大きく拡大した。そして，10年代の後半にはいると，こうした事業の焦げ付きから不良債権が拡大したといわれている。

　一方，インターネット決済通貨の進展は，いまや世界で群を抜いた発展を遂げている。この分野は，電子商取引の最大手アリババが，決済サービス・アリペイ（支付宝）を最初に提供した。アリババは，中小企業者間の取引をつなぐアリババドットコムの運営を開始し，その後消費者と企業をつなぐタオバオの運営を始めた。事業の拡大するにつれて，顧客に利便性を向上させるためには決済の問題を解決が生まれていた。当時，クレジットカードはまったく普及しておらず，銀行の振り込みには数日かかる状況であった。こうした環境のもとで，アリババは自社のサイトにアカウントを作成し，銀行からのこのアカウントに振り込んだ金額を上限としてネット上の購買ができるようにした。こうして2004年にアリペイが始動した。この仕組みは，やがてスマートフォンの普及とともにモバイルペイメント方式として，爆発的に広がっていく。中国の消費

第Ⅱ部　産業発展と政府・企業

者は，こうしたインターネット取引で，買うだけでなく売ることも行うため，インターネット取引の参加者とカバー範囲が増えると，アカウントの残高は拡大していった。アリババは，アリペイの利便性を高めるために利用者の数を増やす必要があることから，アリババと関係のない業者にも，積極的にライセンスを与えるオープン化戦略をとった。さらに，14年にはテンセントの提供するウィーチャットペイも参入し，中国全体の決済に，インターネット決済通貨を占める割合が支配的になったのである。

　さらにインターネット金融の世界では，他国ではみられないような，新しいビジネスも生まれている。インターネット上での取引記録などの情報をもとに，資金をほしい人と資金を運用したい人の間を仲介するP2Pと呼ばれるサービスも拡大し，実際に資金の融通が行われるようになった。クラウドファンディングと呼ばれる方式に近いものである。これは，日本をはじめとする先進国では，貸し手の保護のための規制が厳しく，展開できるサービスに限界がある。中国においても，詐欺事件などが起きて規制が入り始めたが，すでに急速に広がっている。

　インターネットの世界を舞台とする金融のこうした動きは，金融規制を実質的に無力化し，金融改革が進める力となった。2015年には預金金利の上限も解除され，預金保険制度が導入された。こうして，ようやく中国の金融抑圧体制が解除されたのである。

　さらに中国は，ビットコインの発掘と取引について最大の市場となった。それだけでなく，中国人民銀行は仮想通貨の研究にいち早く手をつけ，2017年1月には，ブロックチェーンの技術をベースとした仮想通貨，手形の交換システムの試験運用に成功している。ブロックチェーンは，本来分散台帳をもとに決済を行い，中央銀行のシステムを不要にするものであるが，現在のところ確認に時間がかかりすぎるのが難点である。その欠点を中央銀行が補うのがクローズドブロックチェーンと呼ばれるもので，この技術への取組では中国人民銀行が最先端となっている（財新網，2017年1月25日）。

　中国は現在，世界第2位の経済主体であると同時に，世界最大の資本大国となっている。国際通貨基金などを中心とした国際金融システムの主要メンバーとしての地位を高めてきている。現在，アメリカの巨大な経常赤字を補っているのは，中国と日本でありこの2カ国がアメリカ国債の最大保有国である。そ

第7章　世界最大の資本大国の金融システム

れと同時に，2016年にはアジアインフラ投資銀行（AIIB）を設立し，新しい国際金融機関の構築を試みている。同時期に提唱した，一帯一路構想と並行して，あたらしい国際経済の主役となっている（第14章では，この一帯一路構想の全体を紹介している）。中国は，計画から市場への転換を急速に進め，市場経済国としての，自由化された金融システムを成熟させる間もなく，国際金融秩序をリードする立場になりつつある。インターネットなどを利用したあたらしい金融イノベーションを主導すると同時に，まだ完全に自由化が完了していないという遅れも抱えている。

■　■　■

●注──────────
（1）　インセンティブと制度設計の関係は，契約理論（contract theory）という手法による分析が進み，法と経済学と呼ばれる分野を形成している。
（2）　第1版第7章第2節で，市場の需給のバランスが制度の改革を促した例を記述した。
（3）　こうした負債と資本の組み合わせが持つ意味は証券設計の議論（Security Design）と呼ばれ，理論経済学のうち契約理論とよばれる分野が1990年代から2000年代にかけて明らかにしてきた見方である。
（4）　市場経済国の中でも，フランスは相対的に国有企業のプレゼンスの多い経済である。しかし，自動車メーカーのルノー，電機メーカーのトムソン，金融機関のソシエテネラル，ガス，テレコムなど，大手メーカーのほかは，銀行，公益企業に限られている。中国では，国有企業の独占，国有企業と民営企業の混在，民営企業のみの市場のうち，第2のタイプの業界の範囲が広い。

●参考文献──────────
クレイン，デュワイト・Bほか（2000）『金融の本質』（野村総合研究所訳）野村総合研究所。
今井健一・渡邉真理子（2006）『シリーズ現代中国経済4　企業の成長と金融制度』名古屋大学出版会。
飯田智之・中澤崇・米山俊一・西岡慎一（2017）「中国企業の過剰債務とその生産性への影響」日本銀行国際局，Bank of Japan Review, 2017-J-6。
野村資本市場研究所（2007）『中国証券市場大全』日本経済新聞出版社。

第Ⅱ部　産業発展と政府・企業

小川英治編（2013）『中国資本市場の現状と課題〈日中資本市場協力研究会リポート〉』財経新報社。

季刊『中国資本研究』（2007-15）　第1巻から第8巻。

International Monetary Fund (2016), Modernizing China, IMF.

Douglous Elliot and Kai Yan (2013), The Chinese Financial System

An Introduction and Overview, Brookings Institution.

ウェブサイト

国際通貨基金（IMF）の中国ページ　https://www.imf.org/external/country/chn/
　IMFは，各国別の情報をまとめるページを作っている。ここでデータから論文，報告書まで，まとまった中国情報が手に入る。

国際金融情報センター　http://www.jcif.or.jp/
　新興国の政治経済情報，金融セクターの情報に強いシンクタンク。

中国人民銀行　http://www.pbc.gov.cn/english/130437/index.html
　中国の中央銀行。ここで発表される貨幣政策報告は中国の金融情報を概観する第一次資料。

日本銀行，財務省総合研究所も継続的に中国経済の分析を行っており，ワーキングペーパー，ディスカッションペーパー，講演資料などのかたちで，資料を公開している。

（渡邉真理子）

第Ⅲ部

経済発展を制約する要因

第8章
貧困，失業および所得格差

　中国は，改革開放以来著しい経済成長を遂げ，予測よりも早い2010年に，GDPの総額が日本を抜いて世界２位となり，世界に影響力の強い経済大国となっている。しかし，経済成長の「光」に対して，急増している貧困，失業，所得格差，環境問題，幹部の腐敗などが高度成長の「影」として深刻な経済・社会問題となっている。本章では，政府の公表資料に加え中国家計調査CHIP（China Household Income Project）のデータを利用して，中国における貧困率問題，失業問題および所得不平等問題の実態を解明する。また，政策の視点からこれらの問題の主な発生要因および対策を検討する。

　本章は５節から構成される。第１節では最新のデータを使い，貧困問題を解説する。第２節では都市失業を中心に深刻化した失業問題およびその特徴をとりあげて分析する。第３節では農村─都市格差，地域格差，および全国住民の所得格差を推計し，その深刻さおよび要因を解明する。第４節では所得分布のクズネッツ曲線を描き，中国のこれまでの所得分配の経緯を分析し，今後のトレンドを予測する。最後に，失業，貧困，格差の経済・社会的意味を論じた上でこれらの問題の対策を検討する。

キーワード：貧困線，若年層失業，出稼ぎ労働者，所得格差，ジニ係数，クズネッツ曲線

1　貧困問題

　改革開放が始まった1978年時点で中国の１人当たりGDPはわずか340ドルであった。鄧小平が80年に企画した国民所得倍増計画により平均所得は３倍以上増加したが，2000年に時点でも1460ドルであり，まだ低所得の途上国であった。その後，高度成長は続き，15年には１人当たりGDPが7900ドルとなり，低所得国から上位中所得国までランクアップし，190カ国の中での順位は76位まで

第Ⅲ部　経済発展を制約する要因

に躍進した（World Bank, 2016）。しかし，中国は13億8000万人を抱える人口大国であり，所得の格差も大きいので，平均所得が引き上がっても低所得の貧困人口がまだ多く存在している。

（1）　農村部の貧困問題

　世界一の人口大国および発展途上国として，中国には，以前から貧困問題が存在していた。1978年時点で中国農村部の絶対貧困人口は2億5000万人であり，農村人口に占める比率（貧困率）は30.7％であった。（表8-1参照）。

　1978年の改革開放以来，中国は市場経済化を推し進め高度成長を遂げた。この時期にスローガンとなった鄧小平の「先富論」は，まず豊かになれる人や地域から豊かになり，徐々に全国的に豊かにしていくというものだが，その結果，貧富の差が拡大し，貧困問題も顕著になった。貧困問題を解決するため，政府は「共同富裕」の理念を強調し，80年代から，「反貧困プロジェクト」を打ち出し，世界銀行および国際社会の支援や政府開発援助等を受けて貧困撲滅政策を実施している。その中で，貧困県，貧困村の指定と重点支援，貧困家庭への補助，貧困家庭子供の教育費の免除，貧困地域住民の職業訓練等さまざまな特別政策が行われていた。その結果，2007年には，農村貧困人口は1479万人，農村全人口の1.6％までに減少してきた。世界銀行の報告書によると，1990～2002年の間に中国は，1日1米ドルの生活基準で計算した貧困人口が1億9500万人にまで減少し，全世界貧困人口減少数の90％を占めていた。これらの成果によって世界銀行などの国際機関は中国の貧困対策を高く評価し，「中国経験」，「中国モデル」とも呼んでいる。近年，政府は「農業，農村，農民」[1]といった問題を中心に，さらなる貧困対策を打ち出している。09年から中国政府は貧困対策を救済から扶助へ転換し，2010～20年の「貧困扶助」の新たなプロジェクトを立ち上げている。さらに，13年に習近平国家主席は「精准扶貧」（扶助対象，貧困原因を特定し，ケースバイケースの扶助を策定・実施）という新しい理念を提起し，中国政府は15年から20年までで5000万人の貧困人口を脱貧困する計画を打ち出している。

　しかし，中国は世界一の人口大国であるので，貧困率を減らしても貧困人口の数は規模として依然大きい。また，貧困線の設定は中国の独自の基準でされているので，国際基準と比べると貧困人口の過小評価の恐れがあると指摘され

第8章　貧困，失業および所得格差

表8-1　中国貧困人口数と貧困率の推移

年次	1978年基準		2008年基準		2010年基準	
	貧困人口 （万人）	貧困発生率 （％）	貧困人口 （万人）	貧困発生率 （％）	貧困人口 （万人）	貧困発生率 （％）
1978	25,000	30.7			77,039	97.5
1980	22,000	26.8			76,542	96.2
1985	12,500	14.8			66,101	78.3
1990	8,500	9.4			65,849	73.5
1995	6,540	7.1			55,463	60.5
2000	3,209	3.5	9,422	10.2	46,224	49.8
2001	2,927	3.2	9,029	9.8		
2002	2,820	3.0	8,645	9.2		
2003	2,900	3.1	8,517	9.1		
2004	2,610	2.8	7,587	8.1		
2005	2,365	2.5	6,432	6.8	28,662	30.2
2006	2,148	2.3	5,698	6.0		
2007	1,479	1.6	4,320	4.6		
2008			4,007	4.2		
2009			3,597	3.8		
2010			2,688	2.8	16,567	17.2
2011					12,238	12.7
2012					9,899	10.2
2013					8,249	8.5
2014					7,017	7.2
2015					5,575	5.7

注：（1）貧困基準について，1978年基準は1978～99年までの農村貧困基準という。2000～2007年は農村絶対貧困基
　　準に変わった。
　　（2）2008年基準について，2000～2007年は農村定収入基準，2008～2010年は農村貧困基準と規定している。
　　（3）2010年基準について，現行の農村貧困基準で，1人当たりの年所得は2300元（2010年価格）である。
出所：国家統計局編（2016）『中国統計年鑑2016』中国統計出版社，同（2012）『中国農村2011貧困監測報告』中国
　　統計出版社，より著者作成。

ている。例えば，中国政府のカロリーベースで計算した2000年の貧困線を米ド
ルに換算すれば1日1人当たりの生活費はわずか0.3ドルである。08年，中国
政府は以前から利用した貧困線を廃止し，実際の貧困状況を反映させる「最低
収入基準」を新しい貧困線の1196元に大幅に引き上げたが，それでも0.5ドル
と低い。それを基準にして修正した貧困率は08年の時点で4.2％となり，貧困
人口は4007万人となった。一方，世界銀行によると，1ドル未満の国際基準で
計算した中国の貧困人口は，1990年時点では3億6000万人，08年時点でも1億
5000万人に達している（『人民日報「海外版」』2010年6月14日）。その規模は日本
の総人口を超え，インドに次いで第2位の貧困人口大国である。さらに，相

第Ⅲ部　経済発展を制約する要因

対貧困の問題や都市住民との格差等の問題もあり，それを考えれば中国はまさに上位中所得の途上国であり，農村貧困の撲滅までの道はまだ長いと思われる。

　中国政府は2011年より貧困基準を変え，11年から20年までは，10年の価格を基準とした2300元に設定して毎年物価の変動により調整する。これに従って，これまでの貧困率と貧困人口を表8－1のように調整している。例えば，14年の時点で中国では，貧困率が7.2％であり，貧困人口は7000万人となっている。しかし，この推計にしても貧困線が1.6ドルと，世界銀行の絶対貧困線の1.25ドルと2015年に世界銀行が定めている新しい貧困線の1.9ドルの間の数字であり，貧困人口は依然過小評価されていると思われる。もし2ドルの基準で計算すれば，中国の貧困人口は11年の時点でも2.5億人になるという指摘もある（王＝徐＝郝，2015）。

　中国国家統計局は2016年2月29日「2015年国民経済・社会発展統計公報」を発表し，中国農村部の貧困人口は14年の7017万人から15年には5575万人まで減少，1442万人が貧困状態から脱却したと宣言している。15年に7.2％だった貧困発生率は5.7％に低下した。

（2）　都市部の貧困問題

　農村部の貧困が激減している一方，近年，都市部の貧困が急浮上して注目されている。

　中国では都市部の貧困線は収入基準，栄養基準，カロリー基準で測り，「都市最低生活保障線」として示されている。その基準は20品目の生活用品とサービスを貨幣換算した合計額である。これによると，都市部の最低生活保障人口，すなわち貧困人口は1996年の88万人から2000年の382万人，02年の1930万人に急増し，都市人口の4％に達した。しかし，最低生活保障の基準は都市や地域によって異なり，地方政府の財政状況にも差があるため，この数字は過小評価であるとの指摘がなされている。世界銀行は1人当たり1日1.25ドルの標準をとして推計した都市貧困人口を1985年に6％，98年4.6％，2004年に2.8％と推計している。また，都市貧困の人数は年々増えている。『2008年民政事業発展統計報告』によると，最低生活保障を受けた都市人口は01年で1170万人であったが，その以後急増し，08年は倍以上の2335万人に達している。

162

第8章　貧困，失業および所得格差

表8-2　都市貧困人口の推移

年次	城市居民最低生活保障人数（万人）	都市貧困人口（万人）	都市総人口（万人）	都市貧困率（％）
1996	84.9	169.8	37,304	0.46
2000	402.6	805.2	45,906	1.75
2005	2234.2	4468.4	56,212	7.95
2010	2310.5	4621.0	66,978	6.90
2011	2276.8	4553.6	69,079	6.59
2012	2143.5	4287.0	71,182	6.02
2013	2064.2	4128.4	73,111	5.65
2014	1877.0	3754.0	74,916	5.01
2015	1701.1	3402.2	77,116	4.41

注：都市貧困人口は政府の公表データがないため，筆者は『中国統計年鑑2016』より都市最低生活保障人口のデータを収集し，『都市藍皮書2016年』21頁に説明された都市最低生活保障人口を倍にする方法で計算して表の結果を得た。

出所：『中国統計年鑑2016』のデータを用い，潘家華・単菁菁（2016）『都市藍皮書2016年』社会文献出版社，による計算方法で筆者が推計したものである。

　しかし，都市部の貧困問題は新しい問題であり，政府の公表データがなく，現在でも農村の定期貧困観測のような制度がないため時系列データが得られない。そのため，著者は『中国統計年鑑2016』より都市最低生活保障人口のデータを収集し，都市貧困人口を都市最低生活保障人口の2倍として推計し[2]，表8-2の結果を得た。これによれば，2002年から13年まで都市貧困人口は4000万人台に昇り，貧困率は6～7％前後となっていたが，13年以降それらの数字が少し低下し，4.4％となっている。しかし，中国社会科学院が発表した『都市藍皮書2011年』には，11年の都市貧困人口は5000万人であり，貧困率は7～8％となっていると記載されている。また，10年の第4回人口センサスのデータによれば，10年にはすでに都市貧困人口6000万であり，その率は8％となっている。それらの資料によれば，表8-2の推計数字はまだ過小評価だと思われる。

　こういった都市部の貧困問題に対し政府は，「社会主義和階（調和）社会」の構築を新しいスローガンにし，都市部の格差の縮小，低所得層の減少，社会治安の改善等に解決の力を入れ始めている。具体的には，低所得者の最低賃金制度の実施，都市最低生活保障制度の設立，失業による貧困者への再就業支援などの政策が行われている。2007年より都市貧困家庭と出稼ぎ労働者の義務教育適齢期の児童の就学問題を貧困対策として実施している。また，08年より新

第Ⅲ部　経済発展を制約する要因

しい『労働契約法』が施行され，労働者の賃金・福祉・年金等権力を確保され
ている。09年以後，各都市はさらなる都市労働最低賃金を設定している。さら
に，習近平政権は貧困問題を重点問題として重視し，都市最低生活保障，退職
者補助金の増加等の措置もとっている。

2　失業問題

　毛沢東時代の中国は，労働者は「国家の主人公」とされ，「誰にも仕事があ
り，誰でも飯を食える」という社会主義の理念に基づき，日本の終身雇用に相
当する「鉄飯碗」（鉄製の茶碗は落としても割れないことから，一生涯雇用が保障さ
れた安定した職場を意味する）制度のような完全雇用が施行された。1957年政府
は，資本主義社会のような失業問題を根絶したと宣言し，78年までは失業統計
さえもなかった。しかし，だからといって中国に失業が存在しなかったとはい
えない。実際には，国有企業や都市部の集団企業にはたくさんの「偽装失業」，
「隠蔽された失業」および「過小就業」が存在していた。失業が「大鍋飯」（誰
も飯を食える平等主義）の下に隠されてしまっていたのである。78年からの経済
改革，特に1992年から市場経済への転換が本格化して以降，国有企業改革が加
速し，企業の経営効率が改善されるとともに都市労働制度は「鉄の茶碗」から
「陶器の茶碗」，さらに「泥の茶碗」となり，隠された失業問題は顕在化し，一
時帰休労働者や失業者が大量発生し始めた。

（1）　都市失業の推計

　中国は世界で最も人口・労働力が多い国であり，失業が多いのは当然のこと
だと思われがちである。しかし，政府公表の登録失業統計によれば，都市改革
が始まった1984年には都市失業率は1.9％という低水準だったが，2009年にお
いて4.3％と史上最高水準を記録した。その後再び3％台に戻り，06年から15
年まで毎年ほとんど変化がなく，4％台にとどまっている（表8-3）。政府公
表の失業率と大衆が感じた失業率の差はあまりにも大きく，政府公表の失業統
計には疑問が多くて信憑性が低いとしばしば指摘されている。具体的には，①
正式に失業登録している者のみが集計されること，②一時帰休者（中国語で
「下崗」と呼ばれる）が失業者に含まれていないこと，③データの出所が曖昧で

164

第8章　貧困，失業および所得格差

表8-3　都市失業率の推移

年次	ベンチマーク	登録失業率	調整失業率	推計失業率	CHIP	政府機関調査
	(人口センサス)				失業率	失業率*
1980		4.9		4		
1981		3.8		4.1		
1982	4.2	3.2		4.2		
1985		1.8		2.6		
1990	4.2	2.5		4.2		
1995	7.7	2.9	4.3	7.7	9.6*	
1996		3.0	4.8	8.8		
1997		3.1	5.5	10		4.5
1998		3.1	4.5	10.8		6.3
1999		3.1	4.4	11.7	11.6*	5.9
2000	11.5	3.1	6.8	11.5		7.6
2006		4.1				6.1
2007		4.0				5.3
2008		4.2				6.3
2009		4.3				
2010	4.86	4.1				
2011		4.1				
2012		4.1				
2013		4.1				
2014		4.1				
2015		4.1				

注：調整失業率は政府の登録失業にレイオフ失業（再就職者を除いたもの）を加えたものである。＊はCASS家計
　　調査による推計。政府機関調査は中国労働・社会保障部の調査結果である。

出所：Xue and Wei (2003) "Unemployment, Poverty and Income Disparity in Urban China", *Asian Economic
　　Journal*, Vol.17, No.4；『中国統計年鑑2016』，2010年人口センサスより作成。

あり，各省・部門から報告されたものにすぎないこと，等である。特に失業問
題は地方政府の幹部の昇進に関係するので，失業の「隠蔽」および過小申告と
いう統計上の問題が少なくない（失業の定義について詳しくはKnight and Xue,
2006を参照）。正確な失業状況を把握するため，政府の公表データ，人口センサ
スの結果に加えて，本章はCHIP1995，1999を利用して都市失業率を推計して
みた。

　これによれば，1982年，1990年，1995年，2000年の人口センサスの都市失業
率はそれぞれ4.2％，4.2％，7.7％，11.5％である。これに基づいて推計した
1999年の都市失業率は11.7％であった。また，同年の家計調査に基づいて計算
した失業率は11.6％であった。いずれも政府の登録失業率の3.1％より3倍以

第Ⅲ部　経済発展を制約する要因

上高い。この結果から明らかなように，都市失業率は1990年代に入ってから年々上昇しており，失業問題がしだいに深刻になっていることがうかがわれる。

　一方，国家統計局や労働与社会保障部などの政府機関は1980年代から続けて都市失業調査を実施している。ただ，このような失業調査のデータは政府公表値と大きく異なり，社会に衝撃を与える敏感な政治問題となりかねないので公開されていない。しかし，学者の研究や政府高官の発言から失業調査の数字がとられ，都市失業の深刻さが読めるようになっている。例えば1997～2008年の間における調査失業率はいずれも政府の公表値より高い。2008年の時点では政府の登録失業率は4.2％であったが，調査失業率は6.3％となり，2.1パーセントポイントも高い。これによると，都市失業は徐々に上昇しているとみられる。（表8-3を参照）

　中国政府は都市失業問題は経済，政治，社会安定の根幹であると認識して1990年代から雇用対策をとり始めている。中でも93年から2003年まで実施した「再就業工程」（再就職プロジェクト）では，失業保険，失業救済，貧困補助，失業者の職業訓練，就職斡旋，就職先への優遇，就職しやすい第三次産業の推進，失業者の再就職など，多くの政策を行った。同プロジェクトを通じ03年まで毎年500万人以上の下崗労働者が新しい仕事を得た。しかし，失業問題の解消はそれほど容易なことではない。その根本原因は労働力の供給と需要のバランスにあり，経済成長により産業構造が転換したことによる労働需要構造の変化と考えられる。13年以来習近平政権は就業重視の新対策を打ち出し，国有企業失業者の再就職から若者の就業促進，農民工の安定的な就業環境づくりまでさまざまな対策を工夫している。そのため，毎年1000万人以上の新職業を生み出している（中国統計局『2016年国民経済与社会発展統計公報』）。しかし，失業率は4％台にとどまり，大きな変化はみせていない。

　中国の失業および失業構造の変化の問題で注目すべきところは若年層失業の急増である。中でも大学生の就職難と失業問題が目立つ。なぜ，高度成長を維持している中国においてこのような問題が生じているのだろうか。その要因として，経済景気や金融危機などの影響，生産の資本・技術集約化，大企業の効率化によるリストラや新規採用の減少，そして近年急増している農村からの若い出稼ぎ者との競争などが挙げられるだろう。

第8章　貧困，失業および所得格差

（2）　出稼ぎ労働者

　中国では労働移動制限の緩和および沿岸部などの地域の労働需要の増加により農村からの出稼ぎが急激に増えている。ある労働調査によると，出稼ぎ労働者の人数は2000年の7800万人であったが08年に1億3600万人に達している。さらに，近年，都市戸籍政策の緩和と撤廃により多くの農民工は都市に出かけ，または中小都市に移住しているので，15年の時点で出稼ぎ労働者の数は2億8000万人に達している（表8-4）。

　出稼ぎ者の年齢構造を見ると，40歳以下の割合は85％を占め，中でも16～30歳のシェアは62％と極めて高い。この年齢構造から得られる労働市場の重要な変化は「80後，90後民工」という新しい出稼ぎ者の労働意欲である。1980年代に生まれた「80後民工」は先輩の出稼ぎ者と異なり，ほとんどは一人っ子であり，年齢が若く，「三高一低」(教育レベル・権利意識・職業に対する期待が高く，仕事に対する忍耐感が低い）という特徴を持っており，単にお金のため出稼ぎに来るのではなく，キャリアアップ・都市に移住・人生を享受するため都会にやってきた。そのため，彼らは建築，サービス業など都市の人々が嫌う3K労働（きつい，きたない，きけん）の仕事と低賃金に満足できず，都市部の若い労働者を見本にしてよりよい仕事・給料を要求し始めている。一方，近年都市部の労働市場において戸籍・出身による雇用制限は緩和され，労働法も実施されているので農村からの若者の雇用は増加する傾向にある。このような変化により都市部の労働者，特に若年層労働者は出稼ぎ労働者との補完的関係から競合的関係へと変わりつつある。しかし，都市部の労働市場では戸籍より教育レベル・労働技能への要求が高いのでよい仕事に就職することは難しく，出稼ぎ労働者の失業が増えている。

　最近の中国では都市戸籍制度の段階的撤廃により農村からの都市定住者が増えている（第5章参照）が，家計統計と失業統計には出稼ぎ者の失業は含まれていない。もしそれを含めば都市部の失業率は一層高くなると思われる。

3　所得格差

　毛沢東時代の中国は，「すべての人を平等に」というスローガンを掲げて，1950年代初めから約30年間，社会主義計画経済体制を維持してきた。その下で

167

第Ⅲ部　経済発展を制約する要因

表8-4　出稼ぎ労働者の推移

年次	2008	2009	2010	2011	2012	2013	2014	2015
出稼ぎ者総量 （万人）	22,542	22,978	24,223	25,278	26,261	26,894	27,395	27,747
内，出稼ぎ者 （万人）	14,041	14,533	15,335	15,863	16,336	16,610	16,821	16,884
（1）世帯からの 出稼ぎ者（万人）	11,182	11,567	12,264	12,584	12,961	13,085	13,243	13,037
（2）全世帯出稼 ぎ者（万人）	2,859	2,966	3,071	3,279	3,375	3,525	3,578	3,847
地元の出稼ぎ者 （万人）	8,501	8,445	8,888	9,415	9,925	10,284	10,574	10,863
出稼ぎ者の月収 （元）	1,340	1,417	1,690	2,049	2,290	2,609	2,864	3,072

出所：国家統計局編（2016）中国農民工監測報告2016年　中国統計出版社。

都市労働者の賃金は一律に規定され，長く据え置かれた。農村でも，人民公社制度の下で働きにかかわらずほぼ平等に農業収入が分配されたため，所得格差は小さかった。そのおかげで悪平等はある程度あったが深刻な問題とはならなかった。しかしその反面，悪平等の下では勤労意欲はわかず，一国レベルでは生産の非効率が温存され，貧困状態から脱出できなかった。しかし，鄧小平時代の中国は，労働インセンテイブを高めるため「先富論」を提唱し，地域間，産業間，職種間などあらゆる分野で顕著な所得格差を設定し始めた。その後市場原理が導入され，労働者の賃金，農民の収入は市場変動に任せている。その結果，工業，農業の生産効率は改善し，高い経済成長が実現したが，地域間，階層間での所得格差は拡大を続け，深刻な経済・社会問題となっている。また，官僚の腐敗や政策の歪みなどの問題も顕在化し格差の拡大を助長している。

　では，なぜ社会主義の中国において所得格差が拡大しているのだろうか。本節では都市・農村格差，地域格差，都市部と農村部を含む住民の所得格差という3種類の格差に分けて分析してみる。

（1）　都市・農村格差

　中国の「繁栄する都市」と「疲弊する農村」の極分化を的確に表した言葉に，「都市はヨーロッパ，農村はアフリカ」という表現がある。これは，かつて中国に駐在したドイツの大使が中国の印象を率直に述べたものだが，中国の都市と農村の対比を見事に表現している。

第 8 章　貧困，失業および所得格差

　都市・農村格差は現在に限ったことではなく，1949年の新中国成立から発生し始めていた。しかし，改革開放以降この格差は持続的に拡大している。その要因にはさまざまなものがあるが，中国の場合は，主に工業重視・農業軽視，都市重視・農村軽視の政策により生じたものとは言い過ぎではないと思われる。

　政策要因の1つは政府の重工業主義の工業化戦略である。1950年代より中国はマルクス経済学の理論に基づき旧ソ連の重工業優先の発展戦略を実施し始めた。58年から「10年でイギリスを追い越す，15年でアメリカを追い越す」というスローガンを掲げて大躍進運動を行った。工業化・都市化が急激に進行する中で，工業生産への支援および都市住民生活を保障するため，政府は工業製品価格を高く，農産物価格を低く設定する差別価格を実施し始めた。これにより農民達の利益が大きく剝奪され，都市・農村の所得格差は拡大し始めた。

　政策要因のもう1つは都市・農村を隔離する戸籍制度の存在である。この政策によって1980年代まで農村から都市への大規模な労働移動は制限され，農民と都市住民の所得格差は固定化された。ただし，80年代後半から農村労働力の都市への移動を条件つきで緩和し，一部の都市も戸籍制度を見直し始めた。そのおかげで，農村部から大量の出稼ぎ者が都市部へ流動し始めた。

　戸籍制度の存在に加えて，農業・農村・農民軽視，工業・都市・都市住民を重視する政策によって中国は二重構造の経済・社会となり，それにより都市・農村間格差が発生している。政府の統計によれば，農村世帯の平均純収入（経営費用，税金などを除いた収入）と都市世帯の可処分所得（所得税，社会保障費用などを除いた所得）の差は1978年時点で2.6倍に達している。78年から農家経営請負制を中心とした農村改革が実施されたため格差は1.8倍に縮小したが，改革の重点が都市部に移った84年以降再び拡大し，94年には2.9倍に増大した。2011〜15年の第12次五カ年計画の間に，農民の収入は大きく増加し，14年時点で都市・農村格差は2.9倍に縮小したが，依然として大きな格差が存在している。（第3章図3-2を参照）しかし，都市部の住民には医療保険住宅手当，企業年金，失業手当，最低賃金保障，学校への財政支援・教育投資などの福祉・社会保障があるのに対して農村部の住民にはこのような待遇がなされていないことを考えると，都市―農村の格差は6倍以上となり，中国は世界の中で最も不平等な社会であるという指摘もある（李・岳，2004）。

　さらに，タイル指数で都市―農村格差，都市部の格差，農村部の格差を分解

169

第Ⅲ部　経済発展を制約する要因

し，格差全体への寄与度を計算してみると，それぞれの数値は43％，19％，38％となっている。したがって，都市―農村格差は格差全体の4割以上を占めており，格差の最大要因であると考えられる（李・岳，2004）。

　中国政府はこの問題を認識し，農家所得の引き上げを重要な政策課題と位置づけている。第11次五カ年計画の中では最重点課題は都市と農村の格差拡大に歯止めをかけるための農村対策だと強調している。また，「三農問題」の解消および農民達の負担を軽減するため，2006年1月1日より『農業税条例』を廃止した。政府は06年から，農村地区の道路整備に大きな投資を行い，農村部のインフラ整備を大きく改善した。さらに，07年から，西部農村住民の子供の義務教育の学費，雑費を全て免除するという新たな政策を打ち出した。13年以後，政府は習近平主席が提唱している「精准扶貧」のプロジェクトで20年までに5000万人の貧困解消という目標をあげて，農民たちに対してより詳細な対策を出し，確実に農村貧困問題の徹底的解決を行っている。

　しかし，工業化，都市化の進展は都市住民所得を農村住民の所得より速く増加させており，どれほどのいい政策を実施しても都市・農村の所得格差は高止まりしており（2016年では都市・農村格差は2.7倍にとどまっている），決して都市・農村間格差の解消は容易なことではない。

（2）　地域格差

　中国では，1949年から経済地域を東部，中部，西部と3つに分けられていた。改革開放まで計画経済の下で国は均衡的な発展戦略を実施したが，78年以降，中国政府は「先富論」に基づいた非均衡的発展（中国語で「梯度発展」と呼ばれる）戦略を選択し，国家資金，外国資本，技術，人材を東部に傾け，沿岸部に優遇政策を実施した。その結果として東部は優先的に発展し，先進地域になった。しかし，東部は中国の高度成長の牽引車の役割を果した一方，沿岸部と内陸部との経済格差が拡大している。表8-5によると，三大地域の住民平均所得（地域GDP÷地域の人口）の差は東部を100とすると，中部，西部の対東部の指数（割合）は80年でそれぞれ68，57であったが，85年で68，55，90年で64，53，95年で54，44と次第に低下し，2000年には44，35の大差に達していた。地域格差の問題を認識し，政府は沿岸部に実施している優遇政策を内陸の一部に延長し，92年から開放地域も内陸の多くの地域に拡大してきた。さらに99年か

ら西部大開発プロジェクトを打ち出して地域格差の是正を本格的に始めている。そのプロジェクトにより西部に融資，インフラ整備，教育の普及，技術移転，東部・中部からの支援などが行われている（第5章参照）。それによって2000〜05年には西部と東部，中部と東部の格差が少しずつ縮小している。しかし，東部との地理的条件，インフラ，資本，人材，技術の差があまりに大きすぎるので，08年に至っても西部・中部住民の所得は東部住民の41％，47％しかない。

　地域格差の主な要因は政府の政策の差，地理的条件，インフラの整備などが挙げられるが，外資の導入額，輸出志向の有無，郷鎮企業の発達度，国有企業の多少，特に住民の教育レベルの差などにも関連している。政府の公表データによると，2005年における中央政府の各地域への教育経費の配分率（各地域の教育費投入の教育経費に占める割合）は，東部の56％に対し西部への配分率はわずか18.6％である。中央政府の政策は東部に偏っていることは明らかである。また，最近の所得格差と教育格差の関係に関する研究によれば，中国の地域間の教育格差は地域所得格差の要因の1つと考えられる（薛，2010）。

　2009年以後政府は，国有企業が多く改革開放が出遅れた東北地域の経済を振興するため，経済区域を東部・中部・西部・東北部の4つ地域に改定し，経済統計も4つの地域に区分されている。さらに，政府は習近平国家主席が提唱した「一帯一路」の戦略の一環として，西部開発戦略，長江経済帯建設戦略，京津冀共同開発戦略などを取り込み，発展が遅れた西部などの地域の経済成長を促進している。こうした対策によって，近年地域格差は確実に縮小し，14年では東部と西部の格差は1.7倍（地域物価の差を除いた実質差は1.3倍）になっている。

（3）　住民の所得格差

　所得の不平等度を表すのによく使われる指標はジニ係数である。国家統計局都市社会経済調査司と農村社会経済調査司は1985年から毎年定期定点調査の方法で都市，農村住民のサンプリング調査を行っているが，そのデータは別々にしており，しかもオリジナルデータを公表していないため時系列の全国ジニ係数の数字は得られない。世界銀行のスタッフは国家統計局のデータを利用して全国のジニ係数を推計したが2002年までの数値しか得られなかった（Ravallion

第Ⅲ部　経済発展を制約する要因

表 8-5　地域格差の推移

年　次	1980	1985	1990	1995	2000	2005	2008
実質収入（元）							
全　国	447	825	1,607	4,804	8,167	15,468	25,555
東　部	569	1,058	2,103	6813	13,698	25,130	40,116
中　部	389	714	1,346	3,664	6,045	11,992	19,006
西　部	322	580	1,120	2,973	4,758	9,281	16,376
指数 （東部＝100）							
東　部	100	100	100	100	100	100	100
中　部	68	67	64	54	44	48	47
西　部	57	55	53	44	35	37	41

注：2008年は実質化した地域総生産（GRP）より計算したもの。

出所：国家統計局編『中国統計年鑑』各年版，中国統計出版社より作成。

and Chen, 2003）。また，2004年より国家発展改革委員会就業・所得分配司は，統計局の協力を得て1978年からの都市・農村別のジニ係数を公表し始めている。ただし，このような推計はいずれもデータそれ自体および推計方法の説明が十分でなく，特に，上述の政府系の推計があっても所得の定義や調査のやり方等が必ずしも国際基準と一致しているとは言えないので，十分に信頼できるデータとはいいがたい。また，高収入者の所得隠蔽や政府官僚の腐敗などの問題が存在するため，所得分布の不平等を正確に測ることはむずかしい。そのため，1980年代から多くの国際機関，国内外の経済学者は家計調査を実施して所得不平等の実態把握に努めてきた。中でも米，英，中，日，豪等の国々からの学者が結成した国際研究グループは，中国社会科学院の大型家計調査（CHIP）を利用してジニ係数を推計している。この数値は信憑性が高く，よく利用されている。

　表 8-6 は上述の推計を表にまとめたものである。中国全体のジニ係数は1978年から2002年まで大幅に上昇していることがわかる。また，07年にはジニ係数はCHIP調査の最高水準を更新し，その後徐々に低下し始めている。

　次に，CHIP調査によると，都市部のジニ係数は1988年時点で0.23であったが，それ以降上昇し，2002に年は0.32となっている（薛，2005）。また，政府系のデータによれば都市ジニ係数は08年で0.34となり，08年まで都市部の所得分布は悪化していることが明らかである。

　最後に，農村のジニ係数は1988年から1995年まで大幅に上昇しており，1995〜2002年の農産物価格上昇および三農対策の政策効果のためジニ係数は若

表8-6　ジニ係数の推移

	都市部		農村部		全国	
	ジニ係数	変化率（%）	ジニ係数	変化率（%）	ジニ係数	変化率（%）
1988	0.233		0.338		0.382	
1995	0.286	22.7	0.416	23.1	0.445	16.5
2002	0.319	11.5	0.366	-12.0	0.454	2.0
2007	0.34	6.6	0.37	0.1	0.478	5.3
2008	0.34	0.0	0.38	0.27	0.476	-0.4
2013	0.36	5.9	0.37	-0.27	0.472	-1.3
2014					0.469	-0.6
2015					0.462	-1.4

注：2013以来，国家統計局は都市部と農村部を一体にして，全国住民の統一家計調査を行い，2013年以後の都市農
　　村家計調査のデータを統合した。そのため，2013年以後のデータは，以前の都市・農村家計調査の対象，調査
　　方法，調査範囲および指標が異なる。
出所：CHIP（1988，1995），2002年はCHIPデータより推計，2007年以後は政府公表値である。

干（4%）改善したが，08年では再び悪化し，0.38の高い水準を更新した。

　都市部と農村部の格差を比較してみると，農村部は都市部よりジニ係数が大
きく，農村内部の所得分配はより不平等であることがわかった。これは農村部
には極端貧困の人が多いこと，農家の農村企業経営者の超高所得，村幹部の腐
敗などの要因が挙げられる。また，農業を従事している農家の農業収入の低下
と農村工業・経営などの非農業収入の増加という農家所得構造の変化にも原因
がある（張，2010，57頁）。

　2007年以降，ジニ係数は下降し始め，15年では0.462まで低下した。この傾
向によると，一部の学者は，中国の所得クズネッツ曲線が転換点を迎え，低下
への転換が始まっていると主張している（李実，2015）。しかし，この低下は一
時的か，なぜ低下したのか，まだ分析不足で，慎重な観察・検証の必要がある
と思われる。

　以上の分析で中国の所得格差は1980年代から拡大してから2007年より縮小に
向かっていることは明らかになっている。しかし，国際的な視点からみれば中
国の格差はどれほど大きいのか。表8-7は国連・世界銀行・CIAのデータを
利用した所得不平等の国際比較である。これらの数字は調査の年次，使用の
データ（例えばインドの場合は消費データを元にジニ係数を推計している），調査の
手法などの相違で絶対正しいとは言えないが，大体各国の所得格差が反映され
ている。これによると，中国のジニ係数は所得分配の悪例である南アフリカ，

第Ⅲ部　経済発展を制約する要因

表8-7　不平等の国際比較

国/地域	国連データ：上位/下位の比		世界銀行のジニ係数	
	10%	20%	ジニ係数	年次
香港	17.8	9.7		
シンガポール	17.7	9.7		
南アフリカ	33.1	17.9	0.634	2011
ブラジル	16.0	13.0	0.484	2014
メキシコ	21.6	12.8	0.482	2014
アメリカ	18.5	9.4	0.461	2013
フィリピン	15.5	9.3	0.430	2012
中国	21.6	12.2	0.422	2012
ロシア	12.7	7.6	0.416	2012
トルコ	6.6	4.6	0.402	2012
タイ	12.6	7.7	0.393	2012
スペイン	10.3	6.0	0.359	2012
インドネシア	7.8	5.2	0.356	2010
オーストラリア	12.5	7.0	0.349	2010
フランス	9.1	5.6	0.331	2012
イギリス	13.8	7.2	0.326	2012
アイランド	9.4	5.6	0.325	2012
日本	4.5	3.4	0.321	2008
バングラデシュ	7.5	4.9	0.320	2010
スイス	9.0	5.5	0.316	2012
韓国	7.8	4.7	0.313	2007
ドイツ	6.9	4.3	0.301	2011
デンマーク	8.1	4.3	0.291	2012
スウェーデン	6.2	4.0	0.273	2012
ノルウェー	6.1	3.9	0.259	2012

出所：United Unions, The World Bank.

　ブラジル，メキシコおよびフィリピンの次に位置しており，タイ，インドネシア，インド（0.37，2005年），バングラデシュなどの国より高く，その深刻さがわかる。これは中国が国際社会に注目される要因の1つである。

　中国の格差はこれまでどのように変化し，これからの傾向はどうなるのだろうか。ここでクズネッツ曲線を利用し，時系列のデータを基に検証してみる。

　経済成長と所得分配の関係を分析したクズネッツによれば，経済成長の初期段階では，経済成長の波に乗って資産と所得を賢く増やした人と，その波に乗り遅れた人との「両極分化」が起こり，経済の不平等度が拡大する。やがて経済が成熟し，平均所得が高くなるとともに累進所得税などの分配政策によって，成長の恩恵が低所得層にまで及ぶので，不平等度が縮小してくる。この経験則

は，国別データを使っても確かめることができる。一国の平均所得を横軸に，ジニ係数を縦軸にとると，逆U字の形が現れる。これをクズネッツ曲線と呼ぶ。クズネッツ仮説によれば，一国のジニ係数の変化は上昇期，ピーク期，下降期の3段階に分けられる。例えば，日本，欧州の先進国は高収入・低ジニ係数の平等社会を実現しており，第3段階にある。これに対して，多くの途上国は第2段階にある。

クズネッツ仮説は中国に適用できるのか。これは多くの学者の関心事である。クズネッツ曲線の長期分析に対して中国の発展歴史はまだ浅く，時系列データの制限もあるので完全な研究は時期尚早と一部の学者が主張しているが，今後のトレンドを把握するため，ここで世界銀行と中国政府の公表データを使って中国のクズネッツ曲線を試みたい。

図8-1をみると，1978年の改革開放から20年余りしか経過しておらず，データ上の制約もあるので逆U字のような曲線はまだ現れていないようである。しかし，そのトレンドをみてみると，以下の結果を得られる。第1に，1978年の改革開放以来，中国のクズネッツ曲線は上昇しているので所得格差が拡大していることは間違いない。第2に，中国は経済の高度成長期に入るとともにクズネッツ曲線は「悪化期」を通過し「ピーク期」に向かっている。特に，2007年以後，ジニ係数は低下し始めている。しかし，これは一時的か，データの問題かまだ不明であるので，クズネッツ曲線はすでにピーク期を超えているかどうか，まだ検証の必要があると思われる。

所得格差発生の要因は，年齢・性別の自然的要因，就業の産業・職種・職務の要因，職歴・教育レベルの個人条件などの「市場要因」と党員・政府役人および戸籍などの政治・政策的要因等が挙げられる。2005年深圳家計調査の結果によると，個人所得格差に影響を与えている主な要因は，年齢，教育，農村戸籍，男性が挙げられるが，そのうち戸籍要因は格差全体の30％を説明できる。また，教育の格差は都市・農村格差全体の38％を説明できる（薛・園田・荒山，2008：183頁）。

中国の所得格差は主に戸籍の差別などの政治・政策的要因と思われるが，教育レベル・年齢・性別などの市場的要因による格差も次第に広がっており，これからは主要な要因になると予想される。今後の中国における所得格差の研究は，特にこの新しい変化に留意しておく必要がある。

第Ⅲ部　経済発展を制約する要因

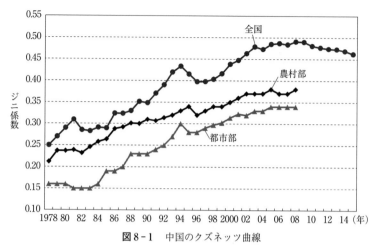

図8-1　中国のクズネッツ曲線

出所：家計調査値はCHIPより推計，政府公表値は国家発展和改革委員会就業和収入分配司編（2016）『中国居民収入分配年度報告（2016）』社会文献出版社より筆者作成。

4　分析のまとめと政策的含意

　本章は中国の農村貧困問題を取り上げ，農村貧困人口の激減の結果を評価しながら国際基準での貧困人口の絶滅の難しさを指摘するとともに独自の調査により都市貧困率を推計し，この新しい問題への関心を呼びかけた。また，人口センサスおよび調査データを利用して都市失業率を推計し，都市失業問題が深刻になっていることを明らかにした。さらに，政府の統計や家計調査のデータを利用し，都市・農村格差，地域格差，農村内部と都市内部の格差および全国レベルの格差を推計してその要因を検討している。これまでの分析から明らかになった点は以下の5点である。

　第1に，政府の基準では農村貧困が減少しているが，国際基準では貧困人口がまだ多く，貧困解消の道はまだ遠いと思われる。また，近年都市貧困が急増し，新しい問題として注目される。

　第2に，都市失業率は，改革開放以来上昇し，1999年には国有企業の改革により一時レイオフが急増したため11.7％でピークになったが，その後徐々に低下し，2010年以後15年まで4％台に膠着している。また，若年層の失業は目

立っており，都市失業の主因となり，深刻な経済，政治・社会問題となっている。

　第3に，西部大開発，精准扶貧，一帯一路などの政府政策の実施による地域格差は少しずつ縮小しているが，格差実体は依然として大きい。また，都市・農村格差は1980年代から2007年まで拡大し，07年以後微小に縮小したが，中国の格差全体に対する寄与度が一番大きいので格差問題の中心となっている。

　第4に，農村内部，都市住民内部の所得分布は悪化している。特に最近，都市住民の所得格差拡大のスピードは農村住民よりはやい。

　第5に，今所得格差の拡大には都市戸籍など政策の影響が大きいが，中国経済の市場化の推進により教育の格差などの市場要因は所得格差の主な要因となりつつある。

　以下では，これまでの分析から得られる政策的含意を示していく。

（1）　貧困問題

　マルサスの人口論には食料不足と貧困は犯罪との因果関係があると解説している。中国の場合は，ある研究が，ジニ係数の変化と犯罪率の上昇の関係を回帰分析し，両者は相関性が高いと主張している（胡・胡，2006）。また，農村部の貧困，都市・農村格差，農村・農民への差別・偏見および都市低所得者の貧困が深刻な社会の不安定要因となっている。これを考えると，政府は貧困問題にさらに力を入れて有効な政策をとるべきであると思われる。それに関して，今の「精准扶貧」政策の効果を期待する。また，数回の貧困線の変更によって，貧困人口の正確な時系列データがとれず，実際の貧困人口の把握ができない。そのような正確性に欠けるデータに基づいた貧困対策はどれほどの効果があるか疑問になる。

（2）　都市失業問題

　1990年代後半から2000年代前半にかけて，都市失業者の多くは「下崗失業」であった。そのため都市企業改革の推進とともに一時帰休者を減らし雇用を拡大することで，「下崗失業」の問題を解消していた。ただし，都市部で雇用を増やしてもそれが農村から排出される出稼ぎ者によって奪われたのでは有効な雇用対策とはならない。都市雇用，貧困および所得分布に対する出稼ぎ者の影

第Ⅲ部　経済発展を制約する要因

響を分析した上で，適切な雇用対策を打ち出す必要がある。また，中国は13.8億人の人口大国であり，都市部も農村部も余剰労働と失業の問題がまだ深刻である。さらに，政府の登録失業率は，長年にわたって変化なく同じ水準にとどまり，失業統計の信憑性が問われる。そのため，中国は，失業統計システムの改善をすべきであり，特に国際基準に基づく定期の労働・失業・雇用調査の実施とそのデータの公表が望ましい。

（3）　格差問題

　工業化の初期には都市産業が急速に成長するが，その影響が農村に浸透するには長い時間がかかるため，都市―農村格差，地域格差が発生しやすい。また，市場経済化の進展は不可避的に富めるものと貧しいものをつくりだす。クズネッツ曲線が示したような高収入・低ジニ係数の平等社会が中国にも出現するであろうが，まだ相当長い時間がかかりそうである。しかし，効果的な対策がないからといって所得格差の拡大をこのまま放置しておくことが望ましいとはいえない。中国では，「不患貧只患均」（貧困ではなく不平等を憂慮する）ということわざがある。昔，官僚の腐敗，税金の重圧，農民の貧困により農民暴動などの「造反」運動が繰り返し起こり，その時民衆を動員するスローガンは「均貧富」であった。こうした過去の歴史を鑑にすれば，格差が解消しなければ社会・政治不安定の要因になる恐れがある。特に少数民族が集中している貧しい内陸地域では，地域格差の問題は容易に民族問題に転化する。官僚の腐敗問題に加え，所得格差が経済，社会発展の大きな障害となるという可能性はだれも否定できない。近年に一部の地域で起きた暴動は単に民族の紛争ではなく，長期的に続く地域格差，漢民族・少数民族間の所得格差が重要な原因のひとつと考えられる。また，外資系企業の労働者のデモ，ストライキ問題は勿論それらの企業の管理体制・対応に問題があるが，都市・農村格差，地域格差，住民間格差に対する不満の爆発ともいえ，内部の問題が外部・国際社会にまで転嫁する危険性が顕在化していることも否定できない。そのため，所得格差をはらむ中国が持続的な経済発展を維持するためには，都市・農村格差，地域格差の縮小と農村内部，都市内部の貧富格差の是正がきわめて重要だと思われる。

　格差縮小の対策について，中国政府の都市失業対策，農家所得の引き上げと税負担の軽減政策，また，西部大開発戦略，沿海部の優遇政策の段階的廃止や

内陸部への投資誘致，外需重視の発展パターンから内需重視への転換などの取り組みがあるが，これらの政策が功を奏するかどうかを注意深く見守る必要がある。また，日本を含む先進国の所得再分配制度，特に累進所得税制度を参考することには大きな意味がある。今，中国は，累進所得税制を導入しているが，富を求める高所得層のモチベーションが低下する懸念はまだ強い。しかし，共同富裕を目標とする中国に対しては，持続の可能な長期経済成長を求めるためこの短期的代償を支払う価値がある。

　中国の経済成長は改革開放という政策の転換から始まった成長，すなわち政府の強力な指導による発展であるので，貧困や失業や所得不平等の発生は主に政府の政策と緊密に関連している。そのため，ほかの国と異なって中国の所得不平等問題は経済の発展による自然的な解消は難しく，政府の強力な政策で解消すべきではないかと思われる。しかし，今まで中国政府はさまざまな所得政策をとってきたが，どれも余りにも効果が小さく不平等問題の解消までにはほど遠い。そのためにも，国際比較を行い，よりよい政策を提案することが期待される。

■　■　■

●注
（1）　農業，農村，農民問題は「三農問題」といい，農業の低生産性，農村の疲弊，農民の所得低迷のことを示す。1996年に経済学者の温鉄軍博士がはじめて提唱したとされる。2000年には，湖南省の農村部の共産党幹部が朱鎔基・首相（当時）に手紙を書いたことが，社会的な話題になった。また，「三農問題」の解決が目指すものを具体的に列挙すると「農業の振興，農村の近代化，農民の所得増と負担減」となる。
（2）　国家統計局と民政部の調査によれば，都市貧困人口は都市最低生活保障人口の2倍であるという推計がある（『都市藍皮書2016年』20〜21頁）。
（3）　タイル指数とは，分析対象をグループに分け，不平等をグループ内の不平等とグループ間の不平等とに分解して各グループ間，グループ内の寄与度を計算し，格差の発生原因を分析する方法である。タイル指数は大きいほど寄与度が高い，格差の主な発生源であると考えられる。

179

第Ⅲ部　経済発展を制約する要因

●参考文献

国務院経済社会発展センター農村部（2005）『中国農民工調研報告』，社会文献出版社。

胡連合・胡鞍鋼（2006）「中国貧富分化対違法犯罪活動的影響」（権衡主編『収入分配
　　与和諧社会』上海社会科学院出版社）。

李実・岳希明（2004）「中国城郷収入差距調査」『財経雑誌』3 月号。

李実・史泰麗・古斯塔夫森主編（2008）『中国居民収入分配再研究Ⅲ』北京師範大学
　　出版社。

王萍萍・徐鑫・郝彦宏（2015）『中国农村贫困标准问题研究』国家统计局统计科学研
　　究所。

薛進軍（2005）「中国的城市失業，貧困与収入分配差距」（中国語）『中国人口科学』
　　第4 期

張東昇等（2010）『中国住民収入分配年度報告2009』経済科学出版社。

薛進軍・園田正・荒山裕行（2008）『中国の不平等』日本評論社。

薛進軍（2010）「中国における貧困，失業及び所得格差の要因分析」『経済科学』第58
　　巻第2 号。

南亮進・牧野文夫編（2016）『中国経済入門高度成長の終焉と安定成長への途』[第4
　　版]日本評論社。

Xue, Jinjun and Zhong Wei（2003），"Unemployment, Poverty and Income
　　Disparity in Urban China", *Asian Economic Journal*, Vol.17, No. 4.

Jinjun Xue, Wensheng Gao, Lin Guo（2014），Informal Employment and its Effect on
　　the Income Distribution in Urban China, China Economic Review, 81-93.

Jinjun Xue, Chuliang Luo and Shi Li（2014），Globalization, Liberalization and
　　Income Inequality —the case of China, Singapore Economic Review, Vol.59, No.
　　1. 1 -21.

Knight,John and Jinjun Xue（2006），"How High is Urban Unemployment in
　　China?" *Journal of Chinese Economic and Business Studies*, vol. 4, issue 2,
　　pp. 91-107.

Ravallion , Martin and Shaohua Chen（2003），"Measuring Pro-Poor Growth,"
　　Economics Letters, 78(1), pp.93-99.

World Bank（2016），*Annual Review of Development Effectiveness*, http://web.
　　worldbank.org.

ウェブサイト

北京師範大学・中国収入分配研究院：http://www.ciidbnu.org/
　中国の所得格差に関する最新研究，政策動態，CHIPデータの公開などの情報が

揃っている。言語は英語，中国語。

西南財経大学「中国家庭金融調査研究センター：http://chfs.swufe.edu.cn/about.aspx

中国の家計調査に加え，家庭の金融資産を対象とした大型調査であり，毎年発表している「中国家庭財産の不平等」の状況は注目される（中国語）。

（薛　進軍）

第9章
人口と社会保障

　中国人民共和国は世界一の人口大国である。その規模は2016年現在で13億8270万人に達している。巨大な人口圧力を緩和するため，中国は1970年代末から現在まで「一人っ子政策」と呼ばれる強力な産児制限を国策として推進してきた。これにより少子化が加速し，結果として児童や高齢者よりも働き盛りの人口が増加して，中国は豊富な労働力を利用した高度経済成長を遂げることができた。しかし，生産年齢人口はすでに減少に転じており，中国は急速に少子高齢化の段階を迎えつつある。

　中国はこの問題を解決する方法として近年，一人っ子政策の廃止に見られるように産児制限の緩和を進めてきた。しかし，少子化の加速に対しては経済成長と高学歴化による子育てコストの影響が強まっているため，人口政策の転換だけでは不十分である。

　そこで注目されるのが，社会保障制度である。特に習近平政権が掲げる新常態の下では，内需拡大と格差の是正という観点から社会保険における都市と農村の分断の解消が課題とされている。ただし，制度面で国民皆保険体制が構築されたとはいえ，実際に農民が都市住民と同じ社会保障の待遇を受けるには，まだまだ時間がかかりそうである。

1　人口爆発から少子高齢化へ

（1）　問題の所在

　中国人民共和国は1949年の誕生時から，すでに人口規模において世界一の座にあった。しかし，人口増加の速度は大幅に鈍化している。5年毎の年平均人口増加率は1965-70年の2.65%をピークに下がり続け，2010-15年は0.54%までになった。国連の2017年の人口推計によれば，7年後の25年にはインドが中国に代わって首位に立つことになり，30年代には中国の人口は絶対数で減少に転じるとみられる。とりわけ生産年齢人口（16歳から64歳までの人口）が総人口

第Ⅲ部　経済発展を制約する要因

に占める比率でも絶対数でも15年から減少したことは，豊富な労働力に依存する「人口ボーナス」期が収束に向かうことを意味した（United Nations, 2017）。

　こうした人口減少の趨勢に対抗して，中国はおよそ40年弱にもわたって継続した一人っ子政策を段階的に緩和し，ついに2016年１月より「二人っ子政策」の全面的な施行に踏み切った。この政策転換には，男女人口比の拡大や「闇っ子」（出生登録のない児童）といった一人っ子政策の導入初期から存在した問題も作用している。また一人っ子政策は少子高齢化を加速したため，公的年金と医療保険のリスクを高めることになった。高齢者の介護の担い手についても，従来型の家族依存のケアが機能不全になる恐れが浮上している。

　本章では，まず人口政策の変遷を紹介し，一人っ子政策の功罪と段階的な緩和の行方を論じる。後半では，年金と医療保険を中心に，社会保障の制度改革を概観した上で，改革がもたらした課題を確認し，今後の行方を考察する。

（2）　人口動態と政策の変遷

　まず中華人民共和国が成立した1949年からの人口動態と政策を概観しよう。新政権樹立の時点で，すでに中国の総人口は５億4200万人に達していた。最初の人口センサス（国勢調査）が53年に実施されると，政府は改めて人口圧力を意識し，翌54年から避妊指導に着手するようになった。それでも，人口の年平均増加率は2.3％を記録し，合計特殊出生率（一人の女性が一生の間に産む子供の数）は5.7から6.3へと上昇した。こうした事態に対して，人口学者の馬寅初は1957年に『新人口論』を発表して，人口抑制を提唱した。ところが人口を生産力とみなす毛沢東がこれを痛烈に批判したため馬は失脚し，産児制限は政治的なタブーになった。

　皮肉なことに1958年から毛沢東が推進した大躍進運動は，一時的に人口増加の鈍化を招く結果になった。増産計画の破たんに自然災害が重なり，中国は深刻な食糧不足に見舞われて，大量の餓死者が出るという悲劇が起きた。1960年には死亡率が出生率を上回るという異常事態にいたり，同年の年平均の自然人口増加率は-4.57‰（パーミル）と49年の革命以来はじめてのマイナスを記録した。

　1962年からはその反動でベビーブームが起こり，合計特殊出生率も60年の

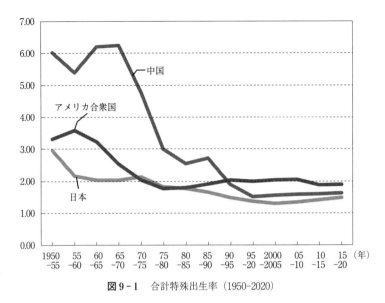

図9-1　合計特殊出生率（1950-2020）

出所：United Nations（2017）"World Population Prospets 2017"より筆者作成。

3.29から6.02に急上昇した。こうした変化に対応するため，国務院は1964年に産児制限を指導する「計画生育委員会」を組織し，人口抑制のキャンペーンを発動する（第一次産児制限）。この委員会自体は66年からの文化大革命で活動を停止するが，73年になると国務院は再び「計画出産指導小組」を設立し，晩婚化および第一子と第二子の出産の間隔をあけて出産回数を減らす「晩，稀，少」をスローガンに人口抑制奨励策を推進した。

1976年に毛沢東が死去すると，78年12月の中国共産党第11期3中全会で馬寅初の『新人口論』が名誉回復の対象になった。同時に人口抑制は国策となり，第5次5カ年計画に目標値が書き込まれるようになった。こうした政策上の転換を反映して，70年代の出生率は大きく下落した。粗出生率は39.3‰（1965-70年）から22.4‰（1975-80年）になり，合計特殊出生率も同時期に6.25から3.00にまで低下した（図9-1）。

ところが1980年代に入ると，社会主義革命直後のベビーブームで生まれた世代が出産期を迎えたため，人口増加率は80年の1.19％が，82年には1.58％，87年には1.67％を記録した。これを予見した政府は，本格的な産児制限の強化に

第Ⅲ部　経済発展を制約する要因

向かった（第二次産児制限）。まず80年，中国共産党は20世紀末までの総人口を
12億人以内に抑えることを目標とし，夫婦一組につき一人の子供しか生まない
ことを提唱する「一人っ子政策」を党員に向けて発表した。82年には国家計画
生育委員会が全国計画生育工作会議において同内容の政策を採択，翌83年12月
に大規模な宣伝運動を実施した。

　この運動では，農村や工場などの草の根レベルに宣伝隊と医療チームが入り，
避妊手術や措置を行うとともに，一人しか子供を産まないことを誓約する夫婦
には「一人っ子証明書」を発行した。この一人っ子証明書があれば，子供が14
歳になるまで奨励金の交付を受けることができ，保育や入学，医療，就学，住
宅（農村では宅地）の面で優遇があった。逆に第三子以上の出産には賃金の削
減，罰金の徴収といった制裁が加えられた。しかし，このようなアメとムチに
もかかわらず，中国の総人口は21世紀の到来を待たずに抑制目標ラインの12億
人を突破した。政府の公式統計によれば，1995年に12億1200万人を超過したの
である。

　当時の政策は避妊手術や妊娠中絶の強制を引き起こしたため，住民の反発を
招いていた。とりわけ農村では同時期に人民公社が解体し，家庭ごとの生産責
任制が実施されたことから，強制的な産児制限に対する抵抗が強かった。生産
責任制のもとでは，農地の請負面積は世帯の労働力に比例して配分されたので，
家族の人数が多いほど広い土地を持つことができる。これで経済単位としての
「家」が重要になったことから，後継ぎになる男子の価値が上昇し，女児の中
絶や遺棄が増大した。

　この結果，農村では人口政策への抵抗を抑えるため，実質上の規制緩和を行
わざるをえなくなった。地元政府は第一子が女児だった場合には，時間をおい
て第二子を生むことを認めるようになった。また制限数を超えた出産に備えて，
罰金をあらかじめ保険の形で貯蓄する制度も誕生した。しかし罰金を逃れるた
めに，両親が超過した子供の出産を政府に届けないこともあり，戸籍を持たな
い「闇っ子」が出現した。

　この無戸籍人口の背景には，出稼ぎなどで移動する人々の増加によって，人
口管理が物理的に困難になった，という事情もある。もともと出生率を抑制す
る責任は，戸籍所在地の政府が担っていた。その管理外の地方に移動して出産
すれば，罰則を科す者がいなくなる。

こうした事態に対して，主要な出稼ぎ先である上海市は1993年から流動人口の出産管理に関する規定を公表し，他省市からの移動による闇出産の抑制を図った。国レベルでは1999年から2000年にかけて流動人口に対する出産管理が本格化し，2001年には全国統一の結婚出産証明書が登場した。このように都市部では出産の管理が農村よりも厳格に行われていた。2005年の時点で都市部の合計特殊出生率は1.29で，農村部の2.00を下回った。

（3） 人口ボーナスの消滅と対策

こうした出産管理が継続するいっぽうで，2000年代の中期からは少子高齢化に対する懸念が広がった。これには2004年ごろから「民工荒」とよばれる農村出身の労働力の不足が表面化したことが影響している。このことは企業家だけでなく政府や研究者にも，廉価な労働力に依存してきた従来型の経済成長が持続不可能になりつつあると気付かせた。こうして人口ボーナス期の終焉に対する議論が起こり，一人っ子政策の緩和につながることになった。

ここでいう人口ボーナス期とは，働くのに適した年齢の国民が，扶養される者よりも増大する時期のことである。具体的には，生産年齢人口（15歳〜64歳）の増加率が，年少人口（15歳未満）と高齢人口（65歳以上）のそれを上回る期間を指すが，この時期には負担となる被扶養者に対して労働力が豊富になるので，高度経済成長のチャンスとなる。実際に中国の事例でも，生産年齢人口の比率が急上昇したのは1970年代後半から現在にいたるまでの期間で，改革開放期の経済成長と軌を一にしている（図9-2）。

しかし図9-2からもわかるように，中国の人口ボーナスは高齢化によって急速に縮小している。これには一人っ子政策だけでなく，中国の平均寿命（0歳児の平均余命）が伸長したことを考慮する必要がある（図9-3）。2015年までに男女を合計した平均寿命は，すでに75歳の壁を突破しており，伸び率が相対的に緩やかなアメリカに接近している。いっぽう合計特殊出生率は，1990年代にアメリカを下回った。国連の予測によれば，2030年前後を境に養う者と養われる者の比率は逆転する。人口ピラミッドを見ると，1950年には底辺が最大の三角形であったものが，2016年には下がえぐれたつぼ形になっており，2040年には50歳以上が膨れる釘形になるとされる（図9-4）。同じ人口大国でありながら産児制限を徹底しなかったインドと比較すると，1950年代初頭の扶養率は

187

第Ⅲ部　経済発展を制約する要因

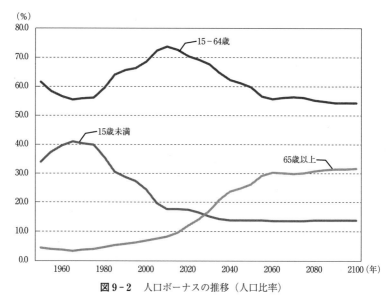

図9-2　人口ボーナスの推移（人口比率）

出所：図9-1に同じ

中印ともほぼ同水準であったが，2020~30年にはインドと中国の扶養率は逆転すると予測されている。

　こうした人口ボーナス期の終焉を背景にして，人口問題の焦点は産児制限から少子高齢化のコストに移行した。急速な少子高齢化の進行は労働力の減少だけでなく，年金や医療保険など社会保険の維持を難しくする。そのうえ中国では，一人っ子への奨励金や各種優遇のための財政支出の負担があった。

　また一人っ子世代では男性の数が女性を大きく上回るという，男女比の不均衡が起きている。産児制限の副作用として男子を優先して産む現象が農村で横行した結果，2010年の公式統計でも0～4歳の男女比は女児100人に対して男児116.7人と自然状態（出生時に女子100人に対し男子106人）を超える数値を示した。また地方ごとに性比には差があり，2010年の人口センサスでは新疆，内モンゴル，チベットで出生性比が110を下回るいっぽう，安徽省では131.1というバランス失調が見られた。女児の人口中絶は人権侵害として海外のマスメディアからも批判を受けており，国内では産児制限に抵抗する少数民族の暴動も起きていることから，政治的コストも無視できない。

　このように人口抑制のコストが明らかになるにつれ，一人っ子から二人っ子

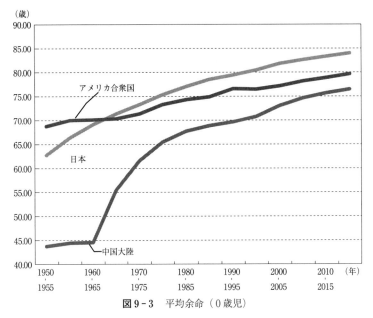

図9-3 平均余命（0歳児）

出所：図9-1に同じ

政策への軟着陸を支持する声が高まった。長年の国策を転換するために，政府は段階的な緩和策を取った。まず2013年11月の中国共産党三中全会において，夫婦のいずれかが一人っ子であれば第2子の出産を認める「単独両孩」政策が決定した。さらに15年10月には，全ての夫婦に2人の子供を認める「全面両孩」政策が公布され，翌16年1月から全国で実施の運びとなった。2016年の全国の出生数を見ると，前年の1655万人から1786万人へと大きく増大しており，出生率も12.07から12.95へと若干上向いた（森，2017）。しかし，これが新たな政策の効果か否かについては，いまだに議論が分かれている。

さらに西欧や日本の事例から，子育てを奨励しても経済成長とともに出生率は自然と低下する。中国でも都市部で一人っ子政策の遵守率が高かったのは，出産管理の厳格さだけでなく，教育費や住宅費など子育てにかかる直接費用が都市部で上昇したことが影響している。

それでは農村に限れば一人っ子政策の緩和は出生率の上昇をもたらすのであろうか。この問いに対する答えはまだ出ていない。しかし先に触れたように，1980年代から2000年代半ばにかけては，農村の出生率は都市より高く，人口に

第Ⅲ部　経済発展を制約する要因

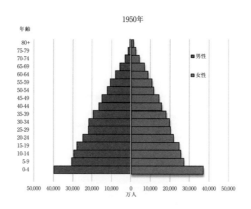

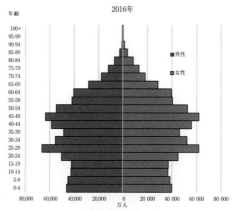

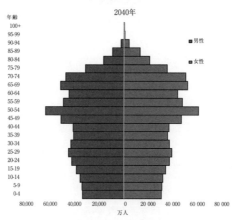

図9-4　人口ピラミッド（1950年，2016年，2040年）

出所：図9-1に同じ

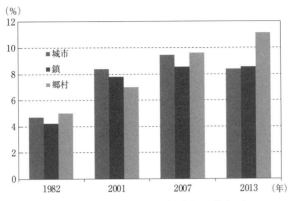

図9-5 高齢者比率の推移（65歳以上/総人口）

出所：国家統計局の年次サンプル調査（全国4800カ所の調査区を対象）。国家統計局人口和就業統計司編『中国人口和就業統計年鑑』中国統計出版社による。

占める高齢者の比率は都市よりも低かった。ところが2000年代後半から，高齢者比率で都市と農村が逆転している（図9-5）。ここから出生率が上向いたとしても，農村では高齢化がより深刻になると考えられる。また大泉（2014）が指摘するように，産児制限の緩和で増加した世代が労働力年齢に達するには，まだ15年以上かかる。この間に養育費用の負担が増大し，貯蓄率が低下すると経済成長にはマイナス要因にもなる。さらに中国政府は農村の都市化を推進しているが，労働力不足の局面であっても，高齢者は都市部で雇用を見つけるのが困難なため農村で生計を立てている。こうした労働市場のミスマッチを考慮すると，沿海大都市と内陸の農村では，都市化政策に同じ効果を期待することはできない。

以上のことから，中国では産児制限を緩和しても，人口ボーナスの終焉に対応することは難しい。人口ボーナスは労働という生産力の問題であったが，人口ボーナスの消滅は労働市場で解決できる問題ではない。労働力不足に対応するために，女性や高齢者の労働参加率を引き上げると，それまで彼らが担ってきた無償の家族介護が空洞化する。いいかえれば，人口ボーナスの終焉は労働ではなく社会保障の整備が課題となるのである。そこで，次に中国の社会保障制度に目を向けてみよう。

第Ⅲ部　経済発展を制約する要因

2　社会保障制度の転換

（1）　計画経済期の社会保障

　中華人民共和国の成立により，生活保障は計画経済のもとで「単位」と呼ばれる職場が責任を担うことになった。1951年，政務院は「中華人民共和国労働保険条例（試行）」を公布し，都市部については「単位」が賃金総額の3％を保険料として徴収し，保険料総額の70％を企業と企業内労働組合が管理して，医療，労災，年金，出産育児にかかわる費用に充てることを定めた。この保険料は雇用主である「単位」が全額を負担することになっていた。また農村では，56年に「高級農村生産合作社示範章程」によって「農村五保制度」が施行された。五保とは，身寄りのない高齢者，孤児，未亡人，障害者に対して，食料，衣服，燃料，教育，葬儀の5種類の保障を行う制度である。

　しかし職場を拠り所とする生活保障は，無職の者を対象外に置くことになった。計画経済時代には，しばしば労働力人口の増加が新規雇用の拡大を上回ったため，事実上の失業状態におちいる若者が出現していた。第3次5カ年計画期（1966-70年）に都市部が吸収できる雇用は推計で500万人（年平均100万人）だったが，同期間に新規に生産年齢に達する人口は1100万人（年平均220万人）であったから，年間120万人の若年労働力が事実上の失業状態になった（山本，2000）。

　また1970年代後半には，農村に下放されていた青年たちが都市に戻ってきたことから，都市部で労働保険から排除される人口は増加する一方であった。「農村五保制度」も，あくまで親族のいない者だけを対象にしていたことを考慮すれば，計画経済期の多くの中国人にとって生活保障は依然として家族が基盤であり，社会保険を享受できるのは都市部の公営企業および政府機関の従業員に限定されていたといえる。

（2）　市場経済下での社会保険改革

　改革開放期の社会保障改革は，以上のような計画経済期の制度を土台にしていたために，当初から（a）企業の経営状態が社会保険に直結し，かつ（b）農村と都市が制度上分断されるという問題を抱えていた。このことは改革の優先

順位に大きな影響を及ぼすことになった。1980年代に経済改革のもとで経営自主権を獲得した国有企業では，赤字や経営不振に陥った際に年金の減額や遅配が頻発したため，さらなる市場化を推進するためには，早急に国有企業と社会保険を切り離す必要があった。したがって，もっとも保険料の比率が高い（すなわち企業の負担が重い）年金がまず制度改革の対象となり，「企業から社会へ」という標語が打ち出された。

　具体的には1986年7月に「国営企業の労働契約制度実施についての暫定規定」が国務院から公布され，市が国有企業から保険料を統一して徴収し，共通の社会保険基金を設置することが定められた。また契約労働制にもとづいて雇用された者については，本人が標準賃金の3％を保険料として拠出し，企業は賃金総額の15％を負担することとなり，初めて労働者も保険料を支払う仕組みが導入された。さらに91年になると，国務院は「企業の職員および労働者の年金制度改革に関する決定」を公布，地方政府に対して共通基金への統一徴収を省レベルまで引き上げること，そして基礎年金，企業年金，商業保険の3層からなる年金制度の構築を目標に掲げた。

　しかし1993年から国有企業改革が本格化し，余剰人員の整理が始まると，大量の従業員が「一時帰休」の名目で事実上の失業状態に追いやられた。これらの都市部の失業者の増大は，新たな貧困層を生み出した。このため1990年代後半から社会保障の役割は，国有企業の負担軽減から社会全体のセーフティネットの構築に比重が移行していった。ただし，あくまで経済の市場化に沿うように設計されたので，自己責任と個人の拠出を前提にする社会保険が改革の中心に据えられ，財政による再分配が必要な福祉に関しては着手が遅れた。

　一例として高齢者をみると，年金の原資として共通基金以外に個人口座が設置された。これは従業員の個人名義の年金口座で，従業員本人と雇用主が賃金に比例して保険料を積み立てる。この積立方式を貫徹すれば，現役時代の賃金水準が年金にも反映される。また下の世代の保険料を使って上の世代を扶養する「賦課方式」ではないので，少子高齢化の影響を受けない。したがって社会保険から生じる財政赤字のリスクも低いはずであった。

　しかし現実には，個人口座を用いた積立方式への転換は困難を極めた。年金改革の前に退職した者は保険料を積立てておらず，定年退職時までの年数が残り少ない者は積立額が不足した。もし積立方式を貫徹するのであれば，これら

第Ⅲ部　経済発展を制約する要因

改革前と移行期の高齢者は新しい社会保険制度から除外するしかない。しかし彼らは旧国有企業の労働者であり，計画経済期からの権利として国が年金を約束していた。したがって現在の現役世代は自分の年金を積み立てながら，上の世代の年金支払いも負担せざるを得ない。そのうえ年金基金の運営が地方ごとに独立しているために，旧国有企業の退職者が多い地方では，すでに基礎年金用の共通基金だけでは現存する高齢者に年金を給付することができず，現役世代の個人口座の積立金を流用するようになった。このような個人口座の空洞化は「カラ口座」問題といわれ，現役世代の年金制度への信頼を低下させた。

　国はこの問題を解消するため，2001年から旧大型国有企業を多く抱える遼寧省を対象に新たな基礎年金制度を試行し，2004年から06年かけて，吉林，黒龍江，天津，上海，山西，山東，河南，湖北，湖南，新疆が新たに実験に加わった。新型年金は空洞化した個人口座を実質化するための費用を，従業員と政府に振り向けるものであった。しかし吉林省と黒龍江省では，従業員の保険料負担の引き上げができず，国と地方政府が不足分を補填することになった。中西部の省・自治区では地方政府も負担できないため，全面的に国に依存することになった。この結果，個人口座の給付水準が引き下げられることになり，国の財政出動なしでは年金生活を保障できないことが明らかになった。

　以上のように年金改革は，完全積立方式には移行できず，国の財政を通じて現役世代が退職世代を支える事実上の賦課方式に傾いている。さらに新制度は，年金の給付額が現地の平均寿命に連動している。つまり平均寿命が延びればのびるほど，一回当たりの給付額は小さくなり，基礎年金による生活保障の水準は低下する。当初の制度設計に反して，基礎年金は少子高齢化に強く影響されるようになったといわざるをえない。

　いっぽう国有企業改革による失業者の増大は，失業保険の改革を推進した。1986年に成立した「待業保険」は93年の「国有企業従業員の待業保険規定」により国有企業の失業者ほとんどすべてを対象にしたが，95年に1000万人を超える大量の一時帰休者と失業者が生じると，給付水準の面でも受給者の数の面でも対応することができなかった。このため保険加入者数はピーク時（1994-95年）の9500万人から7930万人（1998年）に低落した。そこで国務院は99年に「失業保険条例」を公布し，国有企業に限らず都市部の従業員全員を失業保険の対象にした。これにより受給者数は2000年から01年にかけて回復したが，02

年以降は再び減少することになった。

3 社会保障改革の挑戦——普遍主義の台頭と農村の包摂

（1） 胡錦濤の改革——「国民皆保険」の目標と社会福祉

2002年に発足した胡錦濤政権は，04年に「和諧社会（調和のある社会）」というスローガンを掲げて，効率性だけでなく公平性を重視する方針を導入した。社会保障についても，特定の条件を満たした者を制度の対象にする「選別主義」から，条件いかんにかかわらずできるだけ広く国民をカバーする「普遍主義」へと転換した。

普遍主義を示す第1の特徴は，農民と都市無業層が加入できる社会保険を制度面で整備したことであろう。それまでの社会保険は，主として国有企業をはじめとする都市部の就業者を対象としていた。1990年代の社会保障改革の重点は，国有企業の社会保険を再編し，外資系企業や私営企業の被用者へと加入範囲を拡張することにあった。

これに対して胡錦濤政権は，農村に「新型農村合作医療」と「新型農村社会年金」を創設した。また都市の無業層については，「都市住民基礎医療保険」と「都市住民基礎年金」を設置した。これにより，医療保険と公的年金については，都市従業員・都市住民・農村住民を対象とする3種の保険が併存することとなった。

第2の特徴は，新たな社会保険に国が財政的裏付けを与えたことである。2003年1月，農民の負担軽減の一環として，国務院は新型農村合作医療制度を公表した。この制度は，国と地方政府と農民個人が財源としてそれぞれ3分の1ずつ拠出することを定めていた。また財政部は06年12月の全国財政工作会議で，新型農村合作医療制度における国の拠出分を2倍に引き上げるとともに，新制度の普及率80％を目指すことを決定した。

新型農村合作医療を実際の財源構成を見ると，2005年から11年にかけて農民個人の保険料拠出は4割弱から2割以下に減少し，これに代わって国の財政負担が1割以下から4割近くに増加した。ただし，最大の財源は地方政府で，4割から5割の間で推移している。これを東部と西中部に分けてみると，東部では地方政府の拠出が7割を占め国からの補助は1割に過ぎないのに対して，中

第Ⅲ部　経済発展を制約する要因

西部では国が5割前後を占めており地方政府の拠出は4割にとどまる（沈・澤田，2016）。

　また年金についても，2009年に導入された新型農村社会年金では，基礎年金の部分（一人当たり毎月55元の給付）の全額が国と地方政府の負担となった。ここで示された設計は，中央政府が中部と西部地域に対して全額を補助し，東部地域には50%の補助を提供するというものであった。さらに都市部においては，16歳以上の非就労者（公務員は除く）を対象とする「都市住民基礎年金」が11年から全国で施行されることになったが，ここでも同じく国が中部と西部に対しては保険給付の全額補助，東部地域には半額補助を規定していた。また地方政府は，保険料の納付について，年間一人当たり最低30元の補助を行うことが規定された。

　第3の特徴は，加入者数の急増である。国の財政補助が組み込まれことで，新たな社会保険は農村で急速に普及した。とりわけ新型農村医療保険の加入率は，2005年の23.5%から11年には97.5%にまで達した。また新型農村社会年金の加入者数は，10年の1億277万人から11年末には3億2643万人にまで急増した。都市部については，07年から非就労者に対する都市住民基礎医療保険制度が試験的に実施され，09年には全都市数の80%以上の都市が試行対象となった。11年には，この都市の新たな医療保険の加入者は2億2000万人に上り，同年の都市と農村の基礎医療保険の加入者数は，合計で13億人を超えた。公的年金については，6億1573万人が加入済みとなった。表9-1は年金以外の社会保険の加入者数を，表9-2は同じく都市部の基礎年金加入者について示したものである。

　以上のように，非就労者を含めたすべての国民が社会保険に加入できる制度の整備という意味では，胡錦濤政権はまさに国民皆保険体制を推進したと言える。しかし，従来の就労者を対象とする社会保険は強制加入であるのに対して，農民と都市の非就労者の保険は任意加入となっており，厳密な意味での公的保険とは原理が異なっていた。また新たな医療保険と年金は，既存のそれに比べて，保険料と給付水準が極めて低い。さらに新たな社会保険の増設によって，もともと存在していた地方ごとの社会保険の壁がさらに細分化した。すなわち，国民皆保険の推進は，社会保険の断片化を助長したのである。

　これに対して，最後のセーフティネットとして存在感を増したのが，生活保

第9章　人口と社会保障

表9-1　年金以外の社会保険の加入者（都市部）

	失業保険			基礎医療保険加入者数(万人)		労災保険加入者数(万人)		生育保険
	加入者数 (万人)	受給者数 (万人)	給付総額 (億元)	在職者	退職者	加入者数 (年末)	保険金 受給者数	加入者数 (万人)
1995年	8,238	261	8	703	43	2,615	7	1,500
2000年	10,408	330	56	2,863	924	4,350	19	3,002
2005年	10,648	678	132	10,022	3,761	8,478	65	5,409
2010年	13,376	432	140	17,791	5,944	16,161	148	12,336
2015年	17,326	457	270	21,362	7,531	21,433	202	17,771

出所：国家統計局国家数据より（http://data.stats.gov.cn/index.htm）より筆者作成。

表9-2　基礎年金（基本養老保険）の加入者の内訳（都市部）

年	都市部の 加入者数 (万人)	うち在職者		うち退職者	
		万人	比率	万人	比率
1990年	6,166	5200.7	84.3%	965.3	15.7%
1995年	10,979	8737.8	79.6%	2241.2	20.4%
2000年	13,617	10447.5	76.7%	3169.9	23.3%
2005年	17,488	13120.4	75.0%	4367.5	25.0%
2010年	25,707	19402.3	75.5%	6305.0	24.5%
2015年	35,361	26219.2	74.1%	9141.9	25.9%

出所：表9-1に同じ。

護に相当する「最低生活保障制度」である。この制度は1990年代の国有企業の大規模リストラを背景に，「都市部生活最低保障制度」として99年に創設された。その後，2005年まではもっぱら都市部で制度整備が進められた。しかし，06年にすべての国民に生活保護を提供すべきという大論争が起こったことから，13年までの間に農村も制度の対象に含まれるようになった。さらに14年からは，生活保障を中心に医療や教育，住宅扶助，災害救済までをカバーする体系が成立し，全国的な公的扶助が形成されたといえる。

　そのいっぽうでこの制度における不正受給が問題となりつつある。とりわけ農村部では所得のうち現物の占める割合が高いため，申請者の所得認定が容易ではない。また末端行政（村レベル）の財政上の制約が大きく，村民委員会のコネや人情が認定を左右することも珍しくない。かたや都市部では，労働能力のある申請者への受給資格審査が厳格化しているが，一般市民がいだく不正受給に対する疑念は払拭できていない（沈・澤田，2016）。

197

第Ⅲ部　経済発展を制約する要因

（2）　習近平の改革——都市・農村の統合に向けて

　習近平時代の新常態の下では，社会保険における都市と農村の分断の解消が課題となった。2014年7月30日，国務院は「戸籍制度改革のさらなる推進に関する意見」を公表し，都市住民と農民を隔てていた「農業戸籍」と「非農業戸籍」を廃止して，同じ「居住戸籍」に統一し，「居住証」に基づく住民管理に転じる方針を示した。もっとも一部の地方では，この戸籍改革は試行期を経てすでに現実のものとなっていた。社会保険においても09年から10年にかけて，実験的に都市と農村の統合が進められていた。

　この時期に統合の対象となったのは，農民と都市の非就労者である。まず年金については，新型農村社会年金が都市住民基礎年金と統合し，2014年2月に「都市・農村住民基礎年金制度」とする方針が国務院と人力資源社会保障部から発表された。また新型農村合作医療と都市住民基礎医療保険の統合も各地で試行された。この結果，公的年金制度と医療保険は前述した3種類の社会保険が2種類に整理されつつある。これらの社会保険の加入資格は，もはや農村と都市という戸籍や居住地ではなく，被雇用者か否かという就労状態で区分されることになった。

　しかし，統合にはコストがかかる。とりわけ農村では，新型の社会保険を設けた時点で，保険料の徴収審査，給付までの膨大な業務を管理する人材も知識も不足していた。このため洛陽市のように，新型農村合作医療の導入時から民間保険会社に管理業務を委託する例も現れた。これには，もともと大病医療保険については，多くの地方で大手の商業保険会社への管理業務委託が実施されていた，という事情がある。洛陽市では，中国人寿保険会社の洛陽支社が大病医療保険の業務を受託していたのだが，新型農村合作医療と都市住民基礎医療保険の導入に際しても，その管理と支払い業務を請け負わせた，という経緯がある。また中国人寿保険会社は，2012年に洛陽市の医療救助（公的扶助）も落札しており，洛陽市では保険会社の存在感が全面的に高まっている（沈・澤田，2016）。

　もっとも公的保険の補助業務は，保険会社にとっては利益よりも赤字の覚悟が必要な事業である。それでも，これを受託するのは，大手保険会社が国有企業で政府の影響が強いこと，また膨大な顧客情報にアクセスできるというメリットがあるためと考えられる。このような事情から，政府は社会保険の拡充

に向けて，商業保険会社をパートナーとして利用する方針を打ち出している。

さらに，都市と農村の社会保障制度の統合は，どの地方でも一律に進んだわけではない。新型都市化に向けて，2014年7月に国務院は「戸籍制度改革のさらなる推進に関する意見」（以下，「意見」と略す）を発表した。ここでは，戸籍改革にあたっては，原則として各地の経済社会発展のレベルに合わせて異なる政策を実施し，住民の意思を尊重する，としている。つまり住民が戸籍を得るための具体的な基準は，各都市の決定に任されたのである。その結果，社会保障制度の統合にも，地方によって大きな違いが生まれた。

まず戸籍の取得に関する差について確認しよう。「意見」によれば，県級市など小規模の都市では，合法的な定住場所（賃貸を含む）があれば，常住戸籍を申請できる。都市部の人口が50万人から100万人の中規模都市では，これに加えて国の定めた都市部の社会保険への加入年数が一定期間に達していることが条件となる。もし都市の受け入れ余地が小さい場合は，これらの条件に具体的な規定を設けることができるが，都市社会保険の加入年限については3年を上回ってはならない，としている。

また，都市部の人口が100万人から300万人の都市においては，社会保険の加入年数は「5年」が上限となる。このように，都市の規模が大きくなるほど都市戸籍を申請するための条件は厳しくなる。人口500万人以上の「特大都市」にいたっては「厳格に規制する」ことが定められている。

ここで留意したいのは，「意見」が求める3年または5年の社会保険が，非正規の就労者にとっては高いハードルとなっている点である。たとえば農民工の場合，被用者として受給水準の高い都市部の社会保険に加入するには，農村よりも高い保険料負担に応じなければならない。この負担を回避するために，都市に居住しながら社会保険に加入しない農民工は珍しくない。農民工の社会保険は任意加入であること，また短期の契約で移動が激しい者については継続的に社会保険料を納付することが難しいなど，制度的に加入できても条件を満たせないという現実がある。中小規模の都市では農村住民と都市住民の社会保険の統合が進むいっぽうで，大都市については受け入れ先の需要に合わせて戸籍申請を厳しく選別していることがわかる。

それでは，都市の規模はどのように変化しているのであろうか。国連の人口統計によれば，都市人口に占める大都市の比率は上昇傾向にある。1995年時点

では都市人口の 6 割が50万人未満の中小都市に居住しており，500万人以上の特大都市が全都市人口に占める割合は 8 ％（3000万人弱）に過ぎなかった。それが20年後の2015年には，50万人未満の中小都市が占める比率は43％にまで縮小するいっぽう，500万人以上の特大都市は11％（ 1 億4885万人）に拡大した。さらに30年には，50万人以下の中小都市は36％（ 3 億6650万人），500万人以上の特大都市は25％（ 2 億4700万人）に達すると予測されている。また100万人以上の都市でみると，1995年に30％（ 1 億1350人），2015年に44％（ 3 億3700万人），2030年に50％（ 4 億9315万人）と比率，人口とも拡大を続けている（United Nations）。小規模の都市では戸籍改革の結果として社会保険の統合が進むが，大都市では逆に社会保険が戸籍選別の手段となることを考えれば，現在の戸籍改革は実態として都市と農村の壁を取り払ったわけではない。

　以上のように，制度面での国民皆保険体制が構築されたとはいえ，実際に農民が都市住民と同じ社会保障の待遇を受けるようになったとはとうてい言いがたい。また現在の社会保険を前提にした社会保障の整備が，内需拡大をもたらすか否かについては，専門家の間でも見解が分かれている。また社会保険の統合には，内需拡大の必要性だけでなく，格差の是正という目標もある。その点からみると，年金と医療保険の制度改革は，制度設計の面で都市と農村の統合を推進したが，実態面では，農民と都市の被雇用者の間に待遇の差を残すこととなった。さらに，公務員や政府関連団体の職員と企業の従業員の間に存在する官民格差，退職者と現代の世間の世代間格差も依然として存在する。社会保険の格差は解消にはまだまだ時間がかかると思われる。

●参考文献

飯島渉・澤田ゆかり編（2010）『高まる生活リスク──社会保障と医療（叢書 中国的問題群 第10冊）』岩波書店。

埋橋孝文・于洋・徐栄編（2012）『中国の弱者層と社会保障──「改革開放」の光と影』明石書店。

王文亮（2014）『GDP2位の中国が抱えるジレンマとは何か──習近平政権と調和社会の行方』ミネルヴァ書房。

大泉啓一郎 (2015)「中国の一人っ子政策の規制緩和をどう見るか」『環太平洋ビジネス情報RIM』14(52)pp.29-39。

沈潔・澤田ゆかり編 (2016)『ポスト改革期の中国社会保障はどうなるのか――選別主義から普遍主義への転換のなかで』ミネルヴァ書房。

森詩織 (2017)「拡大する中国の出産・育児市場――『二人っ子政策』への転換も追い風に」『ジェトロ中国経済』1月号, pp.2-9。

山本恒人 (2000)『現代中国の労働経済 1949～2000――「合理的低賃金制」から現代労働市場へ』創土社。

若林敬子 (2005)『中国の人口問題と社会的現実』ミネルヴァ書房。

United Nations Secretariat, Department of Economic and Social Affairs, Population Division (2017) "World Population Prospects 2017".

ウェブサイト

国家統計局国家数据 http://data.stats.gov.cn/index.htm
　国家統計局のオンラインデータベース（中国語）。

中華人民共和国人力資源和社会保障部http://www.mohrss.gov.cn/index1.html
　うち「統計公報」http://www.mohrss.gov.cn/SYrlzyhshbzb/zwgk/szrs/tjgb/ は年ごとの基本データとして特に有用（中国語）。

国連経済社会局人口部http://www.un.org/en/development/desa/population/
　うち「人口推計」https://esa.un.org/unpd/wpp/は1950-2100年の人口統計を双方向で計算・図示できる。

国家統計局農民工監測調査報告http://www.stats.gov.cn/tjsj/zxfb/201704/t20170428_1489334.html
　農民工への大規模サンプル調査（約20万人）。農民工の社会保険加入率が掲載されている。ただし2016年版（数値は2015年）以降は，戸籍改革によりこの項目は廃止された。農民工については，新たに流動人口数据平台 http://www.chinaldrk.org.cn/wjw/が公開されたが，利用には中国国内での登録が必要（中国語）。

（澤田ゆかり）

第10章
エネルギー問題

　中国は40年間に及ぶ高度成長を持続する中，石油輸入量が大きく拡大，主要エネルギーである石炭でさえ，2009年以降，純輸入に転落している。中国がエネルギー消費を拡大し，輸入を増やす状況を指して，「爆食」と揶揄する向きもあった。しかし改革開放期の高度成長の過程において，中国がエネルギー供給量の大幅拡大に成功してきた点は評価すべきである。その要因として，エネルギー産業における市場経済化の進展が指摘できる。政府は政策による対策も進めているが，全体の基調としては市場メカニズムを活用し，企業にエネルギー生産の拡大，あるいはエネルギー利用効率向上へのインセンティブを与えることで問題に対処してきた。他方，大気汚染やエネルギー安全保障に関しては政策による解決を目指し，これまで一定の成果を収めてきた。12年以降は新常態の下，成長減速によって石炭や電力は供給過剰状態に陥り，市場メカニズムによる解消は難しく，石炭産業において過剰生産能力削減政策が16年から展開されている。

キーワード：石炭，石油，原子力，風力，太陽光，市場経済化，価格，省エネルギー，大気汚染，エネルギー安全保障

1　高度成長によるエネルギー需要の急増，そして新常態へ

　2000年代には中国のエネルギー消費量が急増し，海外からの輸入量も急拡大した。これに対し，中国の「爆食」が世界のエネルギー価格の高騰を引き起こしたとの非難が巻き起こった。エネルギー消費量と経済成長には当然密接な関わりがある。改革開放期の中国の経済成長は工業化そのものであり，工業の成長過程においては投入財であるエネルギーの消費量も増えざるを得ない。一方，12年頃から中国経済が高度成長の終焉による経済成長の鈍化，いわゆる新常態へと移行し始めたことでエネルギー消費の伸びも大幅に減速している。その結

第Ⅲ部 経済発展を制約する要因

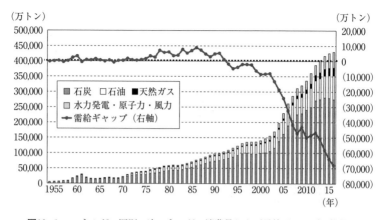

図10-1 エネルギー源別一次エネルギー消費量および需給ギャップの推移

出所：国家統計局能源統計司編『中国能源統計年鑑』中国統計出版社，各年版より筆者作成。

果，中国の需要減を織り込んだ国際エネルギー市況は暴落，今度は一転，中国の成長減速が資源市況，さらには世界経済の成長リスク要因として懸念されることとなっている。

以下，まずは中国のこれまでのエネルギー需給の推移をマクロ的に概観する（図10-1）。

（1） 高度成長以前のエネルギー構造――今昔比較

まず建国初期のエネルギー事情を振り返ってみよう。1957年のエネルギー消費量は9644万トン（標準炭換算）に過ぎなかったが（65年時点で世界第11位），2015年のエネルギー消費量は42億9905万トンにまで達し，09年以来，世界最大となっている。エネルギー源別の内訳を見ると，1957年時点では石炭92.3%，石油4.6%，天然ガス0.1%，水力3.0%と圧倒的に石炭に依存した構造であった。その後，大慶油田をはじめとする国内大油田の発見により，60年代以降，石油の比率が上昇し，78年には石炭70.7%，石油22.7%，天然ガス3.2%，水力3.4%となった。2015年になると，石炭63.7%，石油18.3%，天然ガス5.9%，水力・原子力・風力・太陽光など12.1%となり，石炭の占める比率が依然として高いとは言え，大幅に低下してきたことがわかる。この40年弱でエネルギー源の多様化は少なからず進んだといえよう。

エネルギー需給全体を見ると，改革開放以前の中国はエネルギーをほぼ自給自足していたが，改革開放以降，エネルギー需給バランスは輸出ポジションへと転換する。外貨不足に悩まされていた改革開放初期の中国にとって，エネルギー輸出は有力な外貨獲得手段として奨励され，特に大慶油田の原油輸出は大いに貢献したのであった。

（2）　高度成長期──エネルギー消費の増加の背景とその評価

しかしながら1992年以降，中国が高度成長を加速したことでエネルギー消費が急増，需給ギャップは需要超過へと転換する。主要エネルギーである石炭は2009年に純輸入となったものの，それ以前は一貫して輸出を続けてきた。とりわけ2000年代前半には，中国の石炭輸出は9000万トン余りと，オーストラリアに次ぐ世界第2位の水準であった。したがって中国のエネルギー需給を輸入ポジションに転換させた最大の要因は石油輸入である。

石油輸入は図10-2のとおり，2000年代に入って急拡大している。純輸入の状態になったのは1993年であるが，その後，特に2000年代に入って輸入量はさらに急激に増大している。原油の対外依存度を見れば，90年の3％弱から30年弱の間に65％まで大きく上昇している。最大の原因は，自動車販売台数の劇的な増加に見られるように，生産の伸びと比較した消費の急増である。1990年から2015年の期間において，石油消費は年平均6.2%で成長したのに対し，石油生産は1.8%の低い伸びに止まった。

他方，改革開放以降，中国がエネルギーの利用効率を大幅に向上し，省エネルギーを実現してきたことはもっと評価されて良い点である。図10-3のとおり，15年まで中国のエネルギー効率（GDP原単位。1単位のGDPを産出するために消費した石炭の量）は02年からの数年を除いてほぼ一貫して向上している。とかく中国のエネルギー効率の悪さばかりが強調されるが，中国は高度成長の過程でエネルギーの利用効率を大幅に引き上げてきた。15年には同じGDPを1978年の4分の1以下のエネルギー量で生産できるようになったのである。

エネルギー消費弾性値を見ても，中国は高度成長を実現しつつも，GDP成長率の半分しかエネルギー消費を増やさないで（弾性値としては0.5近辺で）推移してきた。[2]それを可能にした要因としては，計画経済体制から市場経済体制への移行に伴い，それまで極めて安価な価格で配給されていたエネルギー価格が

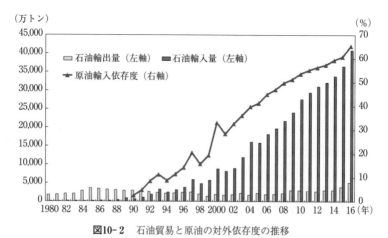

図10-2　石油貿易と原油の対外依存度の推移

出所：海関総署編『中国海関統計年鑑』中国海関雑誌社および国家統計局能源統計司編『中国能源統計年鑑』中国統計出版社，各年版より筆者作成。

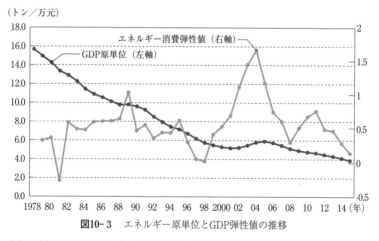

図10-3　エネルギー原単位とGDP弾性値の推移

出所：国家統計局能源統計司編『中国能源統計年鑑』中国統計出版社，各年版より筆者作成。

引き上げられ，節約インセンティブを与えたことが大きい。またエネルギー強度の高い重化学産業に代わって，消費財あるいはサービスの供給増が経済成長を牽引してきた改革開放期の産業構造の変化という要因も指摘できる。そしてもちろん，外資導入も含め，エネルギーの効率的利用技術の導入が進んだことも要因として挙げられる。

（3）　新常態への移行——エネルギー生産・消費の量的・質的変化が進行中

　2012年以降，中国のGDP成長率は従来の10％近い水準から8％を割り込む水準へと低下し，15年には遂に6％台となった。経済発展段階の変化に応じて高度成長から中成長へとギアチェンジを行うとともに，成長の質的な変化（例えば投資主導から消費振興，工業化からサービス経済化への移行など）を促す政策が講じられている。エネルギー生産・消費も中国経済の新常態への移行による影響を強く受けることとなっている。

　まずエネルギー消費の成長率を見ると，1990年から2011年までは年平均6.9％で成長してきたが，12年から15年にかけては2.3％にまで低下している。理由としては，経済成長の鈍化による需要減はもちろんであるが，エネルギー負荷の小さいサービス産業の経済に占める比率の増大も挙げられよう。

　質的な面でも変化が見られる。一次エネルギーに占める石炭の比率は過去10年間では2007年が最も高く72.5％であったが，その後低下傾向が明瞭となり15年には63.7％にまで下がった。石炭消費量は13年の28億999万トン（標準炭換算。原炭は42億4426万トン）をピークに減少し，15年は27億3849万トン（同39億7014万トン）となっている。石炭以外のエネルギー消費はすべて増加しているので，新常態による需要減のインパクトは石炭が一手に受けている状態である。

　石炭需要が比率の低下のみならず絶対量として減少に転じたことで，石炭産業は相当の打撃を受けている。2000年代後半以降の石炭価格高騰で将来需要の見通しを楽観的に大きく見積もった石炭企業は06年から15年にかけて3兆6719億元もの巨額投資を行い，30.3億トンの新規生産能力を拡充した。その結果，15年末時点で生産能力は43.5億トンに上った。上記の同年の石炭消費量と比較すれば3.8億トンの生産能力の余剰が存在していたことになる。

　生産能力余剰が供給過剰を生み，2012年から15年にかけて石炭価格がほぼ一貫して暴落，15年には最大手の神華集団以外の企業は全て赤字という惨状となった。そこで16年2月，国務院は石炭生産能力を3～5年の期間で5億トン程度を廃棄，5億トン程度を再編して合計約10億トンを整理し，18年までの3年間は原則として新規炭鉱建設や既存炭鉱拡張の申請を認めないとする，過剰生産能力の削減を強制的に進める政策を開始した。

　この過剰生産能力削減政策は初年である2016年だけで約1500の年産30万トン以下の中小炭鉱を閉鎖し，石炭生産量は34.5億トンと前年比7.9％の減産に成

第Ⅲ部　経済発展を制約する要因

功した。生産能力の削減量は当初16年の目標としていた2.5億トンを上回る2.9億トンに達したとされる。一方，消費量は前年比1.3%の減少に止まり，需要より供給が大きく減少したことで価格は15年11月の底値から16年11月には2.1倍にまで上昇した。その結果，16年の石炭採掘・精選産業の利潤は950億元で前年比2.2倍となり，初年の滑り出しは上々となった。

　高度成長を背景にほぼ一貫して成長だけを考えれば良かった中国のエネルギー生産・消費は新常態への移行で構造転換を迫られており，今後の推移を注視する必要がある。

2　市場経済化のエネルギー安定供給への貢献

　前節で検討したとおり，改革開放による高度成長によってエネルギー消費量は確かに急増したが，エネルギー不足は1970年代や高度成長がまだ本格化していない80年代の方がむしろ深刻であった。というのも，改革開放で成長したのは何も製造業だけにとどまらず，エネルギー産業も飛躍的な成長を遂げ，エネルギーの供給量を大きく拡大することに成功してきたためである。成長のカギは製造業同様，市場経済化であり，それによって新たな成長企業が生まれてきたこと，あるいは国有企業の改革が進み，経営効率を向上させたことであった。

　エネルギー産業（石炭，石油）の成長経緯について，本節では概観する。

（1）　石炭──市場経済化の進展と国内供給の増産

　まず主要エネルギーである石炭について見てみよう。一次エネルギー消費に占める石炭の比率は石油へのエネルギー転換で1977年に69.9%にまで低下したが，その後90年までほぼ一貫して上昇，76.2%となった。その後90年代後半から2000年代前半に中小炭鉱の強制閉鎖政策が進められたことで01年には68.0%にまで低下したが，その後経済成長が加速したことで再び急上昇，07年には72.5%となった。

　このように1980年代から90年代にかけて高度成長によって急激に増加したエネルギー需要を満たしてきたのは石炭であり，これは日本を始めとする多くの国々で60年代に石炭から石油への転換（エネルギー革命）が進み，石炭は2割程度にまで大きく比率を下げたことと対照的である。中国ではエネルギー需要急

増の際には，もっぱら石炭がその需要を満たす役割を果たす構造であったといえる。

　一方，石炭生産については，改革開放が始まった1978年時点では生産量は6億1789万トンであったが，2010年には34億6189万トンにまで大幅に増加している。石炭が高度成長期に生産を急拡大できたのは，エネルギー産業の中でも石炭産業において市場経済化が最も進展したことに原因が求められる。石炭増産の立役者となったのは，郷鎮炭鉱と呼ばれる日本でいえば町村に当たる政府による経営，あるいは私営の零細炭鉱であった。

　1978年時点における石炭生産量の内訳は，国家が所有し経営する国有重点炭鉱が55.3％，地方（省ないし県）経営の地方国有炭鉱が30.6％，そして郷鎮炭鉱が14.1％という構成であった。ところがその後，96年には郷鎮炭鉱による生産比率が44.7％にまで拡大し，78年から96年までの期間において郷鎮炭鉱の生産量は年率11.5％で拡大した。他方，78年以前の計画経済期における主力炭鉱であり，現代型炭鉱といえる国有重点炭鉱は年率で2.5％の成長率にとどまった。

　郷鎮炭鉱はその多くが設備への投資が非常に少ない，労働集約的な生産方式であったため生産量を短期間で急激に増加させる柔軟性があり，生産コストも国有重点炭鉱の3分の1程度と圧倒的に安価であった。他方で，死亡事故の多発，資源乱掘，環境問題など市場の負の外部性を深刻化させながら郷鎮炭鉱は生産を拡大してきた面もあり，急速な市場経済化に副作用も伴ったのも確かである。1990年代後半以降，政府は中小炭鉱に対する規制を強め，郷鎮炭鉱は閉山か，必要な設備投資を行うことを迫られ，外部性の問題は相当改善した。例えば平均年産量を見れば，95年時には1炭鉱当たり7900トンであったが，2012年には14.9万トンと規模が大きく拡大し，炭鉱数も7万2919トンから9343まで減少，選別が進んだ。郷鎮炭鉱による石炭生産シェアは01年には23.9％にまで低下したが，05年には38.8％にまで回復，10年は34.4％となっている。郷鎮炭鉱は安価な石炭を供給することで高度成長を支えてきたのであった（堀井，2010）。

　一方，国有重点炭鉱も2000年代後半以降，生産量を大きく拡大し，郷鎮炭鉱に代わって再び石炭生産の主力への返り咲きに成功している。その背景には従来，政策によって人為的に低く抑えられてきた石炭価格が引き上げられ，石炭

第Ⅲ部　経済発展を制約する要因

産業の経営状況が好転したことがある。石炭価格が市場で決定される程度が増
したことで国有重点炭鉱の利潤が増加し，生産能力拡大に必要な投資資金が集
まる循環が形成されたことが寄与した。国有重点炭鉱の復権を可能としたのは
市場経済化の進展であり，市場の荒波に晒されると消え去ってしまうと考えら
れた国有重点炭鉱は意外にうまく適応してきたのであった（ただし，行き過ぎて
2000年代後年以降に投資バブルに踊った結果，多額の債務と過剰生産能力を抱え，余剰
生産能力削減政策の対象となった）。

（2）　石油——競争環境で進んだ新規油田開発と海外資源確保

　他方，石油については中国国内の生産の伸びは限定的であり，1979年の1億
615万トンから2015年においても2億1474万トン，年率換算では2.0%の成長に
とどまっている。この間，消費量は年率平均5.1%で伸びたため，国内の需給
ギャップは大幅に拡大，16年の原油輸入量は3億8101万トンとなっている。

　このように国内生産は伸び悩んでいるかに見える石油産業についても，市場
経済化が供給拡大に及ぼした影響は少なくない。莫大な数の郷鎮炭鉱によって
構成される石炭産業と異なり，石油産業においては，CNPC（中国石油天然ガス
集団公司），Sinopec（中国石油化工集団公司），CNOOC（中国海洋石油総公司）の
国有企業3社による寡占となっている。ただし，これら3社の国有企業は，計
画経済時代の国営企業とは異なる。

　まずCNOOCは設立が1982年と改革開放以後であり，かつて陸上の油田開発
に限られていた国内生産を海上油田にまで拡大するために新たに設立された企
業である。海洋油田の開発に必要な技術と経験に乏しい当時の中国にとって，
外国企業との協力は不可欠であり，そのためCNOOCは国有企業ではあるもの
の，当初より営利を追求する通常の企業として誕生することとなった。図10-
4が示すように，主要3油田の生産が伸び悩む中，CNOOCの設立は海上油田
の生産量を拡大させ，原油生産の落ち込みを補ってきた。

　CNPCとSinopecについても，80年代以降，市場経済化が着々と進められ，
集大成として資産再編を伴う企業改革が行われた。計画経済期においては，
CNPCは原油生産を行う上流の企業，Sinopecは原油精製を行う下流の企業と
して，それぞれ独占企業として存在していた。しかし98年にCNPCの油田設備，
Sinopecの精製・化学設備をおおむね北方地域についてはCNPCに，南方地域

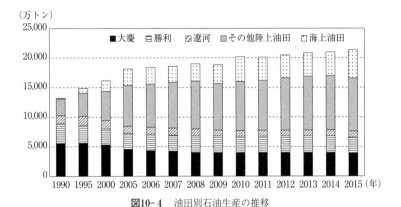

図10-4 油田別石油生産の推移

出所：郭四志（2006），および石油企業各社資料により筆者作成。

についてはSinopecに再編し，上下流一体型の企業としてそれぞれ競争させる産業構造の変革が進められた。これにより，CNPC，Sinopecともに経営効率の向上を進め，主要3油田以外のその他陸上油田の開発に注力を続け，図10-4に見られる成果を挙げることとなった。また上流の原油資源獲得のための取り組みとして海外進出を加速し，各社の海外生産比率は，CNPCが28％，Sinopecが43％，CNOOCが34％にまで高まっている（竹原，2016）。

中国は2015年時点でも依然世界第5位の産油国であるが，規模の大きな油田は半世紀近くに及ぶ採掘の歴史からすでに減退期に入っており，生産量が減少していくことは避けられない。図10-4の陸上3大油田（大慶，勝利，遼河）の生産量の変化からも見てとれよう。その結果，中国国内の原油生産量の伸びは消費量の伸びを大きく下回る状況となっている。しかしながら海上油田と西部油田の生産量の増加が従来の主力油田の減産をカバーし，曲がりなりにも中国国内の石油生産は成長を続けてきた。そしてそれを可能にしたのが，CNOOCの成長であり，CNPCとSinopecの再編による企業間競争の強化であった。そして中国石油企業の海外進出についても同様に，市場経済化による企業のインセンティブが重要な役割を果たしたと考えられる。国内生産の下支えと海外進出による新たな供給源の確保という石油安定供給に資する石油企業の取り組みは市場経済化によって達成されたのであった。

第Ⅲ部　経済発展を制約する要因

3　エネルギー政策の展開

　前節では，他の産業同様，経済改革の中で進められてきた市場経済化がエネルギーの安定供給に寄与してきたことを説明した。他方で，中国政府はエネルギー需給のバランスを確保するために，個別のエネルギー政策による働きかけも進めている。中国はその政治体制から強権的な印象が強く，実際にエネルギー政策についても相当の強制力を伴った手法で推進している。しかしそうした分野においても，中国政府の政策は規制によって市場が存在することを示し，企業にインセンティブを与えることで，企業同士の競争を通じて技術革新，コストダウンを実現することで対策を進めてきている面も注目すべきである。

　中国政府のエネルギー（環境）政策の方向性を示すものとして，依然として五カ年計画（規劃）は重要な意味を持っている。表10-1に第11次（2006～10年）以降の各五カ年計画におけるエネルギー（環境）政策の目標を示した。それぞれの規制指標への対応状況について以下，検討していこう。

（1）　省エネルギー

　第11次五カ年計画において，省エネルギーへの取り組みは重点分野の1つとして取り上げられ，具体的な目標として2010年のエネルギー消費のGDP原単位を05年比で20％改善することが設定された。達成に向けた具体的な措置は，①各省別に省エネルギー目標を割り当て，②エネルギー消費量の大きい（エネルギー消費全体の33％，産業部門の47％を占める）企業を998社リストアップし，③個別に省エネルギー計画を策定，報告させるというものであった。このように手法としては，トップダウンの強制力を持った対策が進められた結果，10年には05年比で19.1％改善したと報告され，わずかながら目標には届かなかったものの，かなりのエネルギー効率の向上を達成した。[3]

　省エネルギーの促進要因として，エネルギー価格の上昇も重要である。エネルギー価格が上昇すると，ユーザーはエネルギーコストの削減で経済的利得を得られるため，省エネルギーに必要な投資に踏み切るインセンティブを得るからである。2000年代後半には，石炭価格を政府の介入で人為的に低く抑えてきた従来の制度が改革され，石炭価格が上昇を始めた。規制以外にこうしたエネ

212

表10-1　各5カ年計画におけるエネルギー関連指標の目標

規制指標	第11次五カ年計画		第12次五カ年計画		第13次五カ年計画
	目標値 （2005年比）	実績	目標値 （2010年比）	実績	目標値 （2015年比）
エネルギー消費のGDP 原単位	20.0%↓	19.1%↓	16.0%↓	18.2%↓	15.0%↓
二酸化硫黄（SO_2）	10.0%↓	14.3%↓	8.0%↓	18.0%↓	15.0%↓
非化石エネルギー比率			11.4%	12.0%	15.0%
CO_2原単位			17.0%↓	20.0%↓	18.0%↓
窒素酸化物（NOx）			10.0%↓	18.6%↓	15.0%↓

出所：各種資料より筆者作成。

ルギー価格の上昇が省エネルギーに向けてユーザーの背中を押した面があったと考えられる。

　その後，第12次（2011～15年）の期間においても16％のGDP原単位改善目標が掲げられ，15年には18.2％と今度は目標を超過達成した。この期間においても強権的なトップダウンの政策が効果を持ったのは確かだが，期間の前半は石炭価格の制度改革を起点とした石炭価格の高騰が続き，その結果省エネルギーのインセンティブが大幅に強化された。一方，後半にはエネルギー価格が大幅に下落し始めたことで価格面での省エネルギーへのインセンティブは低下したが，新常態への移行ということで鉄鋼産業などに対してマクロコントロールが進められ，エネルギー多消費産業の成長が抑制されたことも寄与した。

　そして第13次（2016～20年）においては15％のエネルギーGDP原単位の改善目標となっている。第11次から目標は次第に低下してきているが，対策が進むにつれ，容易に効果が出る部分は少なくなってくるので難度は上がる。しかし第13次では経済構造のサービス経済化が経済政策の大きな方針として示されている。工業よりも成長に必要なエネルギー消費の少ないサービス産業の比率が上昇すればエネルギー原単位の改善は進むので，政府の想定する成長戦略どおりに事が進めば，目標は十分に達成可能であると考えられる。

（2）　大気汚染対策

　エネルギー消費に伴って発生する大気汚染への対策も第11次五カ年計画以降重点対策分野とされ，特に2011年末以降，PM2.5を主因としたスモッグ（ヘイズ）が社会問題化して以降，対策のレベルが急速に引き上げられることとなっ

第Ⅲ部　経済発展を制約する要因

た。

　第11次にはSO₂の排出量規制が導入され，2005年比でSO₂排出量を10％削減する目標が掲げられた。省エネルギー目標がGDP原単位，すなわちGDPが成長する以上，絶対量としてはエネルギー消費量自体も増えることが容認されていたのに対し，SO₂排出量は絶対量として削減する目標である。その意味でより厳しい目標といえるが，表10-1のとおり，経済成長は引き続き堅調であったにもかかわらず，10年のSO₂排出量は2005年比で14.3％の減少と目標を超過達成することに成功した。その背景には，排煙中からSO₂を除去する排煙脱硫装置の普及が急速に進んだことがある。

　排煙脱硫装置普及の原動力となったのは国内装置メーカーの成長による導入コストの大幅な低下であった。2000年時点での排煙脱硫装置の導入コストは800～1300元/kWであったが，05年には150～250元/kWにまで低下，優に8割のコストダウンが実現した。政府の規制が脱硫装置市場を立ち上げ，多数の企業が市場参入したことで競争が活発化し，排煙脱硫装置の導入コストを大幅に低下させた。元々高価な排煙脱硫装置が国内メーカーによる国産化が進み，コストダウンが進んだことが排煙脱硫装置の普及に決定的な効果を持ったと考えられる（堀井，2014a）。

　SO₂規制の成功を受けて，第12次ではNOxの排出規制も盛り込まれた。目標は10％の削減であったが，15年のNOx排出量の削減幅は18.6％と大幅に目標を超過して達成した。もちろん背景には排煙脱硝装置の普及がある。脱硫装置同様，国内メーカーが成長し，14年末時点で石炭火力発電容量の83.2％に脱硝装置が装備されることとなった。なお，第12次のSO₂の削減目標は8％であったが，15年には2010年比で18％もの大幅な削減に成功している。脱硫装置も14年末には石炭火力発電の92.1％に導入される水準にまで達した。

　そして第13次のSO₂，NOxの排出削減目標はともに15％となっている。いずれも第12次の目標を上回るレベルである。電力産業における排煙脱硫・脱硝装置の普及は先のデータが示すとおり，ほぼ完成に近く，さらに削減を進めることは非常に難度が高い。それにもかかわらず，高い目標が示されたのはPM2.5によるスモッグ対策が政権にとっても政治的意味を持つ喫緊の課題と認識されたことが大きい。対策が進んできた電力産業においても更に規制値を引き上げ脱硫・脱硝装置の効率を日本の発電所並みにまで高める「超低排出基

準」を適用すること，さらに電力以外の石炭ユーザーにも規制の対象を広げることで目標の達成を企図していると考えられる。

　なお，PM2.5対策は2013年9月に国務院により提起された「大気汚染防治行動計画」に沿って大きな進展を見せている。同計画の目標年は17年であるが，15年時点で中間評価を行っており，それによると京津冀，長江デルタ，珠江デルタ，成都・重慶でNO_2濃度は12年比でそれぞれ9.8％，11.9％，19.5％，15.8％，SO_2濃度はそれぞれ44.9％，30.0％，38.1％，48.3％と大幅に改善している。対策手段別の寄与率を見ると，脱硫・脱硝・除塵装置の導入でSO_2は39％，NO_2は63％，PM2.5は31％の削減を実現しており，技術的対応が相当の効果を持っていたことがわかる。これに石炭焚きボイラーの淘汰，中小ユーザーの利用禁止など行政的手段を加えると，SO_2は90％，NO_2は83％，PM2.5は52％の削減がこうした政策の結果，実現したことが確認できる。

　以上のことより，中国が主要エネルギーとして石炭を利用し続けていく上で，大きな障害となる環境問題の1つ，大気汚染問題はすでに技術的対応を中心に解決に向かっていると言える。技術導入を可能にした大きな要因として，政府の規制とそれに反応した企業のイノベーションによるコスト低下が注目される。

（3）　気候変動対策とエネルギー多元化

　次に気候変動（地球温暖化）に関連する対策も近年かなりの進展が見られる。五カ年計画では，非化石エネルギー比率とCO_2原単位に関する目標が該当し，第12次から提示されている。表10-1のとおり，第12次期間中に，非化石エネルギーの比率は目標11.4％に対し，12％にまで引き上げ，CO_2原単位は17％の目標に対し，20％の改善を達成した。先に述べたとおり，特に主要エネルギーである石炭の比率が近年急速に低下し続けており，代わってガス，水力，更に風力や太陽光などの再生可能エネルギーのシェアが高まっている。

　風力発電は再生可能エネルギーの中でも比較的コストが安く，中国でも第11次期間より急速に導入が進んできた。中国の風力発電設備の導入設備容量（系統接続済）は2000年時点ではわずか34万Wに過ぎなかったが，16年には1億4864万kWにまで増大している。風力発電の急速な普及についても，中国国内メーカーの成長とそれによるコストダウンが要因として指摘できる。かつて04年時点においては，国内で導入されている風力発電設備の82％を海外メーカー

第Ⅲ部　経済発展を制約する要因

からの輸入に頼っていた。しかしその後，国内メーカーが急成長を遂げ，13年には国内メーカーの累計シェアは87.6％にまで上昇した。海外メーカーの設備に比べ国内メーカーの設備は２割程度割安で価格競争力を有することが背景にある（堀井，2013）。

　同様に，国内企業の参入によって，コストが低下している技術として，太陽光発電が挙げられる。太陽光セルについても，中国メーカーはコストダウンに成功，世界市場を席巻し，2013年の世界生産シェアは約65％にまで達し，世界最大の太陽光セル生産国となっている。しかし当時は中国で生産されている太陽光セルはそのほとんどが輸出向けであり，中国国内の導入という点では，風力発電と比べると価格競争力が劣り，限られた量にとどまっていた。しかし13年以降は欧米において中国製太陽光セルに対してアンチダンピング措置が発動されるなどして中国の輸出が急減，メーカーの救済の意味もあり，国内への導入に舵を切ることとなった。その結果，中国の太陽光導入量は13年以降，まさに驚異的なスピードで拡大，15年にはドイツを抜いて世界最大の太陽光導入国となり，16年にはドイツの1.9倍に当たる7807万kWに達した。

　エネルギーの多元化という点でいえば，原子力も将来の成長が見込まれている。17年１月時点で運転中の原発は35基，3162万kWで世界第４位，建設中の原発は22基，2417万kWとなっており，06年の中長期発展計画で掲げられた20年に設備容量を4000万kWにまで引き上げる目標は達成が確実視されている。もっともこの目標は福島原発事故以前には7000万kWへの上方修正もあり得ると考えられていたことから，中国の原子力建設計画も同事故の影響を若干受けたということになる。

　原子力の堅調な成長の背景にも，排煙脱硫・脱硝装置や風力発電，太陽光セルと同様，国内の関連企業が成長したことがあり，国産化が進んだことによって建設コストを約３割低減するのに成功したとされる（堀井，2014b）。福島原発事故以降，各国で進む規制強化の下，世界的に原子力ビジネスはリスクとコストが急上昇しており，東芝・ウェスティングハウスの破綻のみならず，フランスのアレバや三菱重工，日立などの有力メーカーはいずれも原子力事業は巨大赤字を計上している。そのような中，ロシアと中国の原子力企業は海外の原子力プロジェクトへの参画を積極的に進めており，イギリスではアレバの技術をベースにした国産原子炉華龍１号の建設に向けて取り組みを加速している。

（4） 緊急対応——石油備蓄，資源外交，輸入源多様化

　以上のように，中国のエネルギー政策の重要な特徴は市場の力を活用しようとするところにあるといえる。しかしいったん不測の事態が生じた際の緊急対応については，やはり政治の関与による対策が講じられている。とりわけ対外依存度が高まる石油の確保という点では，さまざまな政策を通じて対応できる体制の構築が図られている。

　国際エネルギー機関（IEA）は，加盟国に対して90日以上の石油備蓄を義務づけており，日本は180日近い戦略備蓄を備えている。これに対し，非加盟国である中国は，従来石油企業の運転在庫程度の備蓄しか有していない状態であった。しかし中国の石油輸入量が拡大する状況下，中国においても第11次五カ年計画において石油の戦略備蓄，国家備蓄制度の構築が盛り込まれ，2008年末に1640万m^3の備蓄量を達成した。しかしこれは年間消費量の12日程度に過ぎず，早速09年から第2期プロジェクトが開始，15年には既設と合わせて容量2860万m^3（2610万トン）へと拡大した。しかし民間在庫と合わせて，90日程度の石油備蓄構築という当初の目標は石油消費量の上振れなどもあり達成できず，40日足らずに止まった。そのため，16年から第3期目の備蓄基地建設プロジェクトが進行中である。

　海外の石油資源権益の確保も，政府の資源外交による支援を受けつつ進められている。中国石油企業による海外石油生産は1億4628万トンにまで拡大し，その地理的分布を見ればアフリカが大きい。中国石油企業のアフリカにおけるプロジェクトの中でも，スーダン，アンゴラなど，政治的に不安定な国々における生産量が大きな比率を占めている。こうした国々においてプロジェクトを進めるためには，政府間の協定が欠かせない必要条件であり，中国政府は首脳訪問の際に，インフラ開発を含んだ援助パッケージと引き換えに石油をはじめとするさまざまな資源の開発プロジェクトを共同宣言の中に入れ込むという形の政策支援を行ってきた。欧米諸国から独裁体制や非民主的であるとして非難を受けている国々と資源開発を引き換えに援助を行っていることで，中国の資源外交は欧米諸国から強い批判を受けている。

　しかしながらエネルギー安全保障上の効果は過小評価できない。そのひとつの表れが中国の石油輸入元の多元化に寄与している点である。中国の最大の石油輸入元はサウジアラビアであるが，その他の国々を見ると，日本と異なり，

第Ⅲ部　経済発展を制約する要因

中東諸国以外の国々の比率が大きい。日本は中東からの輸入が全体の9割以上であるが，中国の中東依存率は48.0％に過ぎない（16年）。中国の中東依存度が低い背景には，中東の高硫黄原油を処理できる精製設備が国内でかつて不足していたことも一因であるが，エネルギー安全保障の観点から多元化を進めていることもあり，その背景には政府の資源外交を通じた戦略がある。

4　中国のエネルギー問題の今後

　中国のエネルギー問題の今後の帰趨を決める要因として，需要面では気候変動対策，供給面では過剰生産能力の削減政策による影響に注目する必要がある。
　中国の気候変動問題に関する国際交渉の経緯については第11章でまとめられているとおり，中国はCOP21では従来の姿勢を転換，アメリカと歩調を合わせてパリ協定の成立に重要な役割を果たした。しかし中国が自主行動計画で示した自身の目標，すなわち2030年時点でCO_2GDP原単位を05年比60〜65％改善，非化石エネルギー比率を20％に引き上げ，CO_2排出量をピークアウトという目標は中国の今後のエネルギー消費構造を劇的に変えるほどの影響を与えないと見られる（堀井 2016）。
　中国経済の発展方針としてサービス経済化が掲げられ，賃金上昇の下，工業は近年伸び悩むと同時に省力化に向けた投資を急速に拡張しており，雇用吸収面でも今後サービス産業振興を目的とした政策は強化されるだろう。サービス産業はGDPのほぼ半分を産出しているにもかかわらず，エネルギー消費は一次エネルギー全体の15.6％にとどまる（2013年）。2014年時点でGDP原単位は05年比で既に目標の半分以上に当たる33.8％改善しており，今後もサービス産業の割合が高まる産業構造転換が進んでいく可能性が高いことを考えれば目標達成は楽観視できよう。
　他方，非化石エネルギー比率は2005年の6.5％から15年に12％に5.5ポイント上昇したものの2030年の目標にはまだ8ポイントの差があり，これまでのペースでは達成は難しい。割高な再生可能エネルギーの導入には一定の困難があるということだろう。コスト競争力に優れた水力や原子力に加え，風力や太陽光などの持続的な導入推進が必要となるが，規制と産業支援によって引き続き行政が導入を推進するとともに，企業の創意工夫でコストを低下させていくこと

218

が出来るかを注視する必要がある。

　パリ協定における中国の自主行動計画は巧みに経済政策と気候変動政策とをすり合せ，現実的な目標を提示していると言える。したがってパリ協定が中国の経済成長に大きな制約を課すことはなさそうだが，新常態への移行とサービス経済化の進展を前提とすれば，エネルギー需要がこれまでの高成長を継続する可能性は低いというべきだろう。特に2008年から継続的に一次エネルギーに占める石炭の比率が低下している傾向が今後も続くのかは重要な点である。

　石炭への依存度が低下してきた背景にはもちろん環境規制の強化が大きく影響しているが，加えて重要な要因として石炭の経済性の低下が指摘できる。石炭の価格制度改革によって従来政策によって安価な水準に抑えられていた石炭価格が2012年まで高騰し，他のエネルギーとの間で価格競争力が減退したことが石炭需要減少の一因となった。しかしその後エネルギー需要全体が低成長に陥る中，石炭の供給量は調整が進まず，さらに海外からの石炭輸入が急拡大したことで，需給バランスは供給過剰に転化，石炭価格は11年10月の最高点と比べると15年12月には6割も暴落した。ほとんどの石炭企業が赤字に沈み，これが過剰生産能力の削減政策に踏み切る理由となった。

　興味深い点は石炭価格の下落が進むにつれて，例えば新規の石炭火力発電所への投資が増大するなど，石炭回帰の動きも見られた点である。すなわち環境規制だけでは，規制逃れも含めて，必ずしも脱石炭化が今後も進むとは断言できない。中国のエネルギーユーザーは各エネルギーの経済性を勘案して消費行動を決めているのである。その意味で，石炭産業の過剰生産能力の削減政策の帰趨は中国のエネルギー構造の今後，具体的には主要エネルギーである石炭への依存度が今後どうなるかについて重要な影響を及ぼすこととなるだろう。供給過剰の根源的原因が解消されず，価格が低落傾向に再び陥ることになってしまえば，脱石炭化のスピードは鈍ることになってしまう恐れがある。

　過剰生産能力の出現は市場経済化を基調に進んできた石炭産業改革の副作用という面もあり，積み上がった巨額の投資と債務を考えると，市場メカニズムによる過剰能力の解消は要する時間と社会的コストが莫大なものとなるため，政策による対応が現実的ということになる。

　他方，2016年の削減政策は石炭価格に想定外に強い影響を与え，石炭価格は年末には前年比で72.2％もの上昇となり，削減政策をいったん緩める結果と

第Ⅲ部　経済発展を制約する要因

なった。しかし中国政府としては優良な炭鉱を残し，効率性の低い炭鉱を淘汰することで石炭需要の低迷の下でも価格を高めに維持することで，石炭消費も優良な（環境対策を完備した）ユーザーに集約し，非化石エネルギーのさらなる導入を進めていく戦略であると考えられる。したがって今後は，多少価格が上昇しても産業構造改革の流れが止められることはないだろう。

■　　■　　■

●注————————

（1）　エネルギーは石炭，石油，天然ガス，原子力などさまざまな種類があり，それぞれ特性が異なるため，比較，集計する際には何らかの基準で調整する必要がある。通常，熱量を基準に調整され，世界的には石油換算トン（1万kcal/kg），中国では標準炭換算トン（7000kcal/kg）が多く用いられる。なお，別に熱量基準で統一されていない（異なる熱量の石炭も区別せずに重量だけで計上した）原炭トンという数値もあり，区別する必要がある。

（2）　ただし，2001年から06年の期間は弾性値が急上昇し，最高点である04年には1.67という異常な水準に達している。この期間はいわゆる経済過熱期であり，特に重化学工業を中心にエネルギー強度の高い産業が大きく伸びたことでエネルギー効率が低下したことがまずは考えられる。とはいえ，あまりに高過ぎる上昇を到底それだけで説明できるとは思えない。恐らく，その前の1997年から2001年にかけての時期に中小炭鉱の閉鎖政策が大々的に進められ，規制に対抗してヤミ取引されていた（当然統計に計上されていない）石炭が相当量存在していたと考えられる。そのため1996年から99年にかけての弾性値は低い水準で推移したことでその後の石炭消費量とのギャップが拡大，2001年以降のエネルギー消費の成長率が過大になった可能性がある。詳しくは，（中嶋他，2005 第2章）を参照。

（3）　ただし，中国国家統計局は2015年8月，『中国能源統計年鑑2014』を出版し，突然エネルギー消費量のデータを00年まで遡って修正した。修正データで計算するとこの期間のGDP原単位は18.6％と改善幅はやや縮小する。本章の他の部分は全て修正データに基づき計算した結果を示しているが，表10-1については五カ年計画の中国政府発表を出所としているため，敢えて元の数値を示した。

●参考文献————————

郭四志（2006）『中国石油メジャー——エネルギーセキュリティの主役と国際石油戦略』文眞堂。

220

竹原美佳（2016）「中国国有石油企業の対外投資トレンド2016〜規模拡大から"一帯一路"や国内供給など政策反映に〜」独立行政法人石油・天然ガス・金属鉱物資源機構（https://oilgas-info.jogmec.go.jp/pdf/ 7 /7778/1607_b01_takehara_cn.pdf）。

中嶋誠一・堀井伸浩・郭四志・寺田強（2005）『中国のエネルギー産業——危機の構造と国家戦略』重化学工業通信社。

堀井伸浩（2010）『中国の持続可能な成長——資源・環境制約の克服は可能か？』日本貿易振興機構アジア経済研究所。

————（2013）「風力発電設備産業：キャッチアップ過程に政策の果たした機能」渡邉真理子編著『中国の産業はどのように発展してきたのか』第5章，勁草書房。

————（2014a）「第12次5カ年規画とPM2.5問題で加速する中国の大気汚染対策——日本企業にとってのビジネスチャンス」真家陽一編著『中国改革の深化と日本企業の事業展開』，第5章，日本貿易振興機構。

————（2014b）「原子力大国として台頭する中国——急成長の背景とリスク」高橋伸夫編『アジアの「核」と私たち——フクシマを見つめながら』慶應義塾大学東アジア研究所・慶應義塾大学出版会。

————（2016）「中国の石炭・エネルギー問題と気候変動対応」『アジ研ワールド・トレンド』No.246（「パリ協定」後の気候変動対応），2016年4月号。

ウェブサイト

独立行政法人 石油天然ガス・金属鉱物資源機構（JOGMEC） http://www.jogmec.go.jp/

　中国に限らず，エネルギー，資源関連の世界および各国の最新動向に関わるニュース，あるいは詳細な分析リポートが検索，閲覧できる。日本語では最も有用なサイトのひとつ。

Science Portal China http://www.spc.jst.go.jp/

　国立研究開発法人 科学技術振興機構（JST）による中国の科学技術関連情報が豊富。ニュースを中心とする短報に加え，専門家によるリポートも掲載。エネルギーに関してもカバーされており，有用な情報が得られる。

（堀井伸浩）

第11章
経済発展と多様化する環境問題

　急速に発展する経済の陰で，中国はさまざまな環境問題に直面している。工業部門からの廃水や廃気による，河川や湖沼，大気の汚染は，すでに30年以上前から深刻化している。そして，生活排水や自動車排気ガスなど，生活水準が向上したことによる新たな環境汚染も増加している。さらに，中国は世界第1位のCO_2排出国であり，地球温暖化問題への対処も迫られている。一方で，土地の荒廃という自然環境の悪化と貧困の連鎖に苦しむ農民もいる。このように，経済大国でありかつ所得水準に大きな格差を抱えているという中国経済の多様な側面に対応して，環境問題もまた多様であることが大きな特徴である。中国政府は省エネ・省資源型の低炭素経済発展を模索しているが，多様な環境問題の解決のためには，上意下達型の政策だけではない，適切な環境ガバナンスのあり方も問われている。

キーワード：環境保護法，郷鎮企業，循環経済，温室効果ガス，低炭素経済，
　　　　　　三同時制度，排汚収費制度，PM2.5，荒漠化，貧困の悪循環，
　　　　　　土壌汚染，環境ガバナンス

1　環境問題と環境政策の変遷

（1）　環境と経済の多様性

　今，世界中から注目を浴びている中国の環境問題。その特徴を一言で表すならば，「多様性」だといえる。その理由には，以下のようなことが挙げられる。

　第1に，自然環境の多様性である。中国の国土面積は約960万km^2，南北の距離は約5500km（中国政府の主張による），東西は約5000kmに及び，気候的にも，亜寒帯から亜熱帯まで，及び湿潤気候から砂漠気候まで非常に多様である。したがって，例えば同じ森林破壊という問題から，内陸部の乾燥地域では砂漠

化という被害が発生する一方，南方の湿潤地域では洪水という被害が起きる。

　第2に，経済の多様性である。ひとつの国の経済の大きさを見る指標として
GDP（国内総生産）をとれば，中国は2009年に日本を抜いて世界第2位の経済
大国となった。1人当たりGDPで見れば，中国は約8100ドル（2016年名目値）
で日本の5分の1のレベルであるが，近年も続く経済成長により，中進国とい
われる水準になってきている。ただし，その1人当たりGDPには大きな地域
差があるということに注意が必要である。例えば，16年に中国の省・自治区・
直轄市で1人当たりGRP（域内総生産）が最も高い北京市と，最も低い甘粛省
とでは，約4倍の格差がある。前者の経済水準は，すでに中進国のレベルを超
えているといってよい。そして，この甘粛省や貴州省などの内陸部では都市と
農村の所得格差も特に大きい。

　このように異なる所得水準の下では，発生する環境問題も異なってくる。所
得水準の高い沿海諸都市では，先進国同様，自動車の普及による大気汚染や騒
音問題，生活ごみの処理が問題になっているのに対し，内陸部の農村では，今
も貧困と自然環境破壊の悪循環に苦しむところも少なくない。そして，所得水
準の差は政府や企業の環境対策への取り組みの差，人々の環境意識の差につな
がっている。

　さらに，経済大国および温室効果ガス排出大国としての中国は，温室効果ガ
ス削減について先進国と同様の責任を求められているのに対し，1人当たりの
平均所得水準としては未だ先進国に及ばない中国は，依然として経済成長を志
向せざるをえず，先進国からの技術協力も必要としている。こうした中国経済
の多様性・多面性は，多様な環境問題を発生させると同時に，その対策を複雑
なものにしている。本章では，「環境問題のデパート」（小柳，2010，4頁）とも
言われる中国の環境問題を，中国経済の多様性との関連から見ていくことにす
る。

（2）　環境問題と環境政策の略史

　中国で環境問題が全国的に深刻になったのは，改革開放による経済成長が本
格化した1980年代以降ということができる。しかし，それまでも環境問題や環
境政策が中国に全くなかったわけではない。新中国成立後，50年代の人民公社
化を進める過程では，農村で簡易な製鉄炉が多数建設され，精錬のための石炭

採掘や木材伐採が全国で行われた。また、1960年代から70年代にかけての文化大革命期には、重工業の内陸移転や湖沼の開墾による農地開発が行われた。これらは、自然環境の破壊をもたらしたが、それに対する環境保全政策というものは、ないに等しい状態であった。

　中国で環境問題に対する政策が始まったのは、1970年代の初めからである。これには、当時深刻化していた日本の公害についての情報がきっかけとなったといわれる。中国は72年の第1回国連人間環境会議（ストックホルム会議）へ代表団を送ったが、そこでの水俣病患者の訴えに衝撃を受けたという。そしてこの後、73年の第1回「全国環境保護会議」において、「環境の保護と改善に関する若干の規定（試行）」を定め、環境保護に関わる組織と制度の基本方針を打ち出した。

　1978年には、改定憲法に環境保護に関する条文が初めて盛り込まれ、79年には、「環境保護法（試行）」が公布実施された。そして84年には、独立した中央行政組織として「国家環境保護局」が設立されるとともに、各省・市・県レベルにおいても環境保護局が置かれた。こうして、80年代半ばには、環境保護に関する法律と行政組織の基本的な形ができ、89年には第2回「全国環境保護会議」が開かれ、「環境保護法」が正式に施行された。

　しかし、こうした環境に関する立法や政策が、実際に環境問題の防止や解決に有効に働いたかというと、必ずしもそうではない。1960年代末から80年代初頭には、松花江の汚染（松花江流域の吉林省吉林市にあるカーバイド工場が、60年代からメチル水銀を含んだ廃水を松花江にたれ流したことによる汚染）により水俣病と同じような健康被害があったことが報告されているなど、一般の国民には知らされないまま、環境汚染は各地ですでに深刻化していた。

　さらに、1980年代半ば以降になると、国有鉱工業の発展に続いて、郷鎮企業（農村企業）が爆発的に発展してきた。郷鎮企業は一般に小規模で、環境対策をとる技術的あるいは資金的な余力に乏しい。そして、広大な農村部に数多くの郷鎮企業が立地しているために、地方政府がそれらを管理するのは容易ではない。90年代になると、こうした郷鎮企業による環境汚染の農村部への拡大も大きな問題となってきた。

　これに対して、1996年に出された「環境保護の若干問題に関する国務院決定」では、鉱工業15業種について、一定規模以下の工場を地方政府（県レベル）

第Ⅲ部　経済発展を制約する要因

の責任で閉鎖するように定めた。これによって閉鎖させられた小規模工場は，97年1月末時点で6万以上にも達した。郷鎮企業の環境問題に対しては，このように強制的な手段をとる一方で，環境対策のための技術改造や，廃水・廃気の処理設備などへの投資に優先的に融資を行うなどの政策も実施された。

2001年から始まった「環境保護"十五"計画」（環境保護第10次五カ年計画）では，05年までに主な汚染物質の排出総量を00年比で10％削減することを目標に掲げた。しかし現実には，05年の排出量は00年に比べて，SO_2（二酸化硫黄）で28％増，COD（化学的酸素要求量の略で有機物による汚染の指標）で2％減など，多くの目標が未達成な状況となった。これは，個々の企業での環境対策は多少進んだものの，排出源の増加がそれを上回ったことが主な原因といえる。

こうして中国経済の高度成長が続く中で，環境汚染のみならず，資源需要の急増とそれによる資源輸入の増大，国際資源価格への影響も問題となってきた。そこで，2003年頃から政策課題として進められるようになったのが，「循環経済」である。これは，経済の中で資源循環を進めることにより，資源使用の節約と汚染排出の抑制を図ろうとするものである。11年には，「廃旧電器電子産品回収処理管理条例」が施行され，電気電子機器や中古家電のリサイクル制度も作られた。

また，資源循環を政策的に進める背景には，温室効果ガスの削減という問題もある。2005年に発効した京都議定書では，中国には温室効果ガスの削減義務は課されていないが，07年に中国のCO_2排出量が世界一になったことで，その国際的な責任が強く問われるようになった。これに対して中国政府は，09年に初めて20年までの温室効果ガス排出削減の行動目標を発表し，単位GDP当たりCO_2排出量を05年比で40％から45％削減するとした。そして，10年には「低炭素モデル省・都市」を指定するなど，「低炭素経済」への転換が政策の中に入ってくるようになった。CO_2を中心とする温室効果ガス削減と再生可能エネルギーの比率を高めることが，環境政策の課題となってきたのである。

このように，近年中国では，省資源およびCO_2排出削減という先進国型の環境政策も進められている。これは経済発展のレベルが高まってきたことに対応している。ただし，中国全体を見れば，水や大気の汚染といった典型的な公害問題もまだ多くの地域で深刻であり，自然環境の悪化と貧困に苦しんでいる地域もある。日本をはじめとする先進国がこれまで段階を追って直面してきた環

第11章　経済発展と多様化する環境問題

境問題に，同時に直面しているのが現在の中国といえる。

2　豊かさが生む大気と水の汚染

（1）　水の汚染

　河川の汚染に関しては，七大水系（長江・黄河・珠江・松花江・淮河・海河・遼河の各水系）および浙江・福建，西北，西南地区にある河川1617箇所の断面で水質を調べたところ，劣Ⅴ類が9.1％，Ⅳ〜Ⅴ類が19.7％であった（「2016年中国環境状況公報」）。中国の地表水の水質基準は用途を目安に区分されており，Ⅳ類は工業用水に適し，それより水質の悪いⅤ類は農業用水ならば適，最も水質の悪い劣Ⅴ類は農業用水にも適さず，人体に直接触れることが適当でないというレベルである。

　従来から特に汚染が深刻な河川は，「三河」と呼ばれる淮河・海河・遼河である。劣Ⅴ類の断面はこれらに集中しており，その比率は淮河7.2％，海河41.0％，遼河では15.1％であった。一方，特に汚染が深刻な湖沼は，「三湖」と呼ばれる太湖・滇池・巣湖である。全体の水質は滇池でⅤ類とされており，農業用水にも使えない水が多くを占めている。巣湖と太湖はやや改善してきたもののⅣ類となっている。その他，洞庭湖や白洋淀なども水質の悪化が著しい。

　こうした河川や湖沼の水質を悪化させている原因の第1は，工場からの廃水である。特に，農村にある製紙・製革・染色・メッキなどの中小工場では，廃水の処理を十分に行わないまま河川に排出する場合が少なくなく，こうした工場の増加と対策の遅れが汚染を深刻にしている。

　原因の第2は，生活排水の増加である。生活が豊かになり，水洗トイレや合成洗剤が普及することで，さまざまな有機物を含む生活排水が下水として排出されるようになった。下水処理施設を建設するなどして対応しようとしているものの，都市の人口増加により処理能力が追いついていないのが現状である。

　さらに原因の第3として，農業による汚染の増加も指摘できる。生活水準の上昇につれて，畜産物への需要が増大し，畜産業が発展してきたが，そこから出る家畜糞尿が適切に処理されず河川や湖沼に流れ込むケースも少なくない。また，都市近郊の比較的豊かな農家では，化学肥料や農薬を過大に投入する傾向にあるといわれている。こうしたことも水の汚染の原因となっている。

227

有機物による水質汚染の指標であるCODについて統計値を見てみると，都市生活による排放量は工業部門からの排放量の2.8倍に達しており，さらに排出源として大きいのは農業部門である。現在の中国の水汚染は，不特定多数の点汚染源および面汚染源によるものの比重が大きくなっており，対策を難しくさせている。

（2）　大気の汚染

大気汚染として代表的かつ深刻な問題は，SOx（硫黄酸化物）とNOx（窒素酸化物）による汚染である。どちらも，石炭や石油といった化石燃料を燃やすことにともなって発生し，呼吸器障害の原因になったり，雨に溶け込んで酸性雨の原因となったりする。NOxは人体に有害な光化学スモッグやPM2.5によるスモッグの原因ともなる。

2000年以降のSO_2の総排出量を見ると，02年から06年にかけて増加傾向にあったものが，その後はやや減少傾向になった。脱硫装置の設置などが進んでいることが理由と考えられるが，SO_2による大気汚染が劇的に改善するようなレベルには至っていない。また，NOxの排出源別排出量を見ると，自動車からの排出が14年には30％を占めている。工業部門からの排出は減少傾向にあるが，自動車からの排出は微増傾向である。

SOxやNOxによる酸性雨被害は中国で長年問題となっている。改善傾向は見られるものの，16年には長江以南の東部・中部地区を中心に，国土面積の7.2％で酸性雨が降っていると見られ，観測474都市のうち38.8％で酸性雨が観測された（「2016年中国環境状況公報」）。酸性雨が南方地域に偏って観測される一方，北方地域では雨が少ないため，汚染物質が雨水に溶けて降り注ぐ前に他の地域へ飛ばされてしまい，その一部は朝鮮半島や日本にも達している。

酸性雨よりも特に近年被害が問題となっているのは，PM2.5による大気汚染である。PM2.5とは，直径2.5マイクロメートル以下の粒子状物質（Particulate Matter）のことである。この大きさは，スギ花粉の10分の1以下，毛髪の太さの30分の1以下であり，非常に微細なために肺の奥や血管まで入り込んで，ぜんそくや心臓疾患の原因にもなるといわれているが，そのメカニズムにはまだよくわかっていないところが多い。

PM2.5には，工場や自動車から直接排出されるものと，NOxなどから化学

反応で生じるものがあり，後者は光化学スモッグの原因にもなる。つまり，PM2.5の正体はさまざまであり，何がその発生原因かを特定するのはなかなか難しい。2015年に中国環境保護部が9つの大都市を指定して行った調査結果によると，北京・上海・杭州・深圳・広州といった都市では，NOxやPMを含む自動車排ガスがPM2.5発生源として最大となっている。

中国の自動車普及にはめざましいものがある。民間部門の自動車保有量は2015年には1億6284万両に達した（中国国家統計局）。これは00年に比べて約10倍である。10年以上前は，東部地域の一部大都市とそれ以外の地域との間で自動車の普及率に大きな差があり，自動車によるNOxなどの大気汚染は一部大都市に集中する傾向が見られた。しかし，現在では地方都市でも自動車の普及率が高くなり，自動車による大気汚染は地方都市へも広がっている。所得水準の向上にともなって自動車の普及率はこれからも上昇し，それによる大気汚染も今後ますます問題になっていくとみられる。

（3） 汚染防止政策の実効性

大気や水の汚染に対して，中国政府が早い段階から実施した政策として，「三同時制度」と「排汚収費制度」がよく知られている。「三同時」とは，工場が新規投資や拡大投資などを行う際に，環境汚染を防止する施設も同時に設計，施行され，稼働させなければならないという意味である。

また，排汚収費制度は，企業が排出するCODやSO$_2$などの汚染物質の排出量に応じて課徴金を徴収するというものである。制度はかなり複雑なものになっているが，大きく分けて，汚染物質の排出がある基準以上の場合に徴収されるものと，基準以下でもその排出量に応じて徴収されるものがある。徴収された「排汚費」は，企業の汚染防止対策への融資資金や，政府の環境保護部門の経費などに充当される。三同時制度と排汚収費制度は1979年の「環境保護法（試行）」に初めて規定された。

このような制度が当初から十分有効に機能していれば，環境汚染はそれほど深刻にならなかったであろう。しかし，現実はそうでないことから，これらの制度は必ずしも効果的に働いていなかったと考えられる。排汚収費制度について言えば，企業の利益や売り上げの規模に比べて課される排汚費の額が小さく，それが汚染削減への誘因にならない場合も多い。30年以上前から実施されてい

第Ⅲ部　経済発展を制約する要因

るこれらの制度の実効性はそれほど高くなかったといえる。

とはいえ，このような制度を含めて汚染防止政策に全く力がなかったわけではない。第1節でも述べたように，小規模な工場には閉鎖という強制手段がしばしば行われているし，国有大企業を中心に環境対策もそれなりに進められてきた。ただ問題は，政策や制度があっても，それが中国全土のあらゆる企業に対して等しく実行されてきたわけではないということである。地理的条件や経済的条件，あるいは法律そのものの不備により，実行が困難であったり，地方政府が意図的に実行しなかったりする場合がある。汚染防止政策の進み具合や進め具合もまた多様であることに注意が必要である。

3　荒れる大地と農村の貧困

（1）　水土流失と荒漠化

中国では，風や水による表土の浸食を「水土流失」と表現している。中国水利部が2010年から12年にかけて行った「第一次水利センサス」によると，11年末時点で土壌浸食を受けている面積は，全国で294万9100km^2，これは国土面積の31％に相当する。このうち水による浸食は129万3200km^{2}で，その21％が強烈・極強烈・劇烈という強度の浸食状況となっている。

強度の浸食を受けている土地は全国に分布しているが，黒龍江省，内モンゴル自治区，山西省，陝西省，甘粛省といった北部から北西部，四川省，雲南省，広西チワン族自治区といった西南部に多い。また，風による浸食は165万5900km^{2}で，強度の浸食を受けている土地はその44％，内モンゴル自治区，甘粛省，青海省，チベット自治区，新疆ウィグル自治区に集中している。

また，中国林業局の調査によると，2014年現在の荒漠化面積は261万km^{2}となっている。「荒漠化」とは土地の荒廃であり，「砂漠化」「石漠化」を含んだものである。このうち砂漠化面積は172万km^{2}に達する。典型的な砂漠化は，中国の西部や北部の乾燥地域で見られる。このような地域では風や雨の浸食により表土が流出するだけでなく，風によって砂が運ばれ，砂漠化する土地がどんどん拡大していってしまう。また，雲南省や貴州省といった西南部では石灰岩が浸食されてできたカルスト地形が多く，そこでは表土が容易に流出し石灰岩が露出した状態になる。これを石漠化と呼んでいる。

第11章　経済発展と多様化する環境問題

荒漠化による被害としては，農業・牧畜業の生産減少の他，砂嵐や洪水による被害もある。荒漠化の被害は年間500億元以上，4億人が荒漠化の危機に直面しているといわれている。

（2）　農村の貧困と土地の荒廃

水土流失や荒漠化は，直接的には地形的な要因と乾燥・風・降雨といった気象条件によるものであるが，人為的な原因も大きい。すなわち，過伐採・過耕作・過放牧である。燃料や建築材料，あるいは開墾のために森林が過度に伐採されていくと，森林の表土保持機能が失われ，容易に表土流出が起きる。また，食料増産のために傾斜地や乾燥地の森林や草地を畑に変えていくと，風や雨によって表土が失われやすくなる。乾燥地で放牧が行われているところで放牧頭数を増やすと，牧草の成長量よりも家畜が食べる量のほうが上回り，牧草が減少して，やはり風や雨により表土が失われる。

このようなことが発生するのには，経済的な背景がある。貧困農村では，2人以上の子を持つ家庭も多い一方で，教育水準が低く，農業以外に就ける仕事が限られることが多い。つまり，貧しい農民は農村にしがみついて生きていかざるをえず，そのような農村での人口圧力は大きい。そこから，食料や現金収入を求めて，無理な耕作や放牧，そのための森林伐採が行われるようになり，自然環境を悪化させる。そして，自然環境の悪化がますます貧困を悪化させるという，貧困の悪循環が発生する。すなわち，水土流失や荒漠化といった国土の荒廃は，農村の貧困と深く関連しており，農村の自然環境を保全するためには「貧困の悪循環」を根本的に断ち切る政策が求められる。

過耕作や過放牧による土壌浸食の被害を防ぐための政策として，1999年から「退耕還林（還草）」「退牧還草」が実施された。これは，土壌浸食が著しい土地や，砂漠化・石漠化が進んでいる土地を対象に，耕作や牧畜を中止し，植林を実施して森林あるいは草地を回復させるかわりに，農家に対しては食糧と現金を支給するというものである。1999〜2006年の間に，延べ2173万haで実施された（07年の政策変更以降，実施面積は急速に減少し，14年の実施面積は38万haとなっている）。

また，土地の荒漠化という自然環境の悪化と貧困の連鎖から抜け出せない農民を，別の土地に移住させることでその解決を図ろうという政策も実施されて

231

第Ⅲ部　経済発展を制約する要因

きた。これが「生態移民」である。人口圧と経済動機から自発的に移住が進めばよいのだが，先にも述べたように，貧困農村では出稼ぎのチャンスすら乏しい場合が少なくない。そこで政府が移住先と新たな耕作地を用意し，さまざまな優遇政策もあわせて，強制的にあるいは任意で移住を進めるのである。このような政策は内モンゴル自治区，甘粛省，新疆ウィグル自治区など西北部の乾燥地域で，特に2001年頃から活発に実行されてきた。その評価については，肯定的なものがある一方，移住後の経済状況や移住先の環境問題などの問題を指摘するものもある。

（3）　土壌汚染の広がり

　土地の荒廃としては，土壌汚染の問題も深刻である。中国環境保護部と国土資源部は，2005年4月〜13年12月にかけて，全国土960万km^{2}のうち630万km^{2}対象に，初めての「全国土壌汚染状況調査」を実施した。その結果によると，全国すべての土壌調査点のうち16.1%が基準を超える汚染を示した（図11-1）。11.2%が軽微な汚染であるが，重度汚染も1.1%ある。また，耕地の調査点では，19.4%が基準を超え，重度汚染はやはり1.1%である。林地および草地の調査点のうち基準を超過したのは，それぞれ10.0%，10.4%である。

　汚染物質としては，重金属など無機汚染物質が主で，基準を超過した全調査点の82.8%を占めた。カドミウムは全調査点の7.0%で基準を超過しており，次いでニッケル4.8%，ヒ素2.7%となっている。耕地では，カドミウム，ニッケル，銅，ヒ素，水銀，鉛などが主な汚染物質になっている。地域的には，北方より南方のほうが汚染は深刻であり，カドミウム，水銀，ヒ素，鉛については，西北から東南に向け，また東北から西南に向け汚染物質の量が多くなる傾向にある。

　カドミウムによる土壌汚染は，中国南西部の，湖南省，江西省，貴州省，広西チワン族自治区などで深刻とされる。これらの地域は非鉄金属の産地であり，鉛や亜鉛などの採掘や精錬時の排水に混じってカドミウムが河川に流出し，その水によって農地や地下水が汚染されていると考えられる。そして，カドミウムによって汚染された水や農作物を長期間にわたって摂取したことによる健康被害が多発している農村も報告されている。カドミウム摂取による健康被害は，言うまでもなく，日本でイタイイタイ病として知られているものである。

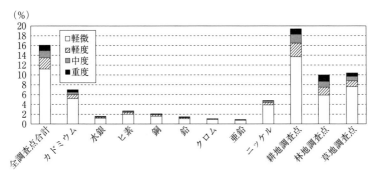

図11-1 土壌汚染の状況（基準を超過した調査点の割合）

出所：環境保護部・国土資源部（2014）「全国土壌汚染状況調査公報」（http://www.mep.gov.cn/gkml/hbb/qt/201404/W020140417558995804588.pdf）より筆者作成。

現在公表されている調査結果は，あくまで調査点での汚染状況を示したものであり，調査点の数や内容については公表されていない。したがって，土壌汚染の面的な広がりと程度については具体的に明らかになっていない。しかし，この調査結果からも，中国の土壌汚染が相当に深刻であることは想像される。

4　地球温暖化問題への対応

（1）　二酸化炭素の排出構造

2007年，中国は国別のCO_2排出量でアメリカを抜き世界一となった（国際エネルギー機関の統計による）。14年には世界のCO_2排出量の28％を中国が占めるに至っており，今後の地球温暖化問題への対応において，中国は最も重要な鍵を握る国だといってよい。

中国国家統計局のサイト「国家数据」で公表されている石炭・石油・天然ガスの消費総量から概算したCO_2排出量の推移を図11-2に示している。これによれば，2000年に約34.6億トンであった排出量が，15年には約95.5億トンと，約2.8倍となっている。一方，人民元ベースの実質GDP当たり排出量は，この間約30％減少している。

2000年代以降中国では，汚染物質およびCO_2の排出対策，あるいは資源節約そのものを目的として，「節能減排」，すなわちエネルギーの節約と排出削減が

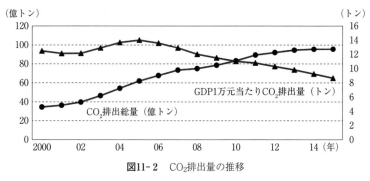

図11-2　CO₂排出量の推移

出所：国家統計局サイト「国家数据」（http://data.stats.gov.cn/index.htm）より筆者作成。

政策として進められてきた。エネルギー消費総量は00年の14.7億トン（標準炭換算）から，15年には43億トンと約2.9倍になっているが，実質GDP当たりで見ると0.73倍となっている。

　中国の一次エネルギーの中心は石炭である。エネルギー消費総量に占める石炭の比率は，2000年の69％から07年に73％まで上昇した後，15年には64％へ減少している（図11-3）。近年その比率は着実に減少しているが，依然として石炭に依存したエネルギー構造といえる。そして，この石炭依存構造は，発電のほとんどが石炭火力であることによって生じている。安価な国産石炭による発電がGDPの成長を支えているという構図に大きな変化は見られない。

　石炭以外の一次エネルギー源の比率を見ると，石油は2000年の22％から15年の18％へ比率が下がる一方，水力・風力・原子力の比率は7％から12％へ増加，天然ガスの比率も2％から6％へと増加している。このように，石炭の比率は依然として高いものの，徐々にではあるがCO_2排出がゼロあるいは少ないエネルギー源へのシフトが進んできている。

（2）　低炭素経済に向けた政策

　1997年のCOP3（気候変動枠組条約第3回締約国会議）で採択された気候変動枠組条約「京都議定書」では，中国にCO_2などの温室効果ガス排出量削減義務は課されなかった。しかし，京都議定書が定めた排出量削減の約束期間である2008〜12年が近づくにつれて，CO_2排出量が世界一になった中国の地球温暖化問題への責任，特に京都議定書後の国際的な取り組みにおける中国の役割が国

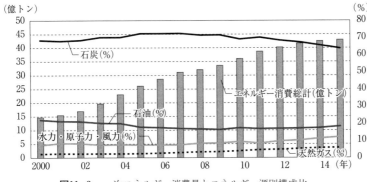

図11-3 一次エネルギー消費量とエネルギー源別構成比

出所：国家統計局サイト「国家数据」（http://data.stats.gov.cn/index.htm）より筆者作成。

際社会の中で問われるようになった。

　こうしたことを受けて，2007年に中国政府は「気候変動に対応する国家方案」を発表し，10年までにGDP1単位当たりのエネルギー消費量を05年比で20％削減する目標を盛り込んだ。また，京都議定書後の温室効果ガス削減の国際的枠組について交渉することになったCOP15（気候変動枠組条約第15回締約国会議）直前の09年11月には，20年までにGDP1単位当たりのCO_2排出量を05年比で40〜45％減らすという，温室効果ガス排出量削減の数値目標を初めて打ち出した。

　これに合わせ，2010年には，広東・遼寧・湖北・陝西・雲南の5省と，天津・重慶・深圳・厦門・杭州・南昌・貴陽・保定の8市を低炭素モデル省・都市に指定した。11年に制定された「国民経済と社会発展第12次五カ年計画綱要」では，GDP1単位当たりCO_2排出量を17％削減することを定め，その削減目標を各地域に割り当てた。

　低炭素モデル省・都市では，各省・都市でのCO_2排出量削減目標の設定に対して責任を明確にし，低炭素経済発展に向けたさまざまな政策が実行されている。例えば，低炭素型への産業構造の転換，工業生産過程や建築における省エネプロジェクト，太陽光や太陽熱，バイオ燃料など自然エネルギーの利用普及，低炭素型交通システムの導入，省エネ・低炭素型ライフスタイルの普及プロジェクトなどである。

　また，2011年には，広東省・湖北省・北京市・天津市・上海市・重慶市・深

圳市がCO_2排出権取引制度のモデル省・都市に指定され，各省・市の中でCO_2排出量が特に大きな企業の間で，CO_2排出権の取引が試行的に実施されてきた。17年からは，全国規模でCO_2排出権取引が始まることになっている。炭素税については，導入が検討されているものの，18年からの導入が決まった環境税には，CO_2は対象として含まれていない。

　京都議定書後の国際的枠組については，先に述べたCOP15では合意に至らず，その後の交渉を経て，2015年にパリで開催されたCOP21（気候変動枠組条約第21回締約国会議）において，ようやく「パリ協定」が採択された。これは，世界の平均気温上昇を産業革命当時に比べて2℃未満に抑えることを目標に，気候変動枠組条約加盟国すべてが20年以降温室効果ガス削減に取り組むというもので，先進国も途上国もそれぞれの国が自主的に決めた削減義務を負うことになる（16年に発足したアメリカのトランプ政権は，同年6月にパリ協定からの脱退を表明した）。

　「パリ協定」において中国は，GDP1単位当たりCO_2排出量を2030年までに05年比で60〜65％減らすと約束しており，今後それに向けて，CO_2排出権取引の拡大や炭素税の導入も見込まれる。ただし，中国が経済成長しCO_2排出量世界一となったのは，国産の安い石炭エネルギーをもとに「世界の工場」の役割を引き受けてきたからともいえ，産業構造の転換や省エネ・新エネの普及などには，こうした観点からの国際的な協力も求められるだろう。

5　環境問題は解決に向かうのか

　本章では，中国が経済発展の中で多様な環境問題に直面していることを概観してきた。近年の状況を見ると，工業部門からの主要汚染物質排出量は一貫して減少傾向にあり，生産額当たりのエネルギー消費も減少傾向にある。これは，これまでの汚染対策がある程度効果を発揮してきたことと，工業生産の効率化，高付加価値化が進んできたことが原因と考えられる。CO_2排出量もGDP当たりで見ると比較的順調な減少を見せており，排出総量の増加にもブレーキがかかってきている。

　一方で，汚染源の多様化と汚染の面的拡大が進み，環境汚染の比重は明らかにそこへ移りつつある。大気汚染では自動車が，水汚染であれば生活部門と農

業部門が汚染源として最重要な問題になってきている。深刻な土壌汚染も今後広範囲で大きな問題となるだろう。

　中国の環境問題の深刻化が指摘されるようになったのは1990年代である。それから現在までの間，環境問題の中身は変わってきているところもあるが，依然として環境汚染のレベルは高く，健康被害も都市農村双方で発生している。中国国民にとっての“環境問題”はトータルとして全く改善されていないといえるのではないだろうか。

　もちろん，中国政府が全くの無策というわけではなく，第11次五カ年計画，および第12次五カ年計画でも“約束性”の環境目標を定める一方，地方政府がその地域の環境保護目標達成に責任を負う「環境保護目標責任制」や，その環境保護目標を達成できなかった場合には，他の業績が良くても地方政府幹部を更迭する「一票否決制」により，地方政府の幹部にも環境目標の厳密な執行を迫るなどしている。また，2015年1月には，環境保護法が26年ぶりに大幅に改正施行された。この新しい環境保護法でも，汚染排出企業に対する地方政府の権限強化と，環境目標への責任強化，違法な行政許可や不作為に対する処分の強化などが盛り込まれている。

　日本が高度成長期の深刻な公害問題を克服できたのは，集中的な環境対策が功を奏した部分が大きい。そして，それを後押ししたのは，政府による規制や補助金といった政策はもちろんであるが，公害発生地域における住民の反対運動とマスメディアによる報道，それらをバックにした地方自治体の取り組み，さらには相次いだ公害裁判など，それら全てであるといってもよい。

　中国でも，地方政府の権限と責任の強化が図られ，環境問題についての情報公開や公衆による通報，環境公益訴訟制度が新しい環境保護法で定められた。しかし，それらはあくまでも，党と中央政府による上意下達式の環境政策を補完するものという位置づけである。環境問題に対する住民・マスメディア・NGOの主体的な活動に対する統制は，むしろ強まりつつあり，司法の独立性も未だ確たるものとはいえない。

　こうした従来からの上意下達式のやり方が，次々に発生する多様な環境問題に対してどれだけ効果があるのだろうか。環境対策の遅れが長引けば長引くほど，環境の回復にかかる時間とコストは飛躍的に増大していく。中国の環境問題が解決に向かうのかどうかは，最終的にはこうした「環境ガバナンス」のあ

237

り方にかかっているといえる。

■　■　　■

●参考文献――――――――――

相川泰（2008）『中国汚染――「公害大陸」の環境報告』ソフトバンク新書。

井村秀文（2007）『中国の環境問題――今なにが起きているのか』（DOJIN選書12）化学同人。

北川秀樹編著（2012）『中国の環境法政策とガバナンス――執行の現状と課題』晃洋書房。

小長谷有紀・シンジルト・中尾正義編（2005）『中国の環境政策　生態移民――緑の大地，内モンゴルの砂漠化を防げるか』昭和堂。

小柳秀明（2010）『環境問題のデパート中国』蒼蒼社。

竹歳一紀（2005）『中国の環境政策――制度と実効性』晃洋書房。

竹歳一紀・藤田香編著（2011）『貧困・環境と持続可能な発展――中国貴州省の社会経済学的研究』晃洋書房。

知足章宏（2015）『中国環境汚染の政治経済学』昭和堂。

森晶寿編著（2009）『東アジアの経済発展と環境政策』ミネルヴァ書房。

ウェブサイト

中国国家統計局「国家数据」（英語サイト）　http://data.stats.gov.cn/english/
　中国の主要統計数値が年次別・省地区別に掲載されている。

中国国家環境保護部（英語サイト）　http://english.mep.gov.cn/
　環境政策に関する主要な文書などが掲載されている。

Science Portal China　（日本語サイト）　http://www.spc.jst.go.jp/index.html
　「科学技術月報」に中国の環境問題や環境政策に関するレポートが掲載されている。

（竹歳一紀）

第Ⅳ部

世界の中の中国

第12章
対外貿易と直接投資

　1970年代末に中国は，自給自足的な自力更生から対外開放への大転換を遂げた。これ以後，対外貿易と直接投資は飛躍的な拡大を続け，いまや中国は世界屈指の貿易・投資大国である。この間，輸出志向型の外資系企業の成長にみられるように，対外貿易と直接投資は相互連関的に発展を遂げてきた。ここから，改革開放後の中国経済は伝統的な比較優位論よりも，むしろ産業内貿易や工程間分業といった新たな貿易理論による説明が可能となっている。しかも対外貿易と直接投資は，中国が志向する市場経済体制の構築過程でも，きわめて重要な役割を果たしてきた。しかし経常黒字や外貨準備高が増大するに伴い，中国は困難な経済運営を余儀なくされ，国際的にはグローバル・インバランスの主因として批判されるようになった。このような背景のもとに，2000年代後半から中国は輸出抑制・外資選別的な姿勢を強めながら，投資・外需主導型から消費・内需主導型成長への転換を図っている。

キーワード：自力更生，経済特区，世界貿易機関（WTO），自由貿易協定（FTA），産業内貿易，産業集積，雁行形態的発展，直接投資＝貿易連鎖，工程間分業，自由貿易試験区

1　閉鎖経済から開放経済へ

（1）　閉鎖経済との決別

　対外開放前の中国では，内戦期の革命根拠地の経験に基づく自力更生が強調された。自給自足経済を志向する自力更生は，中国の独立と国民経済の自立を目指し，外国依存を最小化しようとする発展戦略であった。近代西欧諸国との接触時に，中国は「地大物博」，つまり広大な領内に豊富な物産・資源を擁する帝国として外国との交易は不要との立場をとっていた。中華人民共和国の成

第Ⅳ部　世界の中の中国

立後，社会主義陣営に属した中国はスターリン・ソ連の「一国社会主義」の影響を受け，資本主義勢力が優位にある国際分業への参加や南北間の不平等交換に対して慎重かつ批判的な立場をとり続けた。さらに建国直後に朝鮮戦争に参戦した中国は，国際連合から禁輸措置の制裁を受けた。スターリンの死後は，友好国・ソ連との関係も悪化し，中国は文字通り自力更生を余儀なくされた。

　1950年代に中国はソ連から計画経済体制と経済援助を受け入れた。均衡重視の計画経済体制では，対外貿易は国内の供給不足を補填する手段であり，輸出は輸入支払い外貨の稼得手段にすぎなかった。50年代のソ連の援助に対しては，中ソ対立後も償還が続けられ，中国にとって大きな負担となった。その後，この経験は自力更生を正当化する根拠となった。

　1950〜77年に中国の対外貿易は11億ドルから148億ドルに増加した。56年に貿易収支が黒字転換してから，数年を除いて貿易黒字はほぼ維持された。53〜77年に輸出商品構成は農副産品が55.7％から27.6％に大幅に減少する一方で，紡織品が6.1％から20.0％，軽工業品が20.8％から26.0％，重工業品が17.4％から26.4％へと増加した。輸入商品構成は生産財が92.1％から76.1％に減少し，消費財が7.9％から23.9％へと増加した。貿易相手国・地域としては，55年にはソ連が輸出の47.4％，輸入の64.5％を占めていたが，75年には西側諸国が輸出の60.5％，輸入の73.2％を占めるにいたった。

（2）　対外開放への転換

　自力更生下の中国経済は，文化大革命による混乱も加わり，世界経済の空前の拡大期に混迷を続けた。経済の危機的状況を強く意識したポスト毛沢東期の中国共産党指導部は，1978年末の中共11期3中全会で工作の重心を階級闘争から経済建設に移行させる方針を決定した。新たな経済発展のモデルとして，同じ「中華」の伝統を共有しうるNIEs（アジア新興工業経済）の成功体験が中国の指導者達に多大な影響を与えた。

　非効率で硬直化した計画経済体制を改革する実験は，経済発展のモデルである香港，マカオ，台湾に近く，華僑・華人資本の利用という狙いもあり，まず広東・福建両省で始められた。中央政府は両省に特殊政策・弾力措置の実施を認めた。これには，①財政と外貨の集中管理体制の改革と請負制の導入，②経済計画，対外貿易，企業管理の自主権拡大，③物資・商業部門における市場調

節の拡大，④経済特区の試行が含まれた。

中でも，広東省の深圳，珠海，汕頭，福建省の厦門に設置された経済特区は，改革開放の象徴となった。実験の成功事例を全国に普及させる方針のもとに，特区政策の適用地区は漸次拡大された。1984年に14沿海都市，85年には長江・珠江デルタ，閩南三角地区が開放され，対外開放は点から線に，線から面へと広がりをみせた。もっとも，88年秋からは厳しい引き締め政策が実施され，翌89年には天安門事件が勃発して，対外開放の動きは暫時停滞した。しかし90年には，新たな経済特区ともいえる上海の浦東開発が始まった。

1992年の鄧小平の南方視察を契機に対外開放は再度加速化し，同年には浦東新区の設置に続いて，長江流域や国境地区の主要都市，内陸の主要省都が新たに開放都市に指定された。またハイテク分野の振興を狙った高新技術開発区，保税区，輸出加工区，国際旅遊開発区など，機能を特化させた開発区も誕生した。こうして中国の「全方位・多元的対外開放」が実現した。

（3） 対外開放体制の形成

計画経済体制の改革は対外経済部門にも及び，まず対外貿易権が地方，生産部門，企業などに委譲され，対外貿易部（当時）傘下の貿易企業による対外貿易業務の独占が打破された。また指令性計画の縮小に加えて，指導性計画と市場調節とを結合させた管理方式が実施され，同時に輸出入割当・許可証制度の導入，行政と企業の分離も図られた。さらに輸出振興の一環として，貿易企業に損益自己負担，請負制度，外貨留保制度が導入された。

また開放地区を中心に「三来一補」（①外国から搬入された原料を加工する「来料加工」，②指定されたサンプル・仕様に基づく「来様加工」，③外国から搬入された部品・パーツを組立・加工する「来件装配」，④補償貿易）と呼ばれる新たな加工貿易が導入された。

1979年7月には合弁企業法が発布され，中国はソ連の援助以来途絶えていた外資導入に踏み切った。「三資企業」［①損益・配当・リスクを出資比率で分担する合弁企業（「合資企業」），②損益・配当・リスクを契約で任意に決定する契約型合弁企業（「合作企業」），③100％外資企業（「独資企業」）］と呼ばれる外資系企業の設立に加えて，外国借款やODA（政府開発援助）の導入，外国市場での債券発行などが実施された。

第Ⅳ部　世界の中の中国

　1988年に趙紫陽総書記（当時）は，NIEsの成功体験に基づき「沿海地区発展戦略」を提起した。人材やインフラの整った沿海地区を全面的に開放し，産業調整下にある先進国の斜陽産業を誘致して，中国の豊富な労働力を活かした労働集約型産業の振興が目指された。発表直後から，この戦略は地域格差を助長するとして厳しい批判を浴びた。しかしその後，中国は「沿海地区発展戦略」が目指したような経済発展の道を歩むこととなった。

（4）　貿易・投資自由化の推進

　中国の対外開放は，2001年末のWTO（世界貿易機関）加盟により新たな局面を迎えた。「三来一補」や「三資企業」の加工貿易では，各種優遇措置に基づき自由貿易に近い取引が行われていたのに対して，国内企業が行う対外貿易には高い貿易障壁が設けられていた。中国は1986年にWTOの前身であるGATT（関税と貿易の一般協定）への加入を申請した。中国が実際に関税引き下げを始めたのはGATT加入交渉が本格化した92年以後であり，その動きはAPEC（アジア太平洋経済協力会議）の貿易自由化にも反映された。さらにGATT/WTO加入交渉を通して，指令的な輸入計画，指定国有貿易企業を通した輸入，輸入許可証制度といった非関税障壁も撤廃された。

　WTO加盟後，中国の貿易自由化は自由貿易協定（FTA）を中心に進められている。中国と東南アジア諸国連合（ASEAN）とのFTAは，2000年11月に朱鎔基首相（当時）により提案され，02年11月の枠組協定，09年8月の全面的経済協力枠組投資協定に基づき，10年1月1日から本格的に動き出した。また中国は返還後に深刻な景気後退に直面した香港とマカオとは，03年6月と10月にCEPA（経済連携緊密化協定）を締結し，10年6月には台湾とも両岸経済協力枠組協定（ECFA）を締結した。17年7月末現在，中国はすでに15カ国・地域とFTAを締結している。

2　輸出志向工業化の展開

（1）　対外貿易の構造変化

　1978〜2016年に中国の輸出は98億ドルから2兆982億ドル，輸入は109億ドルから1兆5874億ドルへと爆発的に増加した。この間に世界の輸出に占める中国

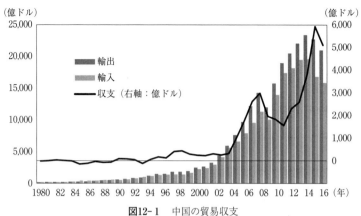

図12-1　中国の貿易収支

出所：海関総署『中国海関統計』各年12期，経済導報社，より作成。

のシェアは0.7％から13.2％に上昇し，09年以後，中国は世界最大の輸出国である。一方，世界の輸入に占める中国のシェアは同じく0.8％から9.8％に上昇し，10年以後はアメリカに次いで世界第2位の輸入国である。また貿易収支は，80年代には国内の供給不足を反映して，景気拡大時には輸入急増に伴い貿易赤字を繰り返したが，94年からは大幅な貿易黒字が続いている（図12-1）。

サービス貿易も顕著な増加をみせている。1982～2016年に世界のサービス輸出に占める中国のシェアは0.7％から5.6％，サービス輸入は0.5％から9.6％に上昇し，16年に中国は世界第2位のサービス輸出国であり，サービス輸入国である。もっとも中国のサービス輸入の世界シェアは，世界最大のサービス輸入国であるアメリカと1ポイント程度の差にすぎず，中国のサービス貿易収支は大幅な赤字基調にある。2000年に入り建設サービスや情報サービスが黒字転換したものの，モノの取引の増加に伴い，運輸，保険，特許使用料などの支払いがこれらを上回るペースで増加している。従来は貴重な外貨獲得源であった観光も，近年の海外旅行ブームにより，09年からは大幅な赤字となっている。

（2）　比較優位産業の変化

1980～2016年の輸出商品構成をみると，一次産品が50.3％から5.0％に大幅に低下し，工業製品は49.7％から95.0％へと急上昇した（図12-2）。80年代の

第Ⅳ部　世界の中の中国

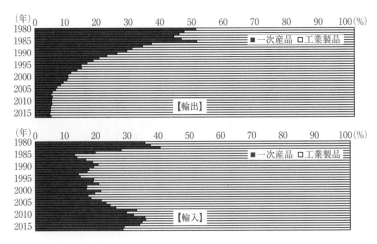

図12-2　中国の貿易商品構成

出所：図12-1に同じ。

　輸出は原油などの一次産品が中心であったが，その後は国内需要が急増したために，中国は一次産品の輸出余力をほぼ失った。90年代はアパレル製品や雑貨などが輸出を牽引したが，90年代後半からは機械類が最大の輸出品目となり，15年には輸出の46.9％を占めている。こうして中国はIT製品や家電製品の「世界の工場」となった。

　一方，1980〜2016年の輸入商品構成は，一次産品が34.8％から27.7％，工業製品が65.3％から72.3％へと推移した。しかし80年代初頭，農業改革の成果が出るまでの間，中国は大量の食糧を輸入に依存していた。その後，80年代半ば以降は工業化に伴い資本財，機械・設備の輸入が8割前後を占めるようになった。しかし2000年代に入ると，エネルギー・原材料需要の拡大に伴い，一次産品の輸入が再度増加した。

　貿易相手国・地域構成も，ほぼ商品構成を反映している。輸出では，日米欧の先進国市場とその中継貿易基地である香港が重要な役割を果たしてきた。一方，輸入では，機械・設備が中心であったために，1990年代前半までは先進国が過半を占めていた。しかしその後は東アジアの輸出生産ネットワークが中国にも及び，2000年代には原料や半製品などの中間財輸入を中心にASEAN，韓国，台湾が主要輸入相手国・地域となっている。

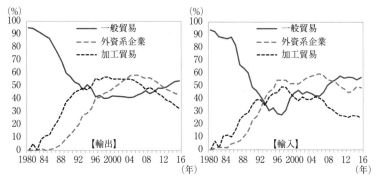

図12-3 中国の対外貿易に占める加工貿易と外資系企業貿易の比率

出所：図12-1に同じ。

（3） 対外貿易と産業発展

中国の対外貿易を形態別にみると，一般貿易と加工貿易に大別される[(1)]。このうち加工貿易の比率は，1981～2016年に輸出の5.1％から34.1％，輸入の6.8％から25.0％に上昇した（図12-3）。また貿易企業を所有形態別にみると，80年にはほぼゼロであった外資系企業が16年には輸出の43.7％，輸入の48.5％を占めている。このように，対外貿易の飛躍的な発展は外資系企業の加工貿易の拡大によるところが大きい。もっとも，2000年代前半をピークにして，加工貿易は徐々に縮小傾向を強めている。

中国の対外貿易は，東アジア・中国・アメリカの「三角貿易」に象徴される。東アジア諸国・地域から中国の輸出生産拠点に部品などの中間投入財が輸出され，中国の豊富な労働力を用いて組立・加工がなされた後に，中国製の最終消費財としてアメリカに輸出される。そのため中国は，近隣の東アジア諸国・地域に対しては貿易赤字を抱える一方で，主要な輸出市場である欧米諸国とその中継貿易基地である香港には巨額の貿易黒字を記録してきた。

「三角貿易」の担い手は，東アジアに輸出生産ネットワークを構築してきた多国籍企業である。上述したように，中国の対外貿易に占める外資系企業の比率はきわめて高いが，中国の対香港，台湾，日本貿易に占める外資系企業の比率はさらに高い。ここから，中国と香港，台湾，日本との貿易は，産業内貿易や企業内貿易が中心となっていることがうかがえる。中国は東アジアの輸出生

第Ⅳ部　世界の中の中国

産ネットワークに組み込まれることにより，対外貿易を飛躍的に拡大すること
ができたのである。

（4）　対外貿易と経済成長

　経済成長に対する対外貿易の直接的な押し上げ効果はきわめて限定的である。
例えば，純輸出（輸出－輸入）が経済成長に大きく寄与したのは，2000年代半
ばの二桁成長の時期を除くと，引き締め政策により輸入が減少した結果として
純輸出が拡大した時期に限られる。もっとも個別の経済指標に着目すると，対
外貿易の役割はきわめて大きい。例えば，世界一の外貨準備高は中国の対外貿
易の成果であり，豊富な外貨により中国は国内供給に制約がある資源や技術を
手にすることが可能となった。また雇用面での貢献はきわめて大きく，対外貿
易部門は1億人以上の雇用機会を創出している。

　先進技術が体化された機械・設備の輸入は，中国の産業高度化には不可欠な
要素である。また輸入拡大に伴う競争状態の導入は，国内産業・企業の生産性
改善に欠かせない「外圧」である。貿易自由化は中国の経済改革の牽引車でも
あり，東部・沿海地区が迅速に経済成長の軌道に乗れたのは，このようなメ
リットをいち早く享受できたからに他ならない。

3　直接投資＝貿易連鎖の進展

（1）　直接投資の発展過程

　1970年代末に中国は外資導入に踏み切った。しかし80年代の対中投資は，年
間10〜30億ドル程度にとどまっていた。92年の鄧小平の南方視察を契機に対中
投資は100億ドル，2010年代には1000億ドルの大台に乗り，いまや中国は世界
屈指の直接投資受入国である（図12-4）。直接投資の形態としては，90年代初
めまでは合弁企業が外資系企業数の過半を占めた。しかし，その後は必ずしも
中国側のパートナーを必要としない輸出生産が増加したこともあり，2016年に
は独資企業が全体の75.4％を占めている。また中国企業が急成長し，中国の合
併・買収（M&A）関連法規が整備されたこともあり，最近では新規（green-
field）投資に加えてM&Aが増加傾向にある。2015年末現在，中国で認可され
た外資系企業は累計86万4304社，投資額は同1兆7655億ドルにのぼる。

248

第12章　対外貿易と直接投資

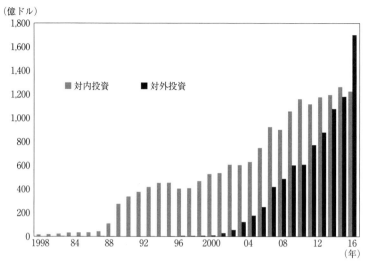

図12-4　中国の対内・対外投資

出所：国家統計局編『中国統計年鑑』中国統計出版社各年版，編輯委員会編『中国商務年鑑』各年版中国商務出版社，各年版，商務部ホームページより作成。

（2）　対中投資国・地域と投資分野

　対外開放の直後から，香港は対中投資において圧倒的な存在であり，2016年の香港の対中投資額は全体の64.7%を占めている。香港に次ぐのがタックス・ヘイブン（租税回避地）の英領バージン諸島であり，以下，シンガポール，ケイマン諸島，韓国，日本，ドイツ，アメリカ，台湾，ルクセンブルクと続く。08年1月に外資系企業と国内企業の企業所得税が一本化されるまで，外資系企業に対しては15%の法人税優遇税率が適用されていた。外資系企業の優遇措置を享受するために，少なからぬ中国企業が国外に資金を一旦移転させたのち，外資系企業として中国に再投資をする周遊（round-trip）投資が活発に行われた。中国の対内・対外投資のみならず，香港や台湾の対内・対外投資でも，タックス・ヘイブンは常に上位に位置しており，中華経済圏をめぐって大規模かつ重層的な資本移動が行われていることがうかがえる。

　投資分野としては，2016年に製造業投資額が全体の28.2%を占め，いまなお最大の投資分野である。しかしWTO加盟に伴うサービス市場の開放と中国の

249

所得上昇により，小売業，不動産業から専門サービスにいたるまで，サービス投資が急増しており，単年度ベースでは，11年以後，サービス投資が製造業投資を上回っている。またインドの成功を目の当たりにして，中国はサービス・アウトソーシング産業の振興にも意欲的である。

　直接投資の受入地区としては，東部が圧倒的比率を占める。2000年代に入り，中国では西部大開発にみられるように，内陸振興が強調されており，外資誘致はその有力な政策措置となっている。しかし16年の直接投資受入額の86.7％はいまなお東部である。対外開放の進んだ珠江デルタや長江デルタには，すでに外資系企業を中心にさまざまな産業集積がみられる（第5章参照）。産業集積は優れた投資環境と外資政策の継続性を反映しており，産業が一旦集積すると，それが新たな投資を呼び込み，新たな投資が産業集積をより充実させることになる。そのため近年では，労働コスト，国内市場，優遇措置とならんで，産業集積が対中投資の新たな誘因となっている。人件費や地価の高騰にもかかわらず，直接投資がいまなお珠江デルタや長江デルタに向うのは，まさに産業集積効果に他ならない。

（3）　直接投資と経済成長

　外資系企業は中国の経済発展に多大な寄与をなしてきた。例えば，2016年に外資系企業（香港，マカオ，台湾企業を含む）は，一定規模以上の工業企業37万8599社の13.1％を占めるが，資産，売上，利潤のそれぞれ19.6％，21.6％，24.5％を占めており，すでに中国経済において一定の地位を確立している。もっとも，中国の固定資産投資に占める外資の比率は1994年に17％のピークを迎え，その後は国内投資資金の多様化に伴い漸減し，近年では3％程度の寄与にとどまる。しかし，コンピューター，自動車，化学繊維などの先端産業では，外資系企業が資産，売上，付加価値，雇用の3〜5割を占めている。さらに2009〜13年を対象としたEnright（2017）の分析によると，地元取引企業とその従業員の消費支出まで含めると，外資系企業は中国のGDPの3分の1，雇用の27％を占めるという。

　先進技術や経営管理ノウハウの移転でも，外資は重要な役割を果たしてきた。デモンストレーション効果に始まり，産業連関の形成，競争の導入，生産性の改善，技術者の養成などを通して，外資系企業から国内企業に及んだ均需

（trickle down）効果は，中国企業・産業構造を一新させる原動力となった。外資系企業が存在しなければ，中国が世界最大のIT生産国になることも，世界最大の自動車市場を形成することもなかった。企業というミクロな経済主体の革新を通して，外資系企業は中国の経済改革の促進要因となったのである。

しかし外資の役割はプラス面だけにとどまらない。そのひとつが，環境保護と外資の役割である。中国の環境規制が未整備であることに着目して，外資が汚染度の高い工程を中国に移転し，環境・生態系をさらに悪化させているという批判はきわめて根強い。もちろん多国籍企業の環境保護基準は中国企業よりもはるかに厳格である。しかし現代の国際分業体制において，中国が相対的に汚染度の高い工程を担ってきたことは否定できない。さらに近年では，外資系企業と中国の経済安全も重大なテーマとなっている。外資によるM&Aの対象が消費財や流通部門から装置産業などの基幹産業に及ぶようになると，中国では外資規制を主張する意見・姿勢が顕著に強まる傾向がある。

（4）　輸出生産ネットワークの形成

中国の対外開放が，脱計画経済化から始まった。この構造転換を通して，中国の対外貿易は比較優位をより反映するようになった。ところが，1990年代以後，大規模な直接投資の流入により，中国の対外貿易では産業内・企業内貿易が急増した。中国をめぐる新たな貿易フローの変化は，伝統的な比較優位論による説明を困難にした。リカードは生産技術の相違，ヘクシャー＝オリーンは要素賦存の相違から国際貿易を説明した。しかし直接投資は資金，技術，経営ノウハウなどの生産要素を一括して移転するために，大規模な直接投資の流入は受入国の要素賦存に多大な影響を及ぼす。こうして中国の経済成長は，比較優位論に立脚した東アジアの雁行形態（flying geese）的発展パターンを打ち崩し，中国の一部産業は先行する東アジア諸国・地域を追い抜き，先進国に急速にキャッチアップする蛙跳び（frog jump）的な成長をみせたのである。

1990年代以後の中国では，経済成長に注目した外資が対中投資に着手し，外資が輸出を拡大することにより経済成長が加速化し，その経済成長に向けて外資がさらなる投資を行うという直接投資＝貿易連鎖がみられた。しかも中国の多くの外資系企業は，IT製品に代表されるモジュラー型製品の輸出生産に特化した。部品（モジュール）が標準化されたモジュラー型製品が技術的な参入

第Ⅳ部　世界の中の中国

障壁を大幅に引き下げた結果，激しい競争により収益率の低下に直面したモジュラー型製品生産企業が大挙して中国に押し寄せた。当時の中国では，モジュラー型製品の組立工程に大量の労働力を投入することができ，しかもモジュラー型製品の標準部品は競争の激しい中国市場では下限に近い価格で調達が可能であった。

　また情報通信・流通分野の革命的進歩を背景として，多くの企業が一貫生産のあり方を見直し始め，各生産工程にもっとも相応しいところに生産工程の一部を振り分ける工程間分業の生産体制をとり始めた。特に部品が標準化されたモジュラー型製品では，部品の生産と最終組立ラインを同じ場所に立地させる必然性はまったくない。フラグメンテーションとして知られる工程間分業の拡大は，直接投資と産業内・企業内貿易を増加させ，中国を中心とする重層的な輸出生産ネットワークを東アジア全域に広めることとなった。

4　外需主導型成長から内需主導型成長へ

（1）　発展方式の転換

　多くの発展途上国が貯蓄不足と外貨不足に悩む中，改革開放期の中国経済はこの「２つのギャップ」を見事に克服し，きわめて高い貯蓄率を背景にして投資主導型の高度成長を実現した（図12-5）。しかし2000年代半ばまでに巨額の経常黒字を積み上げた中国は，過剰流動性の発生，インフレの昂進，貿易摩擦の激化などに直面した。こうして第11次五カ年計画（2006～10年）以後，中国では要素（資本）投入に依存して高度成長を持続する「粗放型成長」から，「技術進歩」を通じた経済効率の改善による安定成長を志向する「集約型成長」への発展方式の転換が強調されるようになった。

　2010年代に入ると，中国経済は高い投資率と相対的に低い成長率の局面を迎えることにより，投資効率のさらなる劣化が明らかとなっている[3]。マクロ経済的には，投資過熱，生産過剰，資産価格の高騰などにより，経済管理はきわめて困難となり，経済運営への負荷は急速に高まった。実物経済でも，賃金，地価，資源価格，環境コスト，人民元レートなど，要素費用の急速な上昇期を迎えた。こうして高度成長の原動力となった労働集約的な輸出産業は構造調整を余儀なくされ，中国経済は投資・外需主導型から消費・内需主導型への移行を

252

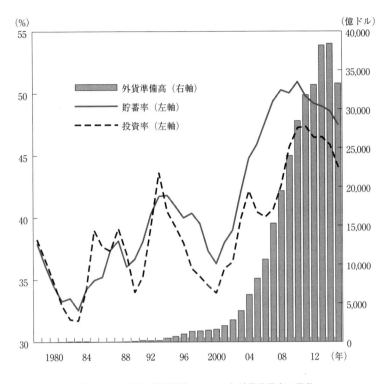

図12-5 中国の貯蓄投資バランスと外貨準備高の推移

注:外貨準備高は年末値。
出所:国家統計局編『中国統計年鑑』中国統計出版社,各年版より作成。

迫られている。

(2) 輸出促進・外資導入策の変容

　発展方式の転換を受けて,2000年代半ばから対外経済部門の構造調整が着手された[4]。まずは輸出産業のリストラである。中でも「両高一資」と呼ばれる汚染が深刻でエネルギーや資源消費の多い産業が,環境保護の観点からも生産抑制の対象とされた。この動きは付加価値が低く,技術水準の低い労働集約型製品,過剰生産能力を抱えた産業や貿易摩擦の「象徴品目」にまで及んだ。また大幅な経常黒字を背景として,輸出振興措置である増値税(付加価値税)還付率の調整は,より中立的な引き下げ・撤廃措置へと方向転換された。さらに貿

易黒字の主因である加工貿易に対しては「加工貿易禁止目録」や「加工貿易制限目録」が導入され，輸出余力をなくした商品に対しては逆に輸出関税が課されるようになった。こうして貿易摩擦の「象徴品目」，例えば，一部鉄鋼製品に対しては，輸出増値税の還付撤廃，輸出許可証制度の導入，輸出課税の適用といった段階的な輸出抑制措置が講じられた。

　2000年代半ばには，外資をめぐっても広範な論争が展開された。①資金・外貨不足（「2つのギャップ」）の補填という外資導入の目的は達成されたか，②外資利用に伴う直接・間接的な便益・費用からみて純便益はプラスかマイナスか，③外資は中国の自主的イノベーションに貢献しているか，④外資政策は「国退洋進」（国有企業の後退，外資系企業の前進）と「国退民進」（国有企業の後退，民営企業の前進）のどちらを目指しているのか，⑤外資依存は中国に何をもたらすかといった論点をめぐって活発な議論が交わされた。一連の論争を通して，外資であれば何でも歓迎という中国の姿勢にも大きな変化がみられるようになった。近年，改訂を繰り返している「外商投資産業指導目録」によると，①沿海地区は省エネ，環境，ハイテク産業や金融，物流，サービス業などの第三次産業へのシフトを進める，②エネルギー・資源消費量が多く，汚染度が高く，技術水準の低い産業や不動産投資を制限する，③労働集約型産業を内陸地区に誘導することが奨励されている。

（3）「走出去」政策の展開

　過剰貯蓄，巨額の経常黒字と外貨準備高を背景として，中国の対外投資が本格化している。1990年代までは，対外投資は試行の域を超えるものではなく，何よりも外資導入が重視されていた。しかし90年代後半の景気後退とアジア通貨危機を契機として，過剰生産設備の海外移転（「帯料加工」）が輸出振興の一環として奨励されるようになり，外資導入（「引進来」）とならんで，中国企業の本格的な海外進出（「走出去」）が始まった。2000年代に入ると，潤沢な外貨，人民元高基調，そして世界金融危機に伴う外国資産価値の下落もあり，中国の対外投資は急増し，16年には対内投資を大幅に上回る規模となった（図12-4）。

　2016年に中国はアメリカに次ぐ世界第2位の投資国である。同年末の中国の対外投資企業は世界190カ国・地域に及び，すでに3万7200社に達している。

対外資産総額は5兆ドル，対外投資残高は1兆3574万ドルにのぼり，残高ベースでは世界第6位の投資国である。16年末現在，投資分野はリース・ビジネスサービス（34.9%）と金融（13.1%）の2分野で全体の約半分を占め，以下，卸・小売，鉱業，製造業，情報通信技術サービス，不動産，運輸・倉庫と続く。一方，投資国・地域は香港が全体の57.5%を占め，これに続くケイマン諸島，英領バージン諸島を加えると，全体の7割がタックス・ヘイブンへの投資となる。ここから，最大の投資分野であるリース・ビジネスサービスへの投資も，タックス・ヘイブン経由で他分野に再投資されていることがうかがえる。伝統的な貿易分野（卸・小売，運輸・倉庫）への投資を除けば，資源分野への巨額の投資や製造業でのM&Aが対外投資の中心となっている。

（4） 新たな対外開放政策

2013年9〜10月に習近平国家主席は，外遊先でユーラシア大陸を包括するシルクロード経済ベルトと海のシルクロードからなる「一帯一路」構想を提起した（第14章参照）。これ以後，「一帯一路」構想は，中国の対外戦略の基本構想となっている。同時に中国は，13年9月に上海自由貿易試験区（自貿区）を設置した。15年3月には広東，天津，福建自貿区，17年3月には遼寧，浙江，河南，湖北，重慶，四川，陝西自貿区の設置が決定された。また同年4月には，深圳，浦東に続くプロジェクトとして，河北・雄安新区の建設が決定された。

まず自貿区では，大幅な規制緩和が進められ，外資の参入規制では，投資や経営が禁止・制限される項目だけを列挙し，それ以外は原則自由化するネガティブ・リスト方式が導入された。また外資系企業の設立手続きも，事前審査による許可制から届出制に変更された。さらに内資・外資企業を峻別してきた法律法規の統一，行政管理システムの効率が進められた。このような投資環境の改善により，2016年には，国土面積では全国の10万分の5にすぎない自由貿易試験区が，対中投資全体の1割を占め，融資・リース，研究開発，創業投資，Eコマース，物流などのハイエンド産業の投資が集中した。

また1980年代の経済特区と同様に，自貿区にはその実験・経験を全国に普及させる輻射作用に期待が寄せられている。そのため自貿区に対しては，国内の主要地域開発構想，とくに「長江経済帯」，「京津冀」（北京，天津，河北），「粤港澳」（広東，香港，マカオ），「両岸」（福建，台湾）などとの連携が強調されて

いる（第5章参照）。

さらに自貿区の重要な役割として，メガFTAやグローバル・ガバナンスへの対応がある。トランプ米新政権の誕生に伴い，環太平洋戦略的経済連携協定（TPP）は失速したものの，EU米国間包括的貿易投資協定（TTIP），RCEP（東アジア地域包括的経済連携）など，世界ではメガFTAの動きが進行中である（第14章参照）。またポストWTOサービス貿易一般協定（GATS）のTiSA（新サービス貿易協定）交渉をはじめ，新たなグローバル・ガバナンスへの対応も求められている。中国の自貿区では，メガFTAやグローバル・ガバナンスに対応しうる実験がなされている。中国は独自の「一帯一路」構想でイニシアチブを発揮しつつも，メガFTAやグローバル・ガバナンスに繋がる動きへの対応も怠ってはいないのである。

● 注

（1） 加工貿易は「来料加工」と「進料加工」に大別される。「来料加工」は原料，部品，設備を提供する外国企業の仕様に応じて，中国の加工企業が加工・組立を行い，完成品を外国企業に納品して加工賃を受け取る業務であり，対外開放初期の主要な加工貿易の形態である。一方，「進料加工」は中国の加工企業が原料，部品・パーツ，包装材料を輸入し，加工・組立後に完成品を再度輸出する業務であり，1990年代以後，加工貿易の中心をなしている。

（2） 一般に発展途上国の経済成長では，輸入が先行し，国内生産が国内需要を充足した（輸入代替）のち，輸出が拡大する。その推移が列をなして飛ぶ雁の姿に類似していることから，赤松要はこれを雁行形態的発展と呼んだ。また小島清は，この過程を日本―NIEs―ASEAN―中国と続く東アジアにおける継起的な産業発展に結びつけた。

（3） 経済成長率と投資効率の関係は，次のように表される。

経済成長率（$\Delta Y/Y$）＝投資率（I/Y）×投資効率（$\Delta Y/I$）

投資効率（$\Delta Y/I$）＝経済成長率（$\Delta Y/Y$）／投資率（I/Y）

したがって，高投資のもとでの低成長は投資効率の劣化を意味する。

（4） 経常収支と貯蓄投資バランスの関係は，次のように表される。

GDP（Y）＝民間消費（C）＋税（T）＋貯蓄（S）

GDP（Y）＝民間消費（C）＋民間投資（I）＋政府支出（G）＋輸出（X）－

輸入（M）

2つの式を整理すると，

$C + T + S = C + I + G + X - M$

$(S - I) = (G - T) + (X - M)$

したがって，経常収支は民間の貯蓄投資バランスと政府の財政収支の合計に等しい。そのため貯蓄超過の中国では，輸出抑制・輸入拡大措置，また為替調整が中長期的に貿易黒字を削減する効果を発揮するとは考えにくい。

●参考文献

大橋英夫（2003）『シリーズ現代中国経済 5　経済の国際化』名古屋大学出版会。

大橋英夫・丸川知雄（2009）『中国企業のルネサンス』岩波書店。

大橋英夫「貿易政策——輸出振興策の調整」（2014）中兼和津次編『中国経済はどう変わったか——改革開放以後の経済制度と政策を評価する』国際書院。

加藤弘之・渡邉真理子・大橋英夫（2013）『21世紀の中国　経済篇——国家資本主義の光と影』朝日新聞出版。

高橋五郎編（2008）『海外進出する中国経済』日本評論社。

Enright, Michael J. (2017), *Developing China: The Remarkable Impact of Foreign Direct Investment*, London: Routledge.

ウェブサイト

日本貿易振興機構（JETRO）　https://www.jetro.go.jp

　基礎統計，法制度，地域情報などの海外ビジネスに関する総合的な情報源。国・地域別，産業別，事業形態別に中国経済・ビジネス情報を取得できる。各種調査レポートも入手可能。

日中経済協会　http://www.jc-web.or.jp

　日中経済交流の総合窓口。ウェブサイト掲載の年刊『日中経済産業白書』と月刊『資料日中経済』は日中経済交流の基本文献。

中国日本商会　http://cjcci.org

　中国で活躍する日本企業を会員とする商工会議所の窓口。ウェブサイト掲載の『中国経済と日本企業白書』は，現地ならではの詳細な産業・地域情報が満載。

（大橋英夫）

第13章
香港・台湾の経済と中国との関係

　香港は1950年代以降，台湾は60年代以降，労働集約型の輸出製造業が発展
し，高度経済成長を達成した。しかしながら，経済成長の結果，賃金が上昇
すると，労働集約型の製造業は競争力を失った。香港ではサービス経済化が
進行し，特に国際金融センターとして発展した。台湾でもサービス経済化が
進むとともに，IT関連機器や半導体が勃興し，製造業の高度化を達成した。
香港と台湾の労働集約型の輸出製造業の多くは，ちょうど改革・開放を始め
た中国に向かった。こうして，香港と台湾は中国との経済関係を拡大して
いった。2000年代以降，中国の経済大国化に伴って，関係はさらに深まって
いった。近年，香港と台湾は，他の先進国や新興国と同様，格差の拡大や若
者の失業と所得の低迷に悩まされている。香港と台湾の政府はイノベーショ
ンによって問題を解決しようとしているが，容易に達成できるとは考えられ
ない。

キーワード：IT関連機器製造業，OEM・ODM，雨傘革命，一国二制度，イノ
　　　　　　ベーション，国際金融センター，サービス経済化，自由放任体
　　　　　　制（レッセ・フェール），人民元の国際化，中継港，中国の経済
　　　　　　大国化，半導体の受託製造（ファウンドリ），労働集約型の輸出
　　　　　　製造業，ひまわり学生運動

1　香港・台湾の経済発展過程——1950年代から現在まで

（1）　経済発展過程の概要

　はじめに香港と台湾の経済発展過程を概観しておく。図13-1に示すように，
香港は戦後，高度経済成長を達成した。2015年の1人当たりのGDPは4万米
ドルあまりに達し，日本を大きく上回っている。台湾もまた香港と同様，高度
経済成長を遂げ，15年の1人当たりのGDPは2万2000米ドルあまりに達して

259

第Ⅳ部　世界の中の中国

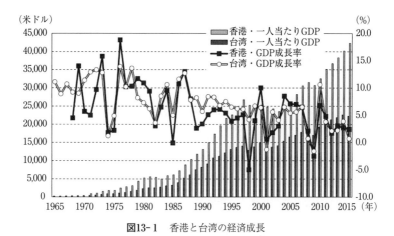

図13-1　香港と台湾の経済成長

出所：香港はCensus and Statistics Department, *Hong Kong Annual digest of Statisitcs*より作成。台湾はNational Development Council, *Taiwan Statistical Data Book*より作成。

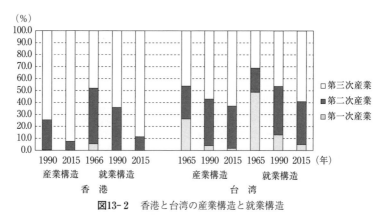

図13-2　香港と台湾の産業構造と就業構造

注：香港では鉱業は第一次産業に含めている。
出所：図13-1に同じ。

いる。

　1950年代から70年代にかけての香港の経済成長は，輸出主導型の工業化によるものだった。図13-2は66年には製造業を中心とする第二次産業が就業者の半分近くを占めていたことを示している。その工業製品の多くは輸出され，輸出依存度（GDPに対する輸出の割合）は86％に達し，部品・材料および機械設備

260

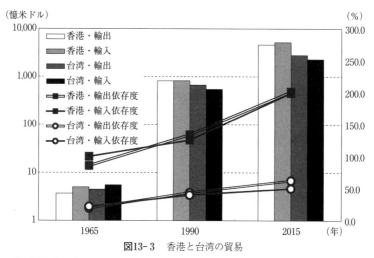

図13-3 香港と台湾の貿易

注：輸出と輸入は左軸，輸出依存度と輸入依存度は右軸。
出所：図13-1に同じ。

の海外からの調達によって，輸入依存度（GDPに対する輸入の割合）も増大した（図13-3）。80年代以降はサービス経済化が進行した（図13-2）。この間，香港を経由する中継貿易が発達し，輸出入の依存度はさらに増大した（図13-3）。

　台湾の初期の経済成長を牽引したのも輸出主導型の工業化であった（図13-2）。輸出入も並行して増加し，輸出入の依存度も大きく増大した（図13-3）。1980年代後半以降，台湾でもサービス経済化が進行した。しかし，香港と違って，製造業の高度化も同時に進行し，その重要性が失われることはなかった（図13-2）。製造業の高度化は輸出入の高度化ももたらし，その結果，90年以降の四半世紀，輸出入の依存度はさらに増大した（図13-3）。

　以下では，このような香港と台湾の経済発展の過程を，より詳細にみてみよう。

（2）　香港──中継港から工業都市へ，そして再び中国の窓口へ

　香港は，南京条約（1842年）と北京条約（60年）によって清朝からイギリスに割譲された香港島および九龍半島と，98年にイギリスに租借された新界からなる。以後，中国と世界を結ぶ中継港として発展した。ところが1950年の朝鮮戦

第Ⅳ部　世界の中の中国

争によって，香港と中国の間の貿易は途絶した。しかも，中国からは大量の避難民が押し寄せ，街は失業者であふれることになった。

　しかしながら，この逆境は香港を工業都市へと変貌させた。工業化の端緒を開いたのは上海から逃れてきた繊維企業であった。彼らはそれまで香港になかった綿紡織の工場を建設した。その後，安価な労働力を利用して，アパレル，玩具，種々の雑貨，電子製品，時計など労働集約型の輸出製造業が次々と発展し，経済成長を牽引した。1980年代，時計の生産量や玩具の輸出額において，香港は世界第1位であった。

　工業化の第1の要因としては，香港の際立った特徴である自由放任体制（レッセ・フェール）が挙げられる。「積極的不介入政策」とも呼ばれる。イギリスの植民地であった香港では，小さい政府が志向され，税金の負担は軽く，経済活動に対する政府の介入は抑制された。特に中継港であったことから，貿易が自由に行われ，関税がほとんどなかった。一方，政府は何もしなかったわけではない。工業化の第2の要因として，政府による交通，通信，工業用地などのインフラストラクチャーの整備や，英国法を基礎とし，簡素につくられた法制度というソフト・インフラがある。

　第3に，安価な労働力が豊富だったことである。上に述べたように，50年代には多くの失業者がいたため，低い賃金で人を雇うことが可能だった。第4に，香港の人々の企業家精神が旺盛だったことである。彼らが中小企業を次々と設立していったことによって，柔軟で機敏な企業間ネットワークが形成されていった。

　第5は国際的な要因である。まず，アメリカをはじめとする先進国市場の成長と国際貿易の発展は，香港の工業製品を吸収していった。一方，インプットの面では，先進国，特に日本が香港の製造業が必要とする機械設備，部品，材料を安価に供給した。さらに先進国企業の直接投資が増加し，香港にも多くの多国籍企業が進出した。

　1970年代になると，国際金融センターとしての発展も始まった。この頃，金融のグローバリゼーションが始まり，香港は国際金融センターの1つとなるとともに，アジアの金融センターとなった。

　香港が国際金融センターとなった最も重要な要因は自由な経済体制である。金融取引についても香港は規制が少なく，税率が低い。人的資源とインフラス

トラクチャーも工業化同様，重要であった。人的資源の面では，勤勉さに加え，イギリスの植民地であったため高い英語能力を持った人材がいたことは大きな優位となった。ソフト・インフラとしては，金融取引に必要な法制度および会計制度が整っていた。ハード・インフラでは通信の発達や，世界各地と結ばれた航空路線網が重要であった。

1970年代，香港経済は順調に成長したが，それは賃金の上昇をもたらし，製造業の競争力を減退させることになった。まさにそのような時に，中国が改革開放路線に転じたのである。香港の製造業は安価な労働力や土地を求めて，急速に中国（主に珠江デルタ）にシフトしていった。一方，香港は中国の工場と国際市場をつなぐ役割を新たに果たすようになった。これを「前店後廠」という。

1997年7月1日，香港はイギリスから中国に返還された。中国政府が，少なくとも50年間は中国の制度を持ち込まず，香港の現行の制度を維持するという「一国二制度（一国両制）」を採用したため，返還が香港経済に対してネガティヴに作用することはなかった。とりわけ国際金融センターとしての香港の優位性は依然として強固である。一方，香港と中国の経済的な結びつきはさらに深まった。2000年代に入ると，多数の中国人観光客が香港を訪れるようになり，サービス産業の成長を後押しするようになった。

（3） 台湾──労働集約型工業製品の輸出から，国際分業の重要な担い手へ

台湾は戦前，日本の植民地だったが，1945年，日本の敗戦の結果，中国に統治されることになった。49年，蒋介石率いる中国国民党政権が中国共産党との内戦に敗れると，台湾に逃げ込んできた。以後，台湾海峡をはさんで，中国国民党が統治する台湾と中国共産党が統治する大陸とが対峙するようになった。

1950年代の台湾では，輸入代替工業化戦略，すなわち，政府が国内市場を高率の関税や輸入規制によって保護することで，製造業を育成することが試みられた。しかし，国内市場の規模が限られていたため，この戦略は間もなく壁にぶつかり，60年前後から輸出指向工業化戦略に重点を移した。その主な具体的施策は，①台湾の通貨（新台湾ドル）の為替レートを実勢に合わせて切り下げること，②輸入された部品や材料が輸出向けの生産に投入される場合，関税等を免除することであった。2つの政策以外に，投資に対する全般的な奨励措置，直接投資や技術導入を促進する政策も同時期に実施された。

第IV部　世界の中の中国

　1960年代の台湾も，香港同様，安価な労働力を豊富に抱え，そのアドバンテージは①によって顕在化した。②は，台湾でも香港と同じように，海外から国際価格で部品や材料を輸入することを可能にした。また，台湾の人々も香港に劣らず旺盛な企業家精神を持っていたため，中小企業が発達し，柔軟で機敏な企業間ネットワークが形成された。アメリカをはじめとする先進国市場の旺盛な需要や，日本などからの中間財と資本財の供給という条件も，台湾は利用することができた。こうして台湾でも香港と同じように，労働集約型の工業製品の輸出を中心に工業化が急速に進行した。

　1970年代になると，台湾においても労働力は不足気味となり，賃金の上昇のテンポが速まり，労働集約型製造業の競争力は次第に低下した。80年代後半，台湾の通貨が米ドルに対して大幅に切り上げられると，労働集約型製造業は急激に競争力を失った。その結果，多くの工場は海外，特に中国にシフトすることになったのである。

　労働集約型の輸出製造業が衰退すると，台湾でも香港同様，サービス経済化が進行することになった。しかし，台湾では香港と違って，製造業の高度化も同時に進行した。その代表の１つがパソコン産業の発展であった。その背景には，技術者の厚い層が形成されていたこと，製造業が香港よりも広がりを持っていたことがあった。1980年代にパソコンが世界的に急成長すると，台湾企業はその生産の多くを受託するようになった。これをOEMというが，彼らはさらに生産に加えて設計も請け負うODMへと進化した。今日，世界のパソコンの設計・製造の大半を台湾企業が担うようになっている。ただし，生産の大部分はすでに中国にシフトしている。

　香港と比べた場合，台湾において製造業の高度化が可能になったもう１つの要因は，政府や一部のビジネス・グループが資本集約型あるいは技術集約型の製造業の創出，育成に挑んだことである。第１に，台湾政府は1970年前後から，鉄鋼，石油化学，造船といった重化学工業の建設に取り組んだ。これらのプロジェクトは，７つのインフラストラクチャー建設計画と合わせて「十大建設」と呼ばれている。

　第２に，政府は1973年に工業技術研究院を設立し，産業技術の開発に力を入れ始めた。そのプロジェクトを母体として87年に設立されたTSMC（台湾積体電路製造）は，半導体の受託製造（ファウンドリ）に特化する独特のビジネス・

モデルを構築し，半導体の製造技術の開発において世界の最先端を走っている。また，工業技術研究院のプロジェクトからは，メディアテック（聯発科技）をはじめ，半導体の設計に特化し，工場を持たないファブレス企業も数多く生まれた。

2　中港経済関係の量的・質的変化

（1）　香港経済の量的な地位の低下

　中国の経済大国化，特に21世紀に入ってからの高度経済成長と貿易・投資活動の活発化に伴い，実体経済の面において，香港の相対的地位は低下している。

　1995年から2005年までの20年間について，マクロ経済データで中国に対する香港の比率の変化を見てみると，名目GDPは20％から3％へ，貿易総額は1.3倍から25％へ，外貨準備高は73％から11％へと，いずれも香港の比率は大きく低下している。

　中国と世界を結ぶ「中継港」としての地位も低下している。コンテナ取扱量では，香港はかつて世界一を誇っていたが，すでに上海のみならず隣接する深圳（赤湾，蛇口，塩田の3港合計）にも追い越された。空運についても，国際貨物取扱量では香港は依然世界一を維持しているものの，上海浦東空港が近年猛追している。中国の港湾・航空インフラの発展・整備に伴い，中国との貿易の中継地としての香港の相対的な地位の低下は疑うべくもない。さらに，中台間の貨物・旅客の直接的な往来の拡大により，その傾向に拍車がかかっている。

　金融面はどうであろうか。国際金融センター機能については，上海が2020年までにニューヨークやロンドンに匹敵する国際金融センターを目指す構想を打ち出している。確かに，株式市場における上場企業時価総額（15年末）を比較すれば，上海証券取引所は4兆5267億米ドルと，香港証券取引所の3兆1514億米ドルを凌駕している。

　もっとも，「一国二制度」の原則のもと，イギリス統治下で導入され現在も適用されている国際基準の法規・制度，数多くの会計事務所や法律事務所の存在，金融関連業務に従事する豊富な人材とそれを輩出する教育システム，公用語としての英語の普及など金融センターに必要なソフト面でのインフラという点では，香港は本土の金融センターである上海を大きくリードしている。

265

第Ⅳ部　世界の中の中国

表13-1　香港と中国の各種指標の比較（1995年，2015年）

	年	香港 (a)	中国本土 (b)	(a)/(b)
名目GDP（億米ドル）	1995	1,446,529	7,345,480	20%
	2015	3,092,345	110,077,206	3%
1人当たりGDP（米ドル）	1995	23,497	608	38.6倍
	2015	42,328	7,998	5.3倍
貿易総額（億米ドル）	1995	3,665	2,809	130%
	2015	9,871	39,653	25%
外貨準備高（金を除く）	1995	554	754	73%
（億米ドル）	2015	3,587	33,452	11%
コンテナ取扱量世界ランキング	1995	1位	19位（上海）	
	2015	5位	1位（上海） 3位（深圳*）	
航空貨物取扱量世界ランキング	1995	2位	na	
	2015	1位	3位（上海）	
株式市場時価総額**	1995	3,036	293	10.4倍
（年末，億米ドル）	2015	31,514	45,267	70%
株式市場上場企業数**	1995	542	184	2.9倍
（年末）	2015	1644	1073	1.5倍

　＊：深圳は赤湾，蛇口，塩田の3港合計。

　＊＊：中国本土は上海A株市場。

　出所：中国国家統計局，香港特別行政区統計処，IMF, Containerisation International Yearbook,
　　　　World Air Transport Statistics (IATA), 上海証券取引所，香港証券取引所，CEICデータベース
　　　　をもとに作成。

　特に重要なのが，内外資本取引が完全に自由（為替規制が一切ない）であることと香港ドルの存在である。内外の資本取引が厳しく制限されている中国とは異なり，香港は海外に開放された金融市場であり，ソフト・インフラも整っていることから，海外の投資家や華僑が安心して資本取引を行える場である。また，香港ドルは，準備通貨（米ドル）を為替基金に預け入れた発券銀行（香港上海銀行，スタンダード・チャータード銀行，中国銀行）が発行する仕組み（カレンシーボード制）となっており，米ドルが信用の裏づけとなっている。これらは，中港関係の質的変化を理解する上で重要なポイントである。

（2）　中国にとっての香港の役割の変化

　中国と香港との経済関係は，返還を跨いで質的な変化を経験してきた。

　中国が「社会主義市場経済」を掲げて本格的な市場化改革を始めた1990年代

266

は，香港は経済改革に必要な資金調達基地であると同時に，最大のテーマであった企業改革における訓練基地としての役割を担った。

国有企業の香港市場への株式上場は，当初は海外からの資金調達が目的であったが，次第に中国企業が市場経済に適応するための「トレーニング」としての意味合いが大きくなった。国際基準で上場審査が行われ海外の投資家が取引を行う香港は，国際ブランドを目指す中国企業が最初に海外投資家の評価に晒される市場である。国有企業であっても，先進国水準の情報開示や投資家対応（IR）が求められる。香港市場は，外国人投資家の参加が制限されている上海市場とはまったく異なる土俵であり，国有企業がグローバル企業として飛躍する際の登竜門となった。

また，1990年代は，不動産開発や港湾などのインフラ整備を中心に香港財閥が事業展開のフロンティアを本土投資に見出した時期でもあった。これらが本土の経済発展を加速させただけでなく，資本主義のもとで培われた経営ノウハウや制度設計を大陸に伝授する役割も果たした。市場経済化を目標に掲げた中国にとって，市場経済とは何かを学ぶ窓口が香港であった。例えば，事実上の中央銀行である香港金融管理局（HKMA）は，中国の中央銀行である中国人民銀行からトレーニーの受け入れなどを行っていた。

一方，生産拠点が本土に移転し，金融サービス業への特化が顕著となった香港は，中国の経済成長の果実を受け取る格好のポジションにあった。金融・不動産セクターの比重が大きかった香港株式市場も，製造業などの本土企業の上場によりセクター比率の分散化が進み，それが国際金融センターとしての厚みを増す効果をもたらした。

もっとも，2000年代に入ると，中国のWTO加盟（01年），SARS（重症急性呼吸器症候群）禍（03年）などを契機に，香港の側の中国への経済的依存度がむしろ高まり，それが香港と中国の関係に変化をもたらすことになった。

対外貿易・投資や知的所有権などについて中国がWTOの定める国際ルールの体系に組み込まれたことにより，外資企業にとってのリスクが低下したこと，同時期にIT革命とサプライ・チェーンシステムが発展したこと，などが国際分業体制の再編を促し，生産コストの低廉な中国に多国籍企業の生産拠点が続々移転した。しかも，1980年代の「前店後廠」（前述）が促した華南地域（珠江デルタ）における産業の集積は，中国市場へのアクセスに有利な上海を中心

第Ⅳ部　世界の中の中国

とする長江デルタへと，その重心が移動した。

　2003年年初に発生したSARSは，香港経済の弱点を露呈させることになった。ビジネス客・観光客の急減により，香港の運輸・小売り・旅行業が大きな打撃を受け，経済成長率も急落した。香港経済の危機に際し，中央政府の講じた救済策が「香港・中国本土の経済貿易緊密化協定（Closer Economic Partnership Agreement，略称CEPA）」と「自由行」である。03年6月に調印されたCEPAは，その後毎年追加される「補充協議」も含め，香港企業に対する中国のサービス業開放を一層拡大し，外国企業が香港に拠点をもつことの利点を高めた。また，本土の大都市住民を中心とした香港への個人旅行の解禁（「自由行」）は，香港の小売業を下支えする作用をもたらした。

　一方，経常収支黒字の拡大，外貨準備高の急増がもたらした国内の過剰流動性対策として，中国の対外投資の規制が緩和されたことにより，2000年代に本土の富裕層が香港の不動産市場へ参入を始めた。これにより香港の住宅価格が高騰し，香港住民の持ち家比率引き上げが難しくなった。香港経済の中国への依存が高まることは，香港全体の経済成長にはプラスであるものの，本土からの旅行客とのトラブルや住宅価格高騰など，香港住民にとっては歓迎できない問題も生み出すことになった。

　中国が貿易取引における人民元決済を解禁した2009年以降は，人民元の「国際化」の実験地として，香港が重要な役割を担うことになった。中国政府は，人民元の兌換性の拡大と国際化を目指しているが，国内の経済・社会の安定を優先させるために，資本取引の開放や為替レートの柔軟性拡大には慎重なアプローチをとっている（第7章を参照）。「一国二制度」の枠組みのもと，中華人民共和国の領土内でありながら内外の資本取引が自由であり，国際的な金融取引が行われている香港は，人民元の自由化・国際化を試すにはうってつけの場である。香港では04年以降，多くの人民元業務の試行や人民元建て金融商品の組成が行われてきた。10年には人民元オフショアセンターが発足し，人民元取引量が急速に増加した。人民元取引の量的拡大および本土における人民元為替制度の改革が評価された結果，15年11月にIMFが人民元をSDR（特別引出権）構成通貨に採用することを決定し，人民元は16年10月より米ドル，ユーロ，円，英ポンドに次いでSDRに組み込まれ国際通貨の地位を得た。

　本土の資本自由化に向けても，香港は実験地としての役割を担っている。

2014年11月，上海・香港株式市場の相互乗り入れ制度（通称「ストック・コネクト」）が開始された。これは，従来機関投資家（QFII，QDII，RQFII）に限定されていたクロスボーダー証券投資を個人投資家にも認めるものであり，制限はあるものの，双方向で個別銘柄を売買できるという点で，資本取引の自由化に向けた大きな一歩と言える。16年12月には同様の制度が深圳・香港株式市場の間でも，また，17年7月には債券市場に関しても類似のスキーム（「ボンド・コネクト」）が始まった。香港は，中国の経済発展のみならず市場化改革にとって不可欠の存在である。

（3） 新たな相互依存関係の模索

　相互依存関係が深化する中で，中国との共存共栄こそが香港の発展にとってベストな選択であることを疑う者は少ないだろう。しかし，高コスト体質，所得・資産格差，社会階層の両極分化など香港社会の歪みは拡大している。香港政府の民生問題への取り組みが十分でないため，富裕層や企業家に対する一般庶民層の反感が高まり，それが若年層が主体となって2014年に勃発した選挙制度改革への抗議行動（「雨傘革命」）の背景にもなった。

　本土への依存が高まる香港経済の発展モデルには，香港独自の成長エンジンが見当たらない。香港政府は2009年4月に，医療，文化・コンテンツ，環境，教育，検査・認証，科学技術分野のインフラ，の6産業を有望産業として育成していく方針を打ち出した。その狙いは，中国と海外市場を結ぶビジネス拠点としての香港の魅力を高めることにあった。しかし，これらの分野で目に見える成果が挙がっているとは言い難い。経済構造は依然として金融・サービスに偏重しており，中央政府の新シルクロード（「一帯一路」）構想への金融面でのコミットが盛んに唱道されていることばかりが目につく。

　香港には，情報の自由度，人材，英語，法制度，資金調達，ソフト・インフラなど，中国が渇望しているイノベーションの先導役となり得る条件が比較的整っていたはずである。しかし，香港政府によるスタートアップ支援はあるものの，アイデアを即座に製品化するために必要な製造施設が域内にほとんどないことがネックである。このため，香港に隣接し官民を挙げて起業のための「エコシステム（産業生態系）」の発展に力を入れている深圳市が，イノベーション拠点として先行してしまった（第2章を参照）。中国のイノベーション振

第Ⅳ部　世界の中の中国

興に対して香港が果たせる役割は限られており，この点においては深圳を含めた広東省との連携を深めることで活路を見出すしかないと言えよう。

　中央政府は，グローバル金融危機直後の2008年12月に華南地域の20年までの発展計画をまとめた「珠江デルタ地区改革発展規画要綱」を採択し，この中で国家計画として広東省と香港・マカオの協力を推進する方針を示した。さらに，17年3月には李克強首相が「粤港澳大湾区都市群発展計画」を打ち出し，珠江デルタ9都市と香港・マカオを含むベイエリアをニューヨークや東京に匹敵する都市圏に発展させる構想を提起した。18年には，香港・珠海・マカオを結び海上橋としては世界最長となる「港珠澳大橋」が完成する予定であり，珠江デルタの高速道路網が香港を基点に環状に繋がることになる。交通面での利便性向上が，香港の役割に与える変化を注視する必要があろう。

3　中国の経済大国化と台湾の対中経済関係の変容

（1）　台湾政府による漸進的・現状追認的な対中経済交流規制の緩和

　第1節で述べたように，1949年，中国共産党との内戦で劣勢となった中国国民党が台湾に撤退した。その後約30年間は，中華人民共和国政府，中華民国政府どちらが「中国」を代表する正統政府かを巡って中国共産党と中国国民党が敵対していたため，中台間の経済交流は禁止されていた。

　その状況を変えたのは中国共産党だった。1978年末，中国共産党は改革開放路線を採択した際，対台湾政策の基本路線を武力解放から和平統一に切り替え，台湾に交流を呼びかけだしたのである。台湾企業を中国に誘致することで，計画経済で傷んでいた中国経済の立て直しに繋げたいとの思惑が中国側に生まれ，それを機に中国政府が台湾企業や台湾製品に一方的に優遇措置を適用していったのである。

　この中国側の呼びかけを台湾政府は当初拒否したが，台湾企業は中国側の政策転換の直後から台湾政府の規制をかいくぐり，香港などの第三国・地域経由で対中貿易・投資を行い始めた。特に1980年代後半になると，急激な台湾の通貨高や貿易摩擦，賃金の高騰などに苦しむ台湾企業が労働集約型製品の輸出拠点を中国に移す動きを強めた。

　台湾企業の違法な対中経済取引を台湾政府が取り締まることは容易ではな

270

かった。第三国・地域でそれらの取引が行われたためである。また，労働集約型産業を台湾に留め置いても，その生き残りを台湾政府が保証することは難しかった。対米貿易摩擦が激化する中，輸出先を分散する必要もあった。

　それゆえ，台湾政府は台湾企業の動きを追認するような形で，あるいは，台湾企業の要求を受け入れる形で対中経済交流を合法化し，徐々に規制を緩和するとともに，管理体制を構築していった。1985年には第三国・地域経由の対中輸出が事実上黙認され，90年には対中輸出管理規定の制定により，明確に合法化された。輸入についても，87年に事実上30品目の中国製品の輸入が合法化され，88年には管理規定が公布されるとともに，輸入解禁品目が増やされた。対中投資についても，90年に正式に第三国・地域経由の対中投資が部分的に解禁された。さらに92年には対中経済交流の基本法（「台湾地区と大陸地区の人民関係条例」）が公布された。93年には，政府から授権された中台の民間団体の代表がシンガポールで会談を行い，中台間交流に伴って発生する諸問題について交渉した。

　ただし，その後も規制緩和はあくまで台湾経済・産業の状況や中国との政治的関係などを踏まえつつ，ストップ・アンド・ゴーを繰り返しながら漸進的に行われた。1995年6月の李登輝総統訪米を機に中台間の緊張が高まると，李総統は対中経済依存度の過度の高まりを抑えるべきとの考えから，96年9月に「戒急用忍（急がず辛抱強く）」というスローガンを出し，97年7月には対中投資の規模拡大やハイテク産業の対中投資の抑制に乗り出した。しかし，2000年5月に民主進歩党の陳水扁政権が発足すると，対中経済交流規制が大幅に緩和された。財界からの支持獲得と，01年12月の中国に続き，02年1月に台湾がWTOメンバーになり，中国に最恵国待遇を与える必要性が生じたことがその主因である。しかし，05年3月に中国側が「反国家分裂法」を制定し，台湾独立へのけん制を強めると，陳政権は対中経済交流規制の緩和にブレーキをかけた。

　それが台湾経済の発展を損なってきたとの論陣を張った中国国民党の馬英九政権が2008年5月に発足すると，対中経済交流規制が再び急ピッチで削減されていった。さらには，中台FTAに相当する「両岸経済協力枠組協定（Economic Cooperation Framework Agreement，略称ECFA）」を10年9月に発効させ，一部の品目・業種に限ってではあるが，他のWTOメンバーよりも中国を優遇するようにもなった。しかし馬政権がECFAの拡充を狙い，中台間の「サービス貿

第Ⅳ部　世界の中の中国

易協定」の批准を急いだ結果，大規模な反対運動（「ひまわり学生運動」）が14年
３月に起き，それを機に対中経済交流の拡大・深化に向けた動きが停滞した。

（2）　対中経済交流の拡大と構造変化

　このように台湾の対中経済政策は曲折を経てきたが，台湾の対中経済交流は
規制緩和と中国経済の発展を主たる原動力に近年にいたるまで拡大傾向をた
どってきた。例えば，台湾の対中輸出額は2000年の255億米ドルから16年には
1401億米ドルへと5.5倍に拡大，台湾の対中輸入額は同期間中に62億米ドルか
ら440億米ドルへと7.1倍に拡大した。台湾企業の対中直接投資認可額も00年の
26億米ドルから11年には131億ドルに増加，その後やや規模が縮小したが，16
年現在で92億米ドルの規模を保っている。

　台湾の対中経済交流に生じた変化は規模の拡大だけではない。構造にも変化
がみられる。第１に「間接的」交流から「直接的」交流への変化である。対中
貿易や対中投資の際に第三国・地域に設立された法人を介在させなければなら
ないという規制が2002年に撤廃されたほか，従来は禁止されていた中台間の海
運・空運の直行が馬政権により解禁された。

　第２に「一方的」交流から「双方向」の交流への変化である。上述のとおり，
台湾政府は1985年には対中輸出を事実上黙認していたが，対中輸入に対しては
台湾産業への悪影響回避などを理由に厳しい制限を課してきた。その傾向は今
でも残っているが，規制緩和の結果，2017年11月８日現在11983品目中80.6%
の中国製品が輸入可能となっているほか，対中輸出よりも対中輸入の方が伸び
が高く，実際の貿易関係も双方向化する傾向にある。また，台湾政府は対中投
資よりも中国からの投資受け入れを，台湾人の訪中よりも中国人の来台を厳し
く制限してきたが，馬政権期に入り，中国からの投資，観光客の受け入れに対
する規制が大幅に緩和された。

　第３に，台湾企業の対中投資に構造変化が生じた。従来は，安価な労働力の
確保を目的とした輸出産業の対中投資が多かったが，中国の経済規模拡大と所
得水準の向上に伴い，中国市場の開拓を目的とした対中投資が主流となってい
る。対中投資業種にも変化がみられ，労働集約型産業から資本・技術集約型産
業へと変わってきている。IT産業を例にとってみると，1990年代前半にはマ
ウス，キーボード，ケース，パワーサプライなどが対中投資の主たる担い手

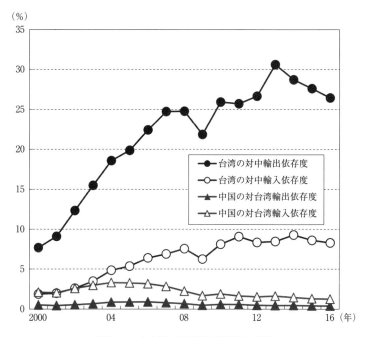

図13-4　中台間の相互貿易依存度の推移

注：台湾の対中輸出依存度＝中国の対台湾輸入額÷台湾のGDP×100，中国の対台湾輸出依存度＝台湾の対中輸入額÷中国のGDP×100，台湾の対中輸入依存度＝台湾の対中輸入額÷台湾のGDP×100，中国の対台湾輸入依存度＝中国の対台湾輸入額÷中国のGDP×100。
出所：中国国家統計局ウェブサイト（http://data.stats.gov.cn/index.htm），中国海関総署『海関統計』各月版，台湾行政院主計総処ウェブサイト（http://www.stat.gov.tw），台湾経済部国際貿易局『中華民国進出口貿易統計』（http://cus93.trade.gov.tw/）より作成。

だったが，90年代半ばになるとデスクトップ型パソコン，マザーボード，デジタルカメラなどが主体となった。90年代末になると，ノート型パソコンメーカーの対中投資が一気に加速，2000年代に入ると半導体の受託製造（ファウンドリ）メーカーの投資が始まり，10年代半ばには液晶パネルやファウンドリの投資が本格化しつつある。また，中国経済のサービス化にともない，サービス業の対中投資が増えており，台湾企業の対中投資認可件数に占めるサービス業の比率は近年50％前後にまで高まっている。

　第4に，台湾の対中貿易依存度が高まる一方，中国の対台湾貿易依存度が低下する傾向がみられる（図13-4）。中台間の貿易依存関係の「非対称化」である。台湾の対中輸出依存度は2013年には30.6％にまで上昇，その後低下に転じ

273

第Ⅳ部　世界の中の中国

たものの，2016年時点でも26.4％と高い。台湾の対中輸入依存度も上昇傾向を
たどり，近年は8〜9％で推移している。他方，中国の対台湾輸出依存度，輸
入依存度は低下傾向にある上，水準も低い。

　貿易依存関係の非対称化の大きな要因は，中国の経済大国化である。中国の
GDPは2000年時点では台湾の3.7倍だったが，16年には21.1倍に達している。
中国の貿易額も同期間中に台湾の1.6倍から7.2倍に膨らんでおり，経済規模の
小さい台湾の方が中国に対して経済依存度が高まりやすい。また，中国の供給
力拡大と競争力向上が中国の対台湾輸入依存度の低下の一因になっている。素
材産業などでその傾向がみてとれる。今後はIT産業でも中国企業が競争力を
高め，台湾企業に代わりアップル等向けのサプライチェーンに入り込むのでは
ないかと警戒する声がある（いわゆる「赤いサプライチェーン」の脅威）。

（3）　蔡英文政権の対中経済政策の現状と課題

　2016年5月に発足した民主進歩党の蔡英文政権は，中国との経済交流を継
続・拡大することの重要性を認識しているものの，馬政権と比べると対中経済
依存度の高まりには警戒的である。中国経済に異変が生じた場合に台湾経済へ
の悪影響が大きくなるほか，経済的手段を使った中国の統一攻勢に台湾社会が
脆弱になると考えているからだろう。また，中国側も蔡政権との通商交渉に積
極的ではない。中国側が中台対話の前提とする「92年コンセンサス」を蔡政権
が受け容れていないからである。「92年コンセンサス」とは，中国側は「一つ
の中国」で双方が合意したと主張し，台湾側は「一つの中国」の含意について
それぞれが述べ合うことで互いに合意したとする玉虫色のコンセンサスではあ
るが，馬政権と中国政府はこれを中台対話の政治的基盤としてきた。

　こうした中，蔡政権は対中経済依存度の高まりを抑えるため，他国との経済
交流の拡大を図ろうとしている。その代表的な政策が「新南向政策」である。
ASEAN10カ国，南アジア6カ国，オーストラリア，ニュージーランドとの間
で，経済はもとより，文化・教育など多様な分野で双方向の交流を深め，経済
共同体意識を醸成するという政策である。

　加えて，中国企業によるキャッチアップへの懸念が高まる中，蔡政権はイノ
ベーションの活性化を急ぐ構えをみせている。具体的には，先進国のイノベー
ションセンター・先端企業との関係強化，研究開発体制の見直しなどを通じて，

グリーンエネルギー，スマート機械，IoT（モノのインターネット）・ビッグデータ等のIT産業，バイオ医薬，国防産業，新農業，循環型経済などの発展を促そうとしている。

ただし，中国政府が台湾と他国の経済関係強化やメガFTAへの台湾の参加を阻害するなど，対中関係の冷え込みが台湾の投資環境の改善の障害になっている面があることは確かである。そうした障害を上回るだけの投資先としての魅力を生み出せるか，蔡政権の才腕が試されている。

4　香港・台湾経済の課題と中国との関係

これまで述べてきたように，香港と台湾は高度経済成長を成し遂げ，先進国と同等か，それ以上の経済水準に達している。それでも課題はある。

香港と台湾に共通する課題，そして多くの先進国や新興国が抱える課題として，格差の拡大や若者の失業と所得の低迷がある。香港と台湾が他の国と異なって特殊なところは，これらの課題が中国との極めて深い経済関係と関連して議論される傾向にあることである。

2000年代に入って中国が経済大国化する中，香港と台湾は中国への経済的な依存を深めた。それは香港と台湾の成長を促すと同時に，政治的，社会的な不安や摩擦を引き起こした。一部には格差の拡大や若者の苦境の原因を，中国への経済的依存の深化に求める見方さえある。このような見方は，14年の台湾のひまわり学生運動や，香港の雨傘革命の部分的な背景にもなっている。

それはやや極論だとしても，中国との関係がこれまでのように香港と台湾の経済発展に寄与しうるかどうかは不確実になっている。中国経済の成長は減速し，また輸出から内需へのシフトや輸入代替の進展といった構造的な変化が進んでいるからである。こうした変化の中で，香港や台湾がどのように中国との関係を変革し，成長に結びつけていくのかはまだ明らかではない。

実際のところ，香港と台湾の政府は中国との経済関係のいっそうの深化よりも，イノベーションを推進し，自らの能力を引き上げることが課題のソリューションになると考えているようである。しかし，イノベーションもまた容易ではなく，その成否は不確実である。このように，香港と台湾は現在，新しい経済発展のモデルを模索する段階にあるといえよう。

275

第Ⅳ部　世界の中の中国

■　■　■

●注

（1）　本章において「中国」とは，台湾，香港，マカオを除く中国の大陸部分を指している。この点を明確にするため，中国の大陸部分を「本土」あるいは「大陸」と呼ぶこともある。

（2）　QFII（適格海外機関投資家）・QDII（適格国内機関投資家）は対内・対外証券投資について，中国政府が認可した機関投資家に投資額の上限付きという条件で認める制度であり，それぞれ2002年，07年に導入された。また，人民元建ての対内証券投資を適格海外機関投資家に認めるRQFII制度が2011年に導入された。

（3）　香港特別行政区政府が2000年に設立した投資推進局（InvestHK）が香港でのスタートアップ投資の促進事業を行っている。ただし，同局は資金的な支援は行わず，エコシステム発展の支援に徹している。

（4）　台湾の輸出統計では，第三国・地域経由の対中輸出が経由地である第三国・地域向けの輸出として計上されてしまう可能性があるため，ここでは中国の対台湾輸入統計を用いた。

●参考文献

伊藤信悟（2011）「中国の経済大国化と中台関係の行方」『RIETI Discussion Paper Series』11-J-003（http://www.rieti.go.jp/jp/publications/dp/11j003.pdf）。

―――（2016）「蔡英文政権の経済政策と日台アライアンスの行方」『交流』No.909，2016年12月号。

倉田徹・吉川雅之（2016）『香港を知るための60章』明石書店。

佐藤幸人編（2008）『台湾の企業と産業』アジア経済研究所。

ウェブサイト

香港特別行政区政府統計処ウェブサイト　http://www.censtatd.gov.hk/home.html

行政院主計総処のウェブサイト　https://www.dgbas.gov.tw/np.asp?ctNode=6281

　香港，台湾の主要な経済統計は上記のサイトより比較的簡単に入手することができる（いずれも英文ページあり）。

（佐藤幸人・曽根康雄・伊藤信悟）

第14章
中国と近隣諸国との経済関係

　世界第2位の経済大国となり，「安定成長」を目指さざるを得ない中国に
とって近隣諸国との安定的な関係の構築と経済関係の発展が重要となってく
る。とくに中国は「一帯一路」と称される地域との関係強化を図っている。
近隣諸国のインフラ建設が進み，近隣諸国の経済力が向上することになれば，
当該地域に対する中国の経済的な影響力も強化され，中国はさらなる輸出市
場や投資市場を確保することになるが，一方で中国の強引なやり方に反発を
示す国もある。さらにかつては友好関係にあった中国と北朝鮮との関係も，
北朝鮮の度重なる核実験やミサイル発射によって関係が変化しつつあり，経
済関係も影響を受けている。

　中国の経済発展にとって近隣地域の安定は欠かせない。中国は現在内需の
振興を図っているものの，過剰生産を行っている企業の淘汰も困難を極めて
いることから，なお外需も重要であり，周辺地域により大きな輸出市場・投
資市場を開拓できるかが，安定成長のカギとなろう。

キーワード：一帯一路（陸のシルクロード，海のシルクロード），中国の対外
　　　　　　投資，RCEP，資源価格，上海協力機構，中国アフリカ協力
　　　　　　フォーラム

1　「一帯一路」とAIIB，中国の思惑

（1）「一帯一路」の概要

　習近平・国家主席は2013年9月にカザフスタンで，10月にはインドネシアで，
後に「一帯一路」と呼ばれる提案を各々行った。古代のシルクロードを模した
この構想は「シルクロード経済ベルト」（中国から中央アジア，ロシアを経由して
欧州に至るルート，中央アジアからペルシア湾，地中海に至るルート）および「海の
シルクロード」（中国沿海の港湾から南シナ海（南海）・インド洋を通り，欧州に至る

277

第Ⅳ部　世界の中の中国

ルート）からなる。

「一帯一路」沿いに関係する国は六十数カ国，世界人口の３分の２，経済規模の３分の１に及ぶという（国務院スポークスマン声明「中国是不是"穷大方"」）。この数字からわかるように関係する国々には発展途上国が多い。また石油や天然ガスをはじめとする鉱産物資源や農業資源などは豊富であるものの，開発資金が不足している場合が多く，鉄道やパイプラインなどのインフラも不足している。このため中国がインフラ投資や市場の開拓に参入することが期待されている，と中国は考えている（国務院スポークスマン声明「互利共贏的"中国方案"」）。

「一帯一路」地域のインフラ建設に必要な費用は８兆ドルにのぼるともいわれるが，資金の調達のために中国はAIIB（アジアインフラ投資銀行）と中国独自の機関としてのシルクロード基金の設立を提唱した。AIIBは国際機関であり，当初メンバーとして57カ国を数え，2015年12月に設立した。17年３月にはさらに13カ国・地域が，同年５月，６月にはさらに10カ国が参加し，加盟国は80カ国に達した。AIIBの最初の融資として，アジア開発銀行や世界銀行との協調融資の案件も含め，４件の融資が発表された。「一帯一路」に関し，中国は「2014〜20年に中国が提供するビジネスチャンスは17兆ドルに達し，直接投資の累計は1.2兆ドル，世界の700万人分の雇用を創出する」（国務院スポークスマン声明「沿线各国期待收获"大红包"」）と説明し，第二次世界大戦後のマーシャル・プラン（マーシャル・プランとは，第二次世界大戦後，アメリカが欧州の復興のために援助した計画をいう）に相当するものだとしている（国務院スポークスマン声明「办法总比困难多」）。また17年５月には北京で「一帯一路」国際協力サミットフォーラムが開催され，29カ国の首脳をはじめ，130カ国・国際機関からの参加を得た。

ただしいくつかの問題点も浮かび上がっている。

「一帯一路」の該当地域はたとえ地理的に近接している地域であっても，宗教，文化，民族が異なる地域も多いことから不安定性が大きく，中国が望むような協力体制を築くのは容易ではない。実際中国，ロシアおよび中央アジアが構成国であり「陸のシルクロード」と重なる部分の多い「上海協力機構」（後述）では暴力的なテロ組織，分離独立運動，宗教的過激主義（extremism）を同機構に対する重大な脅威として，加盟国が協力して対抗するために長期善隣友好協力条約を結び，対処しようとしている。

第14章　中国と近隣諸国との経済関係

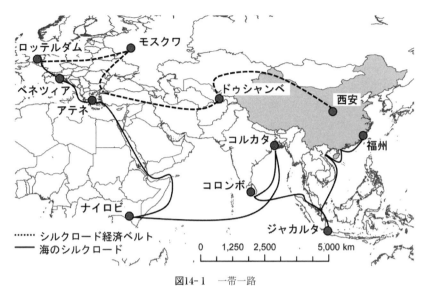

図14-1　一帯一路
出所：ESRI社データ，Google Mapをもとに藤井大輔作成。

　さらに，中国自身も公言していることであるが，「一帯一路」関係地域のインフラ建設によって中国内の鉄鋼やセメントなどの過剰生産物を消化しようとしていること（例えば，陳・銭，2016，74頁）に対する近隣諸国の反感も多い。中国では鉄鋼やセメントなどは生産量の3割が過剰生産だといわれているが，生産設備の削減は容易には進まない。過剰生産に悩んでいる重化学工業を担っているのは多くが国有企業であり，本来であれば，倒産もやむなしという状況である。しかし国有企業が倒産することにより，失業者が増大することや，地元の税収が減少することをおそれて，中国の地方政府が倒産させないようにしていることから，ゾンビ（僵死）企業と李克強総理は批判している。「一帯一路」の地域で，中国企業の直接投資や援助の形でインフラ建設が行われたならば，中国の過剰生産物が消費されることは十分期待できるが，インフラが建設される地域の雇用の創出や技術移転が行われなければ近隣諸国の長期的な発展に結びつかない可能性もある。近隣諸国との協調的発展が図れるかが，「一帯一路」の成功のカギとなろう。
　中国企業の対外直接投資に関していえば，①リスク評価が適切でない，②投資収益率が低い，③投資に伴って環境や生態系を汚染するなどのマイナス面の

第Ⅳ部　世界の中の中国

影響もあり，「新植民地主義」呼ばれる（陳・銭，2016，19頁，この部分は中国社会科学院「世界政治と経済研究所」所長（張宇燕）が執筆している）ことすらある。

　中国にとって「一帯一路」戦略は「国内的には発展戦略であり，対外的には協力の呼びかけなのである」（李，2016，15頁）としており，「共に話し合い，共に建設し，共に享受する原則を堅持する」としているが，当該国の中には中国が拡張主義であるとの警戒感もまだ根強い。前述の「一帯一路」サミットにインドは参加しなかったが，これはインドとパキスタンが領有権を争うカシミール地方が「中国パキスタン経済回廊」の対象地域となっていたからだとされている（『日本経済新聞』2017年5月16日）。「一帯一路」が当初の目的を遂げられるか否かは，当該国の政府だけではなく，当該地域の人々の理解と協力が得られるか否かも重要となって来よう。

（2）　ASEANとの関係

　中国がめざす「一路」の最初の隣接地はASEAN（東南アジア諸国連合）となる。ASEANはもともとベトナム戦争が激しかった1967年に，自国の命運をアメリカとソ連という当時の超大国に決せられることを潔しとせず，国際社会の中で発言権を持つべく東南アジアの5カ国によって結成された連合であった。ベトナム戦争の終結後，インドシナ半島の平和的再建が目指され，加盟国は10カ国に拡大し，経済的な連携を強めていき，2015年12月末にはASEAN経済共同体（AEC）が発足した。中国とASEANとの間の実際のモノやヒトの移動に関していえば，未だ通関に長い時間がかかる，道路網が整備されていないといった問題は抱えている国もあるものの，「ヒト，モノ，カネの動きの自由化」が進んできている。中国とASEANとの間では02年にFTA締結にむけて「包括的経済協力枠組み合意」が調印され，10年にはCLMVを除く6カ国と，15年にはCLMVも含めて関税が撤廃された。またブルネイ，マレーシア，シンガポール，ベトナムはTPP（環太平洋パートナーシップ）の締約国であったが，米国のTPP離脱表明後，改めてTPP11で合意に達した。もう1つのアジアのメガFTAである日中韓にASEANとインド，オーストラリア，ニュージーランドを加えた16カ国でのRCEP（東アジア包括的経済連携：Regional Comprehensive Economic Partnership）の締結も目指されている。中国とASEANとの貿易はアジア経済危機やリーマン・ショックなど世界的な経済危機の影響を受けながら

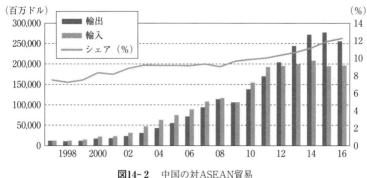

図14-2 中国の対ASEAN貿易

出所：海関総署『海関統計』各年12月より作成。

も概ね順調に発展，10年以降は特に中国の輸出が順調に増加していったが，16年には中国経済の発展速度の鈍化や資源価格の低下の影響を受けて，中国の輸出が減少した（図14-2）。また近年中国の対外投資が増加しているが，中国のASEANへの投資額（2015年末，ストック）は中国の対外投資全体の5.7％であり，貿易額のシェアよりも低い。ASEANの中ではシンガポールへの投資が最大であるが，CLMVへの投資額はフィリピンやマレーシアよりも大きいのも特徴である（中国商務年鑑編集委員会，217-218頁。中国のシンガポールへの投資額（累積）は320.0億ドル，マレーシアへは22.3億ドル，フィリピンへは7.1億ドルに対し，カンボジアへは36.8億ドル，ラオスへは48.5億ドル，ミャンマーへは42.6億ドル，ベトナムへは33.7億ドルである）。

　中国とASEANの間では1992年にアジア開発銀行を中心としてメコン川（中国領域内の上流部分の中国名は瀾滄江）流域諸国・地域の開発である「大メコン圏」の市場統合が目指され，そのための交通動脈となる南北経済回廊や東西経済回廊が建設されることになった。一方で中国がメコン川の上流に位置していることから，降雨不足の年には，中国が上流で過剰取水して，下流域が干ばつに悩まされているとの対中非難があがったこともあった。中国は新たにこの地域と「一帯一路」政策を連結しようとしており，2016年3月には「瀾滄江─メコン川諸国運命共同体」の構築を首脳会議で行い，中国とラオス，中国とタイの間では鉄道を，中国とミャンマーの間では陸水連絡網などの交通網や工業団地の建設を行おうとする「東アジア貧困削減協力イニシアティブ」が提案された（「人民網日本語版」2016年3月24日）。

第Ⅳ部　世界の中の中国

　ASEAN自身の経済統合および中国も含めた経済圏の建設が目指されている
ものの，ASEAN諸国と中国との関係では，領土や資源，経済関係をめぐる対
立もある。特に2012年頃から南沙諸島で中国が埋め立て工事を行うなど海洋進
出を加速させたことに対し，フィリピン政府はオランダ・ハーグの仲裁裁判所
に提訴した。これに対し16年7月に仲裁裁判所は中国の主権主張に対し，法的
根拠がないとの判断を下した。つまり中国が埋め立てを行っていたミスチーフ
礁は，高潮時に全没することから，「島」でないことはもちろんのこと，「岩」
でもなく，領土も領海も設定できないとした。中国は判決が出される前から
「判決を受け入れない」と表明しており，また仲裁裁判所も強制力がないこと
から，表面的には事態はかわっていない。ASEAN諸国の中でもラオスやカン
ボジアのように中国からの経済的支援を多く受けている国家と，漁場をめぐっ
て対立しているインドネシアなど中国への立場が異なっていることから，対中
非難の足並みもそろっていない。何より提訴国であったフィリピンで，16年6
月に大統領がベニグノ・アキノ氏からドゥテルテ氏に交代したことによって対
中非難はすっかり希薄になっている。一方就任前には南シナ海問題で中国を非
難していたアメリカのトランプ大統領であるが，17年4月の米中首脳会談後は，
米中の親密さをアピールするようになった。それに伴ってASEANの対中強硬
派の非難の矛先も鈍化し始め，17年11月に開催されたASEAN首脳会議では対
中非難がさらに弱まった。ASEANは全会一致を原則としているために，中国
への経済的依存度によって中国への対応の足並みが乱れ，ASEANとしての統
一見解を出せないこともある。

（3）　ロシアおよび上海協力機構

　「陸のシルクロード」の結節点は中央アジア諸国およびロシアである。
　中国とロシアは4000kmにわたる長い国境線を有し，ともに社会主義国で
あったがゆえに，1960年代以降顕わになった中国と旧ソ連とのイデオロギー上
の確執は長く続き，両国関係の悪化は国境での軍事衝突すら引き起こしたほど
であった。89年に当時のゴルバチョフ書記長が訪中してようやく中ソ対立が終
わりを告げた。
　1991年12月にはソ連が崩壊し，中央アジア諸国が独立し，中国は各々の国と
国交を結び，経済関係も進めていった。

第14章　中国と近隣諸国との経済関係

　中央計画体制であったソ連は市場経済体制のロシアに「移行」していったが，市場化を一挙にすすめる「ショック療法」をとり，国有企業の民営化を進めたことから，その過程で経済が混迷していた時期もあった。さらに1997年のアジア経済危機の際には「新興国」ロシアからも資金が逃避した。

　このため中露経済関係も，ロシアの経済状況およびロシアの主要輸出品目である原油や天然ガスをはじめとする資源価格の動向に左右されることが多く，中露の貿易額は増減が激しかった。2007年にロシアが原木の輸出に高関税をかけたこと[2]，08年にはリーマン・ショックに端を発する世界的な経済危機に見舞われたこと，さらに09年にロシアが中古の自動車の輸入にも高関税を課したことから，中露の貿易額は大幅に減少した。リーマン・ショック後の中国の経済のV字回復に伴って一時的に中露経済関係は回復したものの，資源価格の下落に伴って，中国の対露輸入額を中心に再び減少している。一方ロシアが14年3月にクリミアを併合するとEUはロシアに対し制裁措置を発動したことから，輸出先を失った原油や天然ガスをロシアはそれまで以上中国に輸出せざるを得なくなった。16年には中国の原油の輸入相手国としてロシアはサウジアラビアを抑えて1位となっている。ただしロシアの対中原油輸出価格はトン当たり15年には406ドル/トンと14年の755ドル/トンに比べ半分近くになっており，さらに16年にも21.7％減（318ドル/トン）となっている（Global Trade Atlasによる）。それでも中国の対露輸入額の59.0％が鉱物性燃料（原油や石炭，天然ガスなど）となっている。

　中国とロシア，中央アジアの地域協力でいえば，ロシアが提唱していたユーラシア経済連合（2014年まではユーラシア経済共同体）と「シルクロード経済ベルト」とは地域的に重なっている部分が多いことから，2015年5月の中露首脳会談で，両者の連結に関する共同声明が発表された。今後はやはり地域的に重複している上海協力機構やカザフスタンが唱えている「未来への道」との連動が目指されている。

　1996年に，中露にカザフスタン，キルギス，タジキスタン，ウズベキスタンの6カ国がテロ対策やエネルギー資源の開発を目的に「上海協力機構」[3]を設立した。旧ソ連邦の一員であった国々は，2000年代の初めまでは経済面でもロシアの影響を強く受けていたが，次第に中国との貿易額が増加している。（図14-3）は中国とロシアの通関統計から見たカザフスタンやキルギスなどとの貿易

283

第Ⅳ部　世界の中の中国

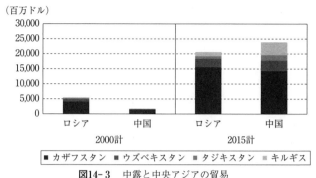

図14-3　中露と中央アジアの貿易
出所：Global Trade Atlas（中国とロシアの貿易統計の数字）。

額である。2000年にはロシアと中央アジア4カ国の貿易額が中国との貿易額の3.0倍であったのに対し，15年には中国のキルギスへの輸出が大幅に増加しているのをはじめ中国の各国への輸出がロシアに比べ増加していることから，輸出入でも中国と中央アジア4カ国の貿易額がロシアとこれらの国との貿易額を凌ぐようになった（例えばカザフスタンの貿易統計で見ても，輸出では05年に対露貿易の割合が10.2％，対中が8.6％であったものが，15年には各々9.5％，12.0％と中国とロシアの割合が逆転している。輸入では05年に対露37.4％，対中7.2％であったものが，15年には33.9％，16.3％と差が縮小している。いずれもGlobal Trade Atlasの数字から計算）。投資の面ではいまだに中央アジアへのロシアの投資が大きいが，石油のパイプライン敷設や鉱物資源の分野で中国の活動もめだっている。今後中国が進める「一帯一路」が本格化すればますます中国と中央アジア諸国との経済的関係が強化されることになり，ロシアと中国との間で中央アジア諸国に対する経済面での主導権争いが起きる可能性もある。

　一方であまりにも経済的に近くなりすぎると，各々の国の政治的不安定性に中国が巻き込まれる恐れもある。2016年8月には建国以来四半世紀にわたって権力の座にあったウズベキスタンのカリモフ大統領が脳出血で倒れ，その後死亡し，権力をめぐる混乱が続いた。また同時期にはキルギスで中国大使館に対する自爆テロがあり，中央アジアの不安定性が続いている。中央アジアの国の中には新疆ウイグル自治区など中国の少数民族とは近い民族もおり，国境線も接していることから，中国政府も対処に苦慮している。

（4） アフリカ

　東西冷戦の時代や中ソ対立の時代に，国際社会の中でアフリカの支持を得るべく中国は自身がまだ発展段階が低い国でありながら，アフリカへの支援を行っていた。50年の歳月で中国の対アフリカ援助は，インフラ建設で519項目となり，2000km余の鉄道や3000km以上の道路の建設を行った（『国際商報』2009年3月4日）。当時の援助で代表的なのは1975年に開通したタンザニアとザンビアを結ぶタンザン鉄道である。しかし中国で改革開放政策が始まってからしばらくは，自国の経済建設に忙しかったことや，自身が援助の被供与国であったこともあり，中国とアフリカとの関係は疎遠になっていった。

　再び中国とアフリカとの関係が本格化しだしたのは，2000年10月に中国が中国アフリカ・フォーラム（現・中国・アフリカ協力フォーラムFOCAC）を開催した頃からであった。このフォーラムではFOCACの北京宣言と「経済・社会開発における中国アフリカ協力プログラム」という文書が示された。具体的には①アフリカの最貧国に対して債務の減免を行う，②南―南協力の枠組みの下，中国は無償援助，優遇借款，無利息援助などの形式で援助を行う，③貿易・投資・観光業を発展させる，④中国は自然資源・エネルギー資源の開発に協力する，⑤伝統医療を含む医療協力，などの協力の枠組みが発表された（中国外交部）。この後原油などの資源の開発はもちろんのこと，石油製油所や携帯電話網の建設が活発に行われることになった。その後同フォーラムは3年ごとに開催されており，15年12月に南アフリカのヨハネスブルクで開催されたフォーラムでは大臣会合とともに首脳会議も開催され，習近平国家主席も出席した。首脳会議では「2016-18新行動計画」が発表され，アフリカの工業化や人材育成，資源開発などへの600億ドルの支援が約束された。

　ただし中国の対アフリカ支援は「中国のアフリカにおける存在を誇示するための政治的手段であり，その多くは発表どおりには実施されていない」という懸念があるのも事実である。一方，確かに中国の投資は発表と実態の乖離は大きいものの，「多くのアフリカ諸国が，中国が求める融資基準をみたすような事業計画を提案できない」からだとの見方もある（前者の発言はデロイト社の新興市場・アフリカ担当部長の発言，後者は南ア国際問題研究所（SAIIA）の外国政策研究員の発言，いずれも日本貿易振興機構，58頁）。アフリカ諸国が政治的に不安定であり，中国・アフリカ双方の利権が複雑に絡まっていることから発表と実態

第Ⅳ部　世界の中の中国

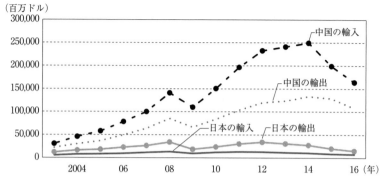

図14-4　中国・日本の対アフリカ貿易

出所：日本：財務省貿易統計をドル換算
　　　中国：図14-2に同じ。

が乖離していることがあるのもやむを得まい。

　中国は2010－12年の期間中に121カ国に援助を行っているが，うち51カ国がアフリカ諸国であり，FOCACの枠組みのもとで14の農業モデル・センターを建設し，農業の専門家を養成している。また小中学校150校を建設し，4.7万人の専門家を養成した（「人民網」2015年12月14日）。日本は1993年からアフリカ開発会議（TICAD）を開催しているが，2000年以降の中国のアフリカへの経済的な影響力が日本をはるかに凌いでいることは，貿易額を見ても明らかである（図14-4）。なお15年に中国の対アフリカ輸入の金額が大きく落ち込んでいるのは，資源価格の低下の影響が大きく，原油をはじめとする鉱物資源は数量では増加している。

　急速にアフリカへの影響力を拡大する中国に対し，「新植民地主義」であるとの批判もあることから，中国は医療や貧困対策などにも力をいれているとしている。とはいえ，中国外交部HPによれば，アフリカには54カ国が存在しているのだが，経済規模の小さな国家が多いこともあり，中国の貿易は金額だけをみると一部の国に偏っている。貿易額では上位5カ国でアフリカ全体の54.5%（南アフリカ23.7%，アンゴラ10.5%，ナイジェリア7.1%，エジプト7.4%，アルジェリア5.8%）を，輸入ではアンゴラと南アフリカの2カ国で64.0%を占めている（トップ5では75.6%。輸出入ともに2016年の数字）。アンゴラからの輸入の

99.7％は原油であり，数量では4375万トンでロシア，サウジアラビアに続く第
3位の輸入相手国であった（14年はアンゴラ4065万トン，ロシア3311万トンで第2
位の相手国だった）。16年の中国の原油の輸入量のうちサウジアラビアからの輸
入の割合は13.4％であるのに対し（中国の中東諸国からの輸入は他にはイラク9.5％，
オマーン9.2％，イラン8.2％など），アンゴラは11.5％であり，日本の原油輸入の
8割以上が中東諸国であるのとは様相を異にする。またコンゴ民主共和国の輸
入の46.8％が銅である。さらに南アフリカからの輸入の27.4％がダイアモンド
で，中国のダイアモンド輸入の半分（48.5％）が南アフリカからであり，第1
位の輸入相手国である（いずれも2016年の数字，Global Trade Atlasによる）。

2 北朝鮮との関係

　中国と朝鮮民主主義人民共和国（以下，北朝鮮）との関係は，基本的にはそ
の地政学的な位置づけから「唇歯の関係（唇が滅びれば歯も滅びる）」とされて
いたが，第二次世界大戦後の建国以降何回か曲折を経ていた。例えば1950-53
年に起こった朝鮮戦争のときには，中国は建国後間もない時期であったが志願
軍を送り，また北朝鮮に対し経済的支援も行った。一方1967－68年には双方の
駐在大使が帰国するほど両国関係が悪化した時期もあった。北朝鮮は中国と旧
ソ連の両国と国境を接し，社会主義陣営の一員であったことから，大国にして
対立関係にあった中ソに対する立ち位置に苦慮していた。ただし1988年に韓国
のソウルでオリンピックが開催されたことや，89年の東西冷戦の終焉と前後し
て，韓国が社会主義圏との関係を強化し，90年にソ連と国交を樹立したのに続
き，92年には中国と国交を樹立したことから，中朝の外交関係は一時的に悪化
せざるを得なくなった。
　ただし中朝経済関係は外交とは異なる様相を見せていた。1980年代まで北朝
鮮の貿易相手はソ連を中心に東欧や中国なども含む社会主義国が中心であった。
しかしソ連・東欧圏の崩壊とともに，北朝鮮とソ連・東欧の旧社会主義諸国と
の貿易が激減したことから，中国が北朝鮮の貿易相手国の半分以上を占めるよ
うになった。もっとも90年代になって中国の輸出額が増加しているのは，中国
の援助が増えたからではない。中朝間ではそれまで清算勘定方式がとられてい
たが，ハードカレンシー決済になったことによる。清算勘定方式のもとでは，

287

第Ⅳ部　世界の中の中国

例えば中国から輸出される原油や食糧が国際価格の3分の1から5分の1という安価に設定されており，中朝間の貿易収支を均衡させるようにしていた。帳簿上は収支が均衡していたが，実質的には中国が原油や食糧を援助していたわけである。

　1990年代以降貿易額は増加しているとはいえ，中国にとっては北朝鮮との貿易は中国の貿易額全体の1％程度であり，経済的には重要な相手国ではない。もっとも国境を接している遼寧省や吉林省には朝鮮族の人も多く住み，親類が朝鮮半島に住んでいる人もいることから，東北地方にとっては相対的に北朝鮮の重要性は高い。東北地方にとっては北朝鮮の鉱産物の輸入，および中国製の日用品を中心とする軽工業品や機械・設備の輸出先として経済的にも重要であった。特に2010年に中国が国家プロジェクトとして「長吉図開発開放先導区」（吉林省の長春市，吉林市，図們江地域を中心にモンゴルや北朝鮮にわたる地域一帯を開発しようという政策）を設立すると，北朝鮮の鉱物資源の開発輸入が進展した。中国から採掘機械やトラックなどが輸出され，北朝鮮産の石炭や鉄鉱石などの鉱物資源の輸入が大幅に増加した。さらに中国の人件費が上昇していたことから，ミシンなどの縫製用器械を輸出し，衣類を輸入するという委託加工貿易も増加した。中国の対朝輸入が対朝輸出を上回る割合で増加したことから，09年までは中国の出超額が輸入額を上回るほどであった様相が一変した（図14-5）。

　地域開発についていえば，吉林省側は進んだが，遼寧省側は順調とは言い難い。中国の遼寧省丹東に接し，中朝国境河川鴨緑江の中州（北朝鮮の領土）に建設が予定されていた黄金坪開発区については，中朝の要人を招いての起工式まで行われたが，中国が必要性を感じなかったことや，北朝鮮が希望する管理委員会方式を中国が嫌ったことから，整地すらままならない状況にある。

　さらに中国で習近平が，北朝鮮で金正恩が各々政権に就くと両国の良好な関係は一変した。（2006年，09年に続き）13年，16年，17年と北朝鮮が核実験したことに対し，国連の常任理事国として拒否権を有している中国であるが，国連の対朝制裁決議案に対し，棄権をせずに賛成票を投じた。10年以降急増した中朝貿易は14年には公表された貿易統計の数字では減少に転じている。14年からは中国の対北朝鮮貿易統計で原油の輸出が計上されていないことから，公表された統計の数字が減少した可能性もあるが，15年は14年と同様の

288

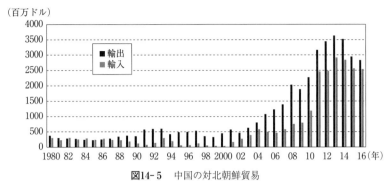

図14-5 中国の対北朝鮮貿易

出所：海関総署「海関統計」各年12月，Global Trade Atlasより作成。

条件で貿易額がさらに減少していることになる。これは石炭や鉄鉱石など資源価格の下落が影響しているとみられ，数量としては金額ほどには減少していない。

2009年には北朝鮮の核実験直後にもかかわらず，温家宝総理（当時）が訪朝し，国交樹立60周年を祝い大型の援助の供与も約束していたことからすれば，習近平政権以降，中国の対北朝鮮政策が変わったのは明らかである。胡錦濤時代は経済関係を優先する政策（先経貿）であったものが，習近平政権になってからは非核化が優先され（先非核），経済関係を犠牲にしても核問題の解決を優先しているとみられる。習近平は訪朝より前に訪韓を果たすなど，北朝鮮を重視しない姿勢を見せており，それどころか中国も国際社会と軌を一にして，経済制裁を行っているが，北朝鮮の核実験やミサイル発射は続いている。17年2月には，国連安全保障理事会の16年11月の制裁決議の上限に達したとの理由で，中国は北朝鮮からの石炭輸入の17年中の輸入停止を発表した。しかしこの後も北朝鮮がミサイル発射や核実験を行ったことから，国連ではさらに制裁案が可決され，中国も賛成票を投じることになった。8月の制裁案では北朝鮮からの鉄鉱石や海産物の輸入を禁止し，新たな北朝鮮の労働者の雇用の禁止，北朝鮮との合弁事業の拡大や新規開設を禁止した。さらに9月には原油や石油製品の北朝鮮への輸出の上限が決められ，北朝鮮で生産された繊維製品の輸入も禁止された。

一方北朝鮮がミサイル実験を繰り返していることから，北朝鮮のミサイルに

第IV部　世界の中の中国

対応すべくアメリカは韓国にTHAAD（高高度ミサイル防衛システム）を配備することを決定した。中国はTHAADの識別範囲には中国も含まれているとして米韓に対する反発を強め，中国内にある韓国系企業の不買運動や，中国観光客の訪韓が抑制された。2017年10月中国の第19回党大会が終了して1週間後に，中国は韓国が「THAADの追加配備をしない」など「3つのノー（三不）」を受け入れたとして，中韓両国の外務省は中韓交流の正常化を発表した。中韓の北朝鮮の圧力が弱くなるのではないかとの懸念も一部にはあるが，中国は核実験やミサイルの発射を繰り返す北朝鮮への圧力を強めていくことになろう。

　ただし圧力が強すぎて，北朝鮮の混乱がひどくなり，北朝鮮の難民が大挙して中国に押し寄せてきた場合，中国内にいる朝鮮族との間で朝鮮族アイデンティティーが生まれる可能性もある。このような民族的「同一性」感は中国内の他の「少数民族」にも伝播しかねず，「大一統」（序章参照）を脅かしかねない。さらに混乱に乗じて，核物資や核技術の国外流出が起こり，テロ組織などにわたる事態も起きかねないことから，中国の北朝鮮に対する圧力のかけ方は難しい状況にある。

3　大国となった中国と近隣諸国との経済関係の展望

　政治的な影響力だけでなく，経済的にも大国になった中国の近隣諸国への影響力は大きくなっている。また中国の対外投資（走出去）額は今や中国の直接投資の受入れ額と同規模になり，投資相手国の経済にも影響を与えている。中国の直接投資が増加する要因としては，貿易摩擦の回避，（2015年以降は減少しているとはいえ）豊富な外貨準備の利用，資源開発などの理由があり，今後とも中国の対外投資，とりわけ「一帯一路」関連地域の投資は増加していこう。ただし①これまでのように投資相手国に労働者も帯同していく，②落札するために実現不可能な有利な条件を提示し，落札後実行できなくなる，③近隣諸国を鉄鋼やセメントなどの過剰生産物の消費市場とみなしている，などの中国の思惑が露骨になれば，相手国との摩擦が一層大きくなる可能性も高い。さらに最初の提唱の声こそ大きかったものの，「一帯一路」の具体的な青写真がないままに思惑のみが先行していることや，世界情勢が大きく変わる中にあって，当該地域の不安定性は変わらないままであることから，実現までには時間がか

かるだろう。また場合によっては一部のプロジェクトが全体との連携もなく，単体で建設されるだけに終わる可能性も高い。

「一帯一路」に沿った開発にしても，中国が標榜する双方が利益を得て（いわゆるWin-Winの関係），中国のみならず近隣諸国とともに発展していく関係が必要であるが，その実現可能性が問われている。

アメリカでトランプ政権が誕生し，アメリカがTPP（環太平洋パートナーシップ）や温室効果ガスの削減等を目指すパリ協定からの脱退を宣言する中，「一帯一路」やRCEPを推進し，オバマ前米大統領とともにパリ協定を批准した中国は今や名実ともに経済も含めた世界の主導者になっているように見受けられる。ただし国内に目を向ければ，高度成長からの成長率の鈍化を組み入れた「新常態」を標榜していたものの，固定資産投資を増加させ，経済成長率を6.5％より嵩上げさせようとする動きが顕著になっている。また国有企業改革が進まず，環境問題の悪化など不安定性も高く，対外経済関係に頼らざるを得ない状況にあるものの，アメリカの保護主義的な動向がアジアや欧州に連鎖的に波及する可能性もある。

北朝鮮との経済関係はいうに及ばず，本章でとりあげた「一帯一路」の各国と中国との関係も同床異夢である。例えばロシアにウクライナ問題があるうちは中国と協力せざるを得ないが，制裁が解除されれば，ロシアにとっての中国の優先度は低くなる。また中央アジアに対する影響力をめぐって中露関係が悪化する可能性もある。さらに「中国の夢」である「偉大な中華民族の復興」が露骨になれば，近隣諸国の中国への警戒感は強まっていくことになろう。

まさに内憂外患の中国経済であるからこそ，まず近隣諸国での足場を固めることが重要になっている。

■　■　■

●注────────

（1）　発足時点の加盟国はインドネシア，マレーシア，フィリピン，シンガポール，タイであり，その後1984年にはブルネイが加盟，1995年にベトナム，97年にラオス，ミャンマーが，99年にはカンボジアが加盟した。後から加盟した4か国は先発6か国に比べ発展水準が低かったことから，CLMVと呼ばれ，関税の引き下げ

第Ⅳ部　世界の中の中国

時期を遅らせるなどの優遇条件が与えられていた。

（2）　針葉樹の丸太に対する輸出関税率を6.5％から2007年2月に20％に，08年4月から25％に引き上げた。09年1月から80％に引き上げるとしていたが，ロシアの木材産業への投資の遅れや08年以降の金融危機の影響で引き上げは行われず，25％に据え置かれた（林野庁）。

（3）　1996年にウズベキスタンを除く5カ国が上海で会談を行い「上海ファイブ」が構築された。2015年にはインドとパキスタンが加盟国となった。このほか09年にはスリランカとベラルーシが対話パートナー国となり，12年にはアフガニスタンがオブザーバー国に，トルコが対話パートナー国となっている。

（4）　北半球に偏在する先進国と南半球に多くある発展途上国の経済格差等を問題にした「南北問題」に対し，発展途上国同士の協力を「南南協力」，発展途上国間でも資源を擁する国とそうでない国との格差が生じることもあり「南南問題」と称されることがある。

（5）　北朝鮮自身は貿易統計を発表していないことから，相手国貿易統計からの推計。韓国の金大中政権以降南北朝鮮の交易も本格化したが，韓国は南北間の貿易は国内交易としていることから，北朝鮮の対外貿易に関する韓国の推計値には韓国との取引は含まれていない。韓国を北朝鮮の対外貿易相手「国」としなかった場合，北朝鮮の対外貿易に占める中国の割合は約9割となり，韓国を含めると5〜6割となる。ただし2016年には開城工業団地が閉鎖されたことから南北朝鮮の交易はほぼゼロになっている。

●参考文献

日本語

日本貿易振興機構海外調査部中国北アジア課（2017）『2015年の中国企業の対外直接動向』（https://www.jetro.go.jp/world/reports/2017/01/1b7d533e7285786c.html）

日本貿易振興機構アジア経済研究所（2009）『アフリカにおける中国──戦略的な概観』（http://www.ide.go.jp/Japanese/Data/Africa_file/Manualreport/cia.html）

林野庁（2014）「世界木材貿易の概況」『平成20年度　森林・林業白書』（http://www.rinya.maff.go.jp/j/kikaku/hakusyo/20hakusho_h/all/h26.html）

中国語

陳元・銭穎一（2016）『"一帯一路"金融大戦略』中信出版集団。

国務院スポークスマン（2016）「互利共贏的"中国方案"」（http://www.scio.gov.cn/ztk/wh/slxy/31200/Document/1469108/1469108.htm）

──────（2016）「中国是不是"穷大方"」（http://www.scio.gov.cn/ztk/wh/slxy/

31200/Document/1469162/1469162.htm）

───（2016）「沿线各国期待收获"大红包"」
（http://www.scio.gov.cn/ztk/wh/slxy/31200/Document/1469621/1469621.htm）

───（2016）「办法总比困难多」
（http://www.scio.gov.cn/ztk/wh/slxy/31200/Document/1469886/1469886.htm）

李永全主編（2016）『"一带一路"建設発展報告（2016）』社会科学文献出版社。

中国商務年鑑編委員会（2016）『中国商務年鑑2016』中国商務出版社。

中国外交部中非合作論壇「中非経済和社会発展合作綱領」http://www.focac.org/chn/
ltda/dyjbzjhy/hywj12009/tl55561.htm

ウェブサイト

人民網日本語版　http://j.people.com.cn
　中国共産党中央委員会の機関紙。共産党の公式報道が中心であるが，日本語版では
　日中関係や日本紹介などの記事も多く掲載されている。中国語版はhttp://www.
　people.com.cn/で読むことができる。

中国外交部HP　http://www.fmprc.gov.cn
　中国外交部（「部」は日本の「省」に相当）の公式発表を報道。首脳会談の成果や
　共同声明，外交部の活動，外交部スポークスマンの発表が掲載されている。中国
　の外交方針を知ることができる（中国語）。

（今 村 弘 子）

終　章
中国経済の行方

　中国は，改革開放後高い経済成長率を達成してきたが，2010年代に入り低下傾向が続いている。このような経済成長率のスローダウンを中国政府は「新常態」と捉え，安定的な成長のために，質と効率性を追求する改革を実施しようとしている。しかし，伝統経済から近代経済への移行過程で陥る可能性のある「中所得国の罠」と計画経済から市場経済への移行過程で陥る可能性のある「体制移行の罠」という「二重の罠」に中国がはまっているのではないかという議論がある。中国がこの「二重の罠」から脱出するためには，政治・経済さまざまな面での改革が必要となっている。

　ただし，中国経済の成長がスローダウンしているとは言え，国全体の規模でみると，世界第2位の経済大国となったのは紛れもない事実であり，今後も経済大国であり続けるであろう。このような状況のもとで，中国に隣接する日本は，確実に中国経済の影響を受けるので，冷静に中国経済をみつめる必要があると言えよう。

キーワード：新常態，サプライサイド改革，二重の罠，中所得国の罠，マクロ生産関数，体制移行の罠，曖昧な制度，比較制度分析

1　「新常態」におけるマクロ経済動向

　今後の中国経済の行方を展望する前に，直近の中国経済の状況についてあらためて確認しておきたい。中国は，1970年代末に開始した改革開放実施以降，高い経済成長率を達成してきた。しかし，2010年代に入り，経済成長率はスローダウン傾向にある。図終-1は，2000年代以降の中国の四半期ごとの経済成長率の変化を示したものである。アメリカをはじめ，多くの国がマイナス成長に陥った08年のリーマンショックの際も中国はすばやい回復をみせ，世界経

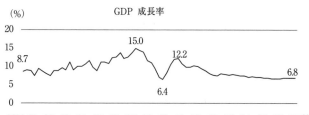

図終-1 2000年代の中国の経済成長率
出所：国家統計局国家数据（http://data.stats.gov.cn/easyquery/htm?cn=C01）より筆者作成。

済回復の牽引役となった。しかし，経済成長率は2010年第1四半期にリーマンショック後のピークである12.2%を記録したのち，低下傾向が続き，15年第3四半期以降は7.0%以下にとどまっている。

このような経済成長率のスローダウンに対し，2014年以降，中国政府は「新常態」という表現を用いて，これまでの高度成長期は終了して中高速成長期に入ったと捉え，成長の質と効率性の追求を模索するようになった。そして，安定的な成長のための各種の改革を唱えている。

例えば，2015年12月に開催された経済工作会議で示された「三去一降一補」(1)，すなわち，過剰生産能力・過剰在庫・過剰債務の削減（三去），生産コストの引き下げ（一降），弱点分野の補強（一補）といったサプライサイド改革が提唱されている。その背景には，鉄鋼や石炭のような国有企業がおもな担い手となっている旧来型の重工業部門において，過剰な供給によって価格が低迷し，赤字続きとなっているにもかかわらず，企業の淘汰が進まず市場に居座り続ける，いわゆるゾンビ企業となって，効率性を阻害していることが挙げられる。

しかし，「三去一降一補」のようなサプライサイド改革が提唱される一方で，同時に積極的な財政政策も提唱し，公的部門の創出する需要増によって，需給ギャップを解消させようとする動きも同時にみられる。図終-2は，民間，中央政府ならびに地方政府による固定資産投資と不動産開発投資の対前年成長率を月次で示したものである。民間と中央政府による固定資産投資成長率は期間中を通じて低下傾向にある。中央政府による固定資産投資はマイナスに転じる時期もみられるようになっている。一方で，地方政府による固定資産投資の成長率は，2016年以降下げ止まり傾向にある。また，同様に不動産開発投資の成

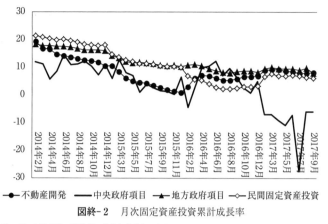

図終-2　月次固定資産投資累計成長率

注：データは月次の累計額の対前年成長率である。
出所：国家統計局国家数据（http://data.stats.gov.cn/easyquery/htm?cn=C01）より筆者作成。

長率は低下を続けていたが，2016年以降上昇に転じている。第6章の土地財政の議論でもあったように，地方政府の積極的経済政策と不動産開発は連動することが多い。これらの固定資産投資の動きから，「新常態」の下でも，地方政府が主導役となって不動産開発や公共投資を積極的に行い，経済成長率の低下要因となりうるサプライサイド改革を後回しにして，経済成長率を追い求めている可能性がある。

2　「二重の罠」

本節では，「新常態」が目指す質と効率性を考慮した安定的な成長のための改革について，より長期的に展望するために，中国が克服すべき「二重の罠」について考察する。「二重の罠」とは，「中所得国の罠」と「体制移行の罠」の2つをさす（関，2013）。中国は，伝統経済から近代経済へ，そして，計画経済から市場経済へと二重の移行を進めてきたが，この二重の移行に停滞をもたらすのが，「二重の罠」である。以下，それぞれについて，順にみていく。

（1）中所得国の罠

「中所得国の罠」とは，世界銀行が2007年に発表した『東アジアの再興』の

中で示された概念である。低所得国の状態から外資導入などにより経済発展を開始し，中所得国のレベルに達した後，一部の中所得国は経済発展が停滞し，高所得国にキャッチアップすることに失敗している（関，2013）。

　図終-3は，1960年と2015年で統計データが比較可能な90カ国の1人当たりGDP（2010年基準実質値米ドル）を，それぞれの年のアメリカの1人当たりGDPとの比率の対数値で示したものである。そして，図中の縦横2本ずつの点線は，世界銀行の基準で低所得国と中所得国の閾値（2015年で1025米ドル），そして中所得国と高所得国の閾値（同，12475米ドル）の対数値をそれぞれの年で示したものとなっている。

　真ん中の太線で囲まれたブロックの国々は，1960年時点で中所得国であったともに，2015年時点でも依然として中所得国にとどまり続けている，すなわち中所得国の罠にはまっている国々となる。一方で，中所得国の罠のブロックの上方にあるブロックの国々は，1960年時点では中所得国であったが，その後も成長を続け，高所得国にキャッチアップすることができた国々となる。

　図終-3によると，中所得国を抜け出したグループは11カ国・地域となっており，東アジアで経済発展が先行した日本，韓国，香港はこのグループに属している。一方，中所得国の罠にはまっているグループは41カ国あり，中国もこのグループに属している。ただし，中国は，中所得国の罠にはまっているグループの中では，比較的45度線からは上方に離れており，1960年時点から比べると2015年は高所得国へのキャッチアップは進んでいる。このまま成長を続けていけば，やがては中所得国グループを脱出する可能性はあるが，図終-3にもあるように，中には中所得国から低所得国へと脱落した国も少なからず存在しているので，現在のポジションから今後上方へ移動するのか，あるいは下方に転落してしまうかは中国の経済成長パターンに転換にかかっているといえよう。

　そこで，労働と資本を生産要素とするマクロ生産関数を想定し，中国が今後も経済成長を続け，中所得国の罠から抜け出すための方法を検討してみたい。結論から述べると，少なくとも高度成長を続けてきたこれまでの中国と比べると，「新常態」で言われるようにスローダウンせざるを得ないことがわかる。

　上述の生産関数の下で，経済を成長させる方法は，①労働投入を増やす，②資本投入を増やす，③全要素生産性（TFP）を向上させる，という3つの方法

終　章　中国経済の行方

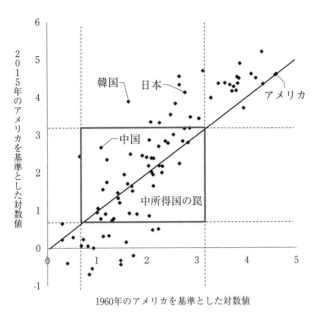

図終-3 「中所得国の罠」における中国の中所得国のポジション
出所：World Bank DataBank（http://databank.worldbank.org/data/home.aspx）より筆者作成。

が考えられる。「新常態」が主張される以前の中国は，①②③の全てが経済発展に有利な状況となっていた。それぞれの主な要因についてみると，①の労働投入の増加は生産年齢人口の増加によって，②の資本投入の増加は経済成長による資本蓄積に加え，外国直接投資の受け入れ，生産年齢人口の増加による貯蓄率の上昇によってもたらされた。また，③の全要素生産性の向上は，外国直接投資の受け入れにともなう先進国の技術導入に加え，農村余剰労働力の都市工業部門への移転による効率性の向上によってももたらされた（詳細なデータは序章表序-1参照）。

　しかし，今後は生産要素投入に依存した経済成長は難しくなるであろう。まず，①についてであるが，急速な少子高齢化の進展により，いわゆる人口ボーナスをもたらした生産年齢人口比率はすでにピークを越えており，労働投入は将来的に減少していくであろう（第9章を参照）。2016年に一人っ子政策を完全に撤廃したが，経済発展が進むと少子化が進むというライベンシュタイン・モデルに基づくと，今後，急激に出生率が回復するというのは期待しづらい。短

期的には退職年齢の引き上げなどの制度改革によって，労働投入を多少は増加させることができるかもしれないが，長期的には増やすことは難しいだろう。

②についてであるが，生産年齢人口比率の低下と高齢人口比率の上昇は，貯蓄率の低下をもたらし，資本投入の低下要因にもなる。また，中国からの対外直接投資，いわゆる「走出去」の増加（第12章参照）も中国内における資本投入の低下要因となる。よって，資本投入の増加に依存した経済成長も，今後は難しくなっていくであろう。

また，③の全要素生産性もこれまでと同様の方法で向上させるのは難しくなっている。まず，TFP向上の要因の１つであった農村から都市への出稼ぎによる効率性の改善の効果は縮小していくであろう。なぜならば，第３章のルイス転換点の議論にあるように，やがては農村の余剰労働力は消滅する方向にあるからである。このような状況の下では，労働移動による効率性の改善を少しでも維持するためには，現在進みつつある農地の流動化と戸籍制度改革を一層進展させることがより重要となってくる。

技術水準の向上に関してもこれまでと同様の方法で進めていくのは難しくなっている。改革開放以来の外資受入れと中国企業の自主開発により，すでに技術の先進国へのキャッチアップはかなり進んだ（丸川，2013）。キャッチアップが進展したということは，言い換えれば，後発国の優位性の余地が小さくなっているということである。今後技術進歩によるTFPを向上させるためには，キャッチアップではなく，自主的な研究開発によるこれまでにない技術を生み出すようなタイプの技術革新が必要となってくる。中国政府も自主的な技術革新の重要性は把握しており，例えば，国務院は2015年５月に「中国製造2025」という今後10年間の製造強国へのロードマップを示している（国務院，2015）。

また，中国の企業部門も近年は積極的に研究開発に投資を行っている。国家統計局によると，1996年に404億元であった研究開発経費支出は，2015年は14170億元と20年間に約35倍に増加している。その成果も着実にあらわれており，発明特許の申請授権数は，96年に2976件であったのに対し，15年には359316件と約120倍に増加している。個別の企業でも，15年の国際特許出願件数の世界ランキングによると，世界第１位の3898件を出願した華為技術（Huawei），同第３位で2155件を出願した中興通訊（ZTE）をはじめ，上位50位

300

終　章　中国経済の行方

に6社の中国企業がランクインしている（WIPO, 2016）。

　以上をまとめると，すでに労働と資本という生産要素投入による経済成長は困難であり，経済成長率の低下は今後も免れそうにないが，その低下を極力押しとどめて，中所得国から脱出するためには，中国企業による自主的な研究開発とイノベーションによってTFPを向上させていくことが重要となる。

（2）　体制移行の罠

　一方，「体制移行の罠」とは，清華大学の研究グループによって示された概念で，計画経済から市場経済へと経済体制の移行が進められていたものの，その途上で国有企業や政府官僚などの既得権益集団がさらなる改革を阻止し，混合体制のまま市場化改革が停滞し，それにともない国有企業による寡占，所得格差，官僚の腐敗などの社会的厚生をゆがめるような問題が発生していることをさす（関, 2013）。

　この「体制移行の罠」は，経済的な要素のみならず，政治的要素にも密接に関連することから，問題はより複雑である。また，分析対象の切り取り方によっても見方が変わる点でも複雑である。例えば，2000年代後半にさかんに議論された国進民退現象（第4章参照）のように，国全体のマクロでみるか，あるいは産業単位でどの産業をみるかによって，中国経済が政府の介入が強い「国家資本主義」とも，民営企業の活力に本質がある「大衆資本主義」とも見えるからである（加藤, 2016b）。とはいえ，近年の「群体性事件（大衆によるデモ行動）」の頻発をみると，社会的不満が存在しているのは確かであり，やはり「体制移行の罠」は，解決していくべき問題であるのは間違いないであろう。

　そこで，加藤（2013, 2016a）の「曖昧な制度」の議論から「体制移行の罠」の今後について展望してみたい。加藤は，中国の経済社会に埋め込まれた「高い不確実性に対処するために，リスクの分散化を図りつつ，個人の活動の自由度を最大限に高め，その利得を最大化するように設計された中国独自のルール，予想，規範，組織」を「曖昧な制度」として定義した。そして，中国社会の中で共有されている，この「曖昧さ」による柔軟性，したたかさが，中国の発展にプラスに働いた領域があったと主張している。改革開放後に見られた「曖昧な制度」の例として，国有でも私有でもない農村部の土地の集団所有制，国有的要素も私有的要素も兼ね備えた混合所有企業と混合市場，市場競争のような

301

競争を繰り広げる地方政府などを取り上げ，これらが中国型資本主義を規定していると述べている（加藤，2016a）。

不確実性のもとで，利得を最大化するようにして，制度が設計されるという加藤の「曖昧な制度」の考え方は，青木昌彦のゲーム理論を枠組みとした比較制度分析における制度の概念と共通する点もある。ちなみに，青木は，制度を「社会を構成する主体がゲームを行ったことによる均衡から確認，認識し，集団的に共有された予想の自己維持的なシステム」として捉えている（青木，2003）。

中国の改革開放政策による市場化は，多くの国が経験したことのないという意味では不確実性に満ちた状況であった。このような状況の下で，加藤のいう「曖昧さ」を特徴にもつ中国型資本主義は，実際に多くの個人，そして国全体に豊かさをもたらしたことで，中国社会の中で共有される制度になり得た。問題は，この中国型資本主義が今後どうなるかである。加藤は，現行のシステムを維持するだけでは前に進めないという認識を持つ一方で，利益集団などの既得権者による抵抗，各要素が密接な関係する経済システム全体を改変する難しさ，そして，国土や人口の大きさ，すなわち「国情」の不変を根拠に，今後もなんらかの形で「曖昧な制度」のコアの部分が継承されると考えている。

しかし，「曖昧な制度」は決して不変のものではなく，時代の変化に応じてマイナーチェンジを遂げ，今もその過程にあるとも述べている（加藤，2016b）。青木も同様に，制度はゲームの均衡によって自己維持的に規定されるが，通時的には，新たな取引領域の創出やゲームの連結・再構成によって，経路依存性を持ちながら変化するとしている。ただし，この制度変化は，必ずしも先進資本主義国の経済システムへの収斂を意味しない。青木は，制度を規定する均衡の複数性を以って，ミクロからマクロまでさまざまな領域において制度的多様性がありうると述べている（青木，2003）。

以上の制度の経路依存性と制度を規定する均衡の複数性を踏まえると，現在の政府が積極的に市場へ介入する中国型資本主義は，1つの均衡として，時代の状況に合わせマイナーチェンジを続けるだろう。しかし，「体制移行の罠」から脱出した先にあるものが，清華大学研究グループが主張する市場経済，民主政治，法治社会といった普遍的価値を有するシステムだとすると，政治体制も含めたドラスティックな改革が必要となるので，中国が少なくとも短期的に

終　章　中国経済の行方

は「体制移行の罠」から抜け出すことはないだろう。

3　中国経済の発展をどう捉え，いかに付き合うべきか

　本書の各章でも見てきたように，中国は1970年代末の改革開放開始以来，さまざまな分野で改革を実施することで，急速な経済発展を成し遂げ，GDPでみると世界第2位の経済大国に発展し，国際貿易額や直接投資受入額，そして，自動車や家電の生産台数等でも世界のトップを争うような地位を占めるに至った。

　しかし，近年の中国の東シナ海や南シナ海における周辺国との領土・領海をめぐる対立の影響もあり，日中の相互イメージは，現状としては決して良くはない。例えば，2005年から毎年実施されている日中共同世論調査によると，16年現在の日中関係について，71.9％の日本人が中国に対して，悪い，あるいは，どちらかと言えば悪いというイメージを持っている。

　さらに，「新常態」や「二重の罠」の議論にあるように，経済成長と政治経済の改革のスピードがスローダウンしつつあることや，中国進出日系企業の撤退や新規進出の減少から，中国経済，そして，今後の日中の経済関係について悲観的に見る日本人は少なくない。前出の世論調査によると，30.2％の日本人は現在中国が実施している構造調整はうまくいかないと回答している。そして，今後の日中経済関係について，増加すると回答した人は8.2％であるのに対し，減少すると回答した人は，44.2％に上った。

　しかし，日本経済が，良くも悪くも中国経済の影響を受け続けることは間違いないであろう。序章でも述べたように中国のGDP統計の精度には議論の余地があるかもしれないが，世界第2位の経済大国に成長したことは紛れも無い事実であり，経済成長率がスローダウンしているとは言え，経済成長率がマイナスになり，経済規模が縮小しているわけでもない。また，日本からみても国際貿易額に占める中国のシェアは第1位という状態が長年続いている。近年は，中国人訪日旅行客も増加し，2003年には35万人に過ぎなかったのが，16年には637万人にも達している。さらに当然ながら経済的な関係にも影響する日中間の地理的な近さは永遠のものである。このような状況を考慮すると，日中双方の経済社会動態の変化により付き合い方は変化していくかもしれないが，日本

303

が中国経済の影響を受けなくなるというのはあり得ないだろう。本章でも多様な議論が行われているように中国を理解するということは容易ではないが，安易な脅威論や悲観論にとらわれず，冷静に中国経済を複眼的に観察し，対応策を考えていくことが日本経済にとっても得策なのではないだろうか。

■　■　■

●注

（1）　経済工作会議とは，中国共産党中央と国務院が例年12月に開催する翌年の経済政策の方針を決定する会議である。

（2）　ライベンシュタイン・モデルとは，子供を産むことによる効用と費用を比較し，前者が上回ると出産を選択し，逆ならば出産しないことを選択するというモデルである。効用には子供の労働所得や社会保障的な役割などによる効用，費用には教育費などの直接費用と子育てに時間をとられることによる機会費用があり，経済発展による生活水準の向上や公的な社会保障制度の整備に伴い，費用が効用を上回りやすくなり，少子化が進むとされている。

●参考文献

青木昌彦（2003）『比較制度分析に向けて』NTT出版。

加藤弘之（2013）『「曖昧な制度」としての中国型資本主義』NTT出版。

加藤弘之（2016a）『中国経済学入門──「曖昧な制度」はいかに機能しているか』名古屋大学出版会。

加藤弘之（2016b）「中国は二重の罠を超えられるか」加藤弘之・梶谷懐編『二重の罠を超えて進む中国型資本主義──「曖昧な制度」の実証分析』序章，ミネルヴァ書房。

関志雄（2013）『中国　二つの罠』日本経済新聞社。

国務院（2015）「国務院関于印発中国製造2025的通知」（http://www.gov.cn/zheng-ce/content/2015-05/19/content_9784.htm）。

ウェブサイト

経済産業研究所　関志雄：中国経済新論　http://www.rieti.go.jp/users/china-tr-/jp/

　野村資本市場研究所の関志雄氏による中国経済の時事分析・解説のウェブサイトで，中国経済の現状と課題を定期的に日本語で紹介している。

WIPO（世界知的所有権機関）　http://www.wipo.int/portal/en/index.html
　知的財産権の保護を目的とした国際連合の専門機関によるウェブサイトで，知的財
　　産権に関するデータも公表している。
言論NPO　日中共同世論調査　http://www.genron-npo.net/world/category/cat-
　　345.html
　2005年より毎年日本と中国それぞれの国で互いの国に対する好感度や時事問題に対
　　する意識調査を実施し，その結果を公表している。

（藤井大輔）

資　料

資料 1 中国の統計 (1)

年度			1952	1980	1990	2000	2010	2016
総人口		万人	57482	98705	114333	126743	134091	138271
	都市人口	万人	7163	19140	30195	45906	66978	79298
		(％)	(12.5)	(19.4)	(26.4)	(36.2)	(49.9)	(57.4)
	農村人口	万人	50319	79565	84138	80837	67113	58973
		(％)	(87.5)	(80.6)	(73.6)	(63.8)	(50.1)	(42.7)
就業者総数		万人	20729	42361	64749	72085	76105	77603
	第 1 次産業	万人	17317	29122	38914	36043	27931	21496
		(％)	(83.5)	(68.7)	(60.1)	(50.0)	(36.7)	(27.7)
	第 2 次産業	万人	1531	7707	13856	16219	21842	22350
		(％)	(7.4)	(18.2)	(21.4)	(22.5)	(28.7)	(28.8)
	第 3 次産業	万人	1881	5532	11979	19823	26332	33757
		(％)	(9.1)	(13.1)	(18.5)	(27.5)	(34.6)	(43.5)
GDP総額		億元	679.1	4587.6	18872.9	100280.1	413030.3	744127.2
	第 1 次産業	億元	342.9	1359.5	5017.5	14717.4	39362.6	63670.7
		(％)	(50.5)	(29.6)	(26.6)	(14.7)	(9.5)	(8.6)
	第 2 次産業	億元	141.1	2204.7	7744.3	45664.8	191629.8	296236.0
		(％)	(20.8)	(48.1)	(41.0)	(45.5)	(46.4)	(39.8)
	第 3 次産業	億元	195.1	1023.4	6111.4	39897.9	182038.0	384220.5
		(％)	(28.7)	(22.3)	(32.4)	(39.8)	(44.1)	(51.6)
一人当たりGDP		元	119	468	1663	7942	30876.0	53980.0
全社会固定資産投資		億元	n.a.	910.9	4517.0	32917.7	251683.8	606466.0
国家財政収入		億元	173.9	1159.9	2937.1	13395.2	83101.5	159605.0
国家財政支出		億元	172.1	1228.8	3083.6	15886.5	89874.2	187755.2
工業生産総額		億元	349	5154	23924	85674	698591	1104027
	国有	億元	145	3916	13064	40554	57013	43594
		(％)	41.5	76.0	54.6	47.3	8.2	3.9
	集団所有	億元	11	1231	8523	11908	10383	6583
		(％)	3.3	23.9	35.6	13.9	1.5	0.6
	私営・個人	億元	72	1	1290	5220	213339	391618
		(％)	20.6	0.0	5.4	6.1	30.5	35.5
	外資	億元	n.a.	n.a.	n.a.	23465	189917	245423
		(％)	n.a.	n.a.	n.a.	27.4	27.2	22.2
商品輸出入総額		億元	64.6	570	5560.1	39273.2	201722.2	243386.5
	輸出	億元	27.1	271.2	2985.8	20634.4	107022.8	138419.3
	輸入	億元	37.5	298.8	2574.3	18638.8	94699.3	104967.2
外国直接投資契約件数		件	n.a.	920	7273	22347	27406.0	33452.1
外国直接投資実行額		億ドル	n.a.	17.69※	34.87	407.15	1057.3	1260.01

注：(1)2000年以降の工業生産総額は販売収入500万未満の非国有企業は含まない。

(2)工業生産総額の私営・個人の項は，1995年までは個人企業，それ以後は私営企業の数値である。

(3)工業生産総額の外資の項には，香港・台湾・マカオによる投資も含まれる。

(4)工業生産総額が公表されなくなったために，2015年データは工業生産販売総額である。

(5)1980年の外国直接投資契約件数と実行額データは1978年から1982年までの累計である。

(6)工業生産総額は2015年データである。

出所：国家統計局国家数据（http://data.stats.gov.cn/），国家統計局工業統計司編（2016, 2011）『中国工業統計年鑑』中国統計出版社より作成。

資　料

資料2　中国の統計 (2)

	面積	年末常住人口	GRP	2000〜2016年平均GRP成長率	一人当たりGRP	第1次産業	第2次産業	第3次産業	外資企業投資総額
	（万km²）	（万人）	（億元）	（％）	（元）	（億元）	（億元）	（億元）	（億ドル）
北京	1.68	2173	25669.1	10.1	118198	129.8	4944.4	20594.9	4274
天津	1.13	1562	17885.4	13.6	115053	220.2	7571.4	10093.8	2226
河北	18.77	7470	32070.5	10.2	43062	3492.8	15256.9	13320.7	848
山西	15.63	3682	13050.4	10.2	35532	784.8	5029.0	7236.6	422
内モンゴル	118.30	2520	18128.1	14.1	72064	1637.4	8553.6	7937.1	411
遼寧	14.59	4378	22246.9	10.0	50791	2173.1	8606.5	11467.3	2133
吉林	18.74	2733	14776.8	11.2	53868	1498.5	7005.0	6273.3	356
黒龍江	45.46	3799	15386.1	9.9	40432	2670.5	4400.7	8314.9	283
上海	0.63	2420	28178.7	10.0	116562	109.5	8406.3	19662.9	7342
江蘇	10.26	7999	77388.3	11.7	96887	4077.2	34619.5	38691.6	8799
浙江	10.18	5590	47251.4	10.8	84916	1965.2	21194.6	24091.6	3199
安徽	13.96	6196	24407.6	11.2	39561	2567.7	11821.6	10018.3	673
福建	12.14	3874	28810.6	11.3	74707	2363.2	14093.5	12353.9	2263
江西	16.69	4592	18499.0	11.4	40400	1904.5	8829.5	7764.9	777
山東	15.67	9947	68024.5	11.5	68733	4929.1	31343.7	31751.7	2519
河南	16.70	9532	40471.8	11.0	42575	4286.2	19275.8	16909.8	822
湖北	18.59	5885	32665.4	11.2	55665	3659.3	14654.4	14351.7	993
湖南	21.18	6822	31551.4	11.1	46382	3578.4	13341.2	14631.8	580
広東	17.79	10999	80854.9	11.1	74016	3694.4	35109.7	42050.9	7816
広西	23.60	4838	18317.6	11.1	38027	2796.8	8273.7	7247.2	437
海南	3.39	917	4053.2	10.6	44347	948.4	906.0	2198.9	760
重慶	8.24	3048	17740.6	12.5	58502	1303.2	7898.9	8538.4	881
四川	48.50	8262	32934.5	11.4	40003	3929.3	13448.9	15556.3	942
貴州	17.60	3555	11776.7	11.4	33246	1846.2	4669.5	5261.0	237
雲南	39.40	4777	14788.4	10.3	31093	2195.1	5690.2	6903.2	330
チベット	122.84	331	1151.4	11.9	35184	115.8	429.2	606.5	23
陝西	20.50	3813	19399.6	12.0	51015	1693.9	9490.7	8215.0	561
甘粛	45.40	2610	7200.4	10.6	27643	983.4	2515.6	3701.4	75
青海	72.12	593	2572.5	11.5	43531	221.2	1250.0	1101.3	75
寧夏	5.18	675	3168.6	10.9	47194	241.6	1488.4	1438.6	87
新疆	165.00	2398	9649.7	10.2	40564	1649.0	3647.0	4353.7	97

出所：国家統計局国家数据（http://data.stats.gov.cn/）より作成。

資料3　中国の主な動き

年代	月日	政治社会の動き	経済の動き
1840	6.28	第1次アヘン戦争勃発	
1851	1.11	太平天国の乱（〜1864.7.19滅亡）	
1856	10. 8	アロー号事件（第2次アヘン戦争勃発）	
1860	10.13	英仏連合軍,北京を占領	
1861	12		曾国藩,安慶内軍械所を設立（洋務運動の開始）
1888	10		康有為,「変法自強」の第1回上書
1894	3	朝鮮で東学党の乱（甲午農民戦争）	
1895	4.17	日清戦争終結,下関条約調印	外国人による条約港での企業経営を許可
1898	6. 9	英,九龍半島租借	
1911	10.10	辛亥革命	
1912	1. 1	孫文,南京で中華民国臨時大総統に就任	
1921	7.23	中国共産党第1回全国代表大会	
1931	9.18	満州事変勃発	
1934	10	紅軍,長征に出発（1935.10陝西省延安に到着）	
1936	12.12	西安事変勃発	
1937	7. 7	盧溝橋事件,日中戦争勃発	
1949	10. 1	中華人民共和国成立	
	6.25	朝鮮戦争始まる	
1950	6.30		土地改革法公布
1953	1. 1		第1次五カ年計画の開始
1956			農村で高級生産合作社が広まる
1958	1. 9		「戸口登記条例」公布
	1.12	毛沢東,「大躍進」の提起	
1959	3.10	チベットで武装反乱,ダライ・ラマ14世インド亡命	
	7. 2	盧山会議,大躍進をめぐる意見対立	
	9		黒龍江省で大慶油田の試掘に成功
1963	1.29	周恩来,四つの近代化（現代化）提唱	
1964	1.27		「農業は大寨に学ぶ」運動開始
	8.18		毛沢東,三線建設を指示
1966	8.12	第8期11中全会「プロレタリア文化大革命についての決定」	
1969	3. 2	黒龍江省ウスリー川上の珍宝島（ダマンスキー島）で中ソが武力衝突	
1971	9.13	林彪,モンゴルで墜落死	
1972	2.21	米大統領ニクソン訪中	
	9.25	田中角栄首相訪中	
	9.29	日中国交正常化	
1974	1. 5		北京で日中貿易協定調印
1976	1. 8	周恩来没	
	4. 5	第1次天安門事件（四・五運動）発生	
	4. 7	鄧小平の職務を解任	

	9. 9	毛沢東没	
	10. 6	江青ら「四人組」逮捕	
1977	7.16	第10期3中全会,鄧小平の全職務回復	
1978	8.12	日中平和友好条約に調印	
	12.18	第11期3中全会,改革開放の開始	
1979	1. 1	米中国交正常化	
	2.17	中越戦争勃発	
	7. 8		中外合資経営企業法(合弁法)採択
1980	2. 1		中米通商協定発足
	5.16		経済特区・輸出加工区の試行を決定
1982			個別農家による生産請負制が普及
1983	9. 2		合弁法実施細則の発布
1984	4		経済技術開発区設置
	10.20	第12期3中全会,農村改革から都市改革へ	
1985	1. 1		農産物契約買付制度の導入
1986	10. 1		国有企業の経営請負制度・労働契約制度の導入
	12. 2		企業破産法の採択
1987	10.25	第13回党大会,国家計画管理の否定	
1989	6. 4	第2次天安門事件	
	6.23	中共13期4中全会,趙紫陽解任,後任に江沢民	
1990	7.14		上海市浦東の外高橋に保税区設置
	12.19		上海証券取引所営業開始
1992	1.18	鄧小平,「南巡講話」を発表	
	8.24	中韓国交樹立	
	10.12	第14回党大会,市場化の加速	
1993	11.11	第14期3中全会,社会主義市場経済システムの確立に関する中共中央の決定	
1994	1. 1		分税制導入,人民元と外貨兌換券の統一
	12.14		三峡ダム着工式典
1995	9.25	第14期5中全会,第9次五カ年計画と2010年長期計画の策定	
1997	2.19	鄧小平没	
	7. 1	英,中国に香港返還	
	9.12	第15回党大会,国有企業改革を本格化	
1998	3. 3	江沢民が国家主席に就任	
2000	1		西部大開発の提起
2001	12.11		WTO加盟
2002	11.15	第16回党大会,胡錦涛が総書記就任	
2006	1. 1		農業税全廃
2007	10.15	第17回党大会, 科学的発展観の提起	
2008	1. 1		新企業所得税法施行,外資企業一律優遇廃止
2008	8. 8	北京オリンピック開催	
	9		アメリカ発の金融危機(リーマンショック),中国にも影響

2010	5. 1	上海万博開幕	
2012	11.15	第18回党大会,習近平が総書記就任	
2013	11.12	第18期三中全会,経済改革を全面的に進める方針示す	
2014	11	習近平,ＡＰＥＣ首脳会議で一帯一路構想を提唱	
2015	12.25		アジアインフラ投資銀行（AIIB）発足
2016	9.30		IMF,SDRの構成通貨として人民元を採用
2017	11	第19回党大会,「社会主義強国の建設」を目標に掲げる	

参考文献：松丸道雄ほか編（2002）『世界歴史大系中国史〈5〉清末～現在』山川出版社，中国研究所編『中国年鑑』，
同『新中国年鑑』各年版などより作成。

索　引

（＊は人名）

あ 行

曖昧な制度　27, 301, 302
アップル　274
雨傘革命　269, 275
鞍山製鉄所　19
一国二制度（一国両制）　263, 265, 268
一帯一路　13, 55, 106, 155, 171, 177, 255, 256,
　　269, 277-281, 284, 290, 291
一票否決制　237
イノベーション　56, 57, 108, 148, 215, 269,
　　274, 275, 301
医療保険　35, 184, 188, 195, 196, 198, 200
インサイダー・コントロール　87
インセンティブ　86, 138, 139, 143, 146-148,
　　150, 211-213
インフラストラクチャー　262
請負生産（請負制）　44, 140, 141, 148, 242
海のシルクロード　13, 35, 106, 277
沿海地域　21, 37, 45, 101-104, 108, 110
沿海地区発展戦略　244
遠隔地市場圏　35
＊翁文灝　34
大鍋飯　164
温室効果ガス　224, 226, 234-236, 291

か 行

外貨留保制度　243
戒急用忍　271
外資企業　11, 46, 81, 85, 86, 92-94, 96-98, 243,
　　255, 267
会社法　33, 90, 92, 93, 98, 143, 147, 149
華僑　20, 242, 266
影の銀行　132
加工貿易　56, 85, 243, 244, 247, 254, 256

（右列）

過剰生産能力　12, 46, 91, 203, 207, 210, 218,
　　219, 253, 296
仮想通貨　154
合作企業　92, 243
合併・買収（M&A）　150, 151, 248, 251, 255
株式合作制　88
株式制改組　89, 95
カレンシーボード制　266
環境ガバナンス　223, 237
環境保護"十五"計画　226
環境保護法　225, 237
雁行形態（flying geese）的発展　110, 251,
　　256
関税　18, 33, 37, 244, 262, 263, 280
漢陽製鉄所　17, 19, 20
管理通貨制度　144
企業家精神　97, 262, 264
企業内貿易　247, 251, 252
汽船　20-22, 31, 32
基礎医療保険　196
基礎年金　193, 194, 196, 197
92年コンセンサス　274
共同富裕　160, 179
京都議定書　226, 231-234
許可証制度　243
局地市場圏　35
近代経済成長　62, 64
均霑（trickle down）効果　250
全要素生産性　298-300
クズネッツ曲線　173-175, 178
経営請負制　45, 87, 148
経営自主権の拡大　86, 87
経済調整政策　43
経済特区　45, 243, 255
京津冀協同発展　106, 171

313

工業技術研究院　264, 265

合資企業　243

港珠澳大橋　270

高新技術開発区　243

郷鎮企業　10, 44, 45, 62, 79, 82, 92, 103, 108,
　171, 225, 226

郷鎮炭鉱　209, 210

公的扶助　197, 198

航天晨光　17, 38

江南造船所　17, 38

荒漠化　230, 231

公有企業の民営化　84

高齢化　183, 184, 187, 188, 191, 193, 194, 299

＊胡錦濤　66, 103, 195, 196, 287

国営企業　20, 34, 62, 151, 193, 210

国際金融センター　259, 262, 263, 265, 267

国際通貨基金（IMF）　142, 144, 146, 154, 268

国際旅遊開発区　243

国進民退　46, 51, 91, 150, 301

国民皆保険　12, 70, 183, 195, 196, 200

国民政府　20, 29, 33, 34, 36, 37

国有企業改革　11, 12, 45, 46, 51, 81, 91, 96,
　164, 193, 194, 291

国有資産管理　95

国有支配企業　51, 53, 89

国有重点炭鉱　209, 210

個人口座　193, 194

戸籍制度改革　64, 71, 115, 198, 199, 300

国家級新区　11, 115

国家資本主義　50, 53, 301

国家所有，分級管理　80

混合所有制企業　91

さ 行

サービス経済化　207, 213, 218, 219, 259, 261,
　264

サービス貿易　245

　──一般協定（GATS）　256

　──協定　271

＊蔡英文　274

再就業工程　166

最低生活保障制度　197

＊左宗棠　32

砂漠化　230, 231

サプライサイド改革　296, 297

サプライチェーン　274

　赤い──　274

三角貿易　247

産業集積　108-111, 115, 250

産業内貿易　247, 251

三高一低　167

三資企業　243, 244

三者鼎立の企業構造　92

酸性雨　228

三線建設　43, 101, 108, 123

三反五反運動　34

三同時制度　229

三農　66, 68-72, 91, 170, 172, 179

三来一補（委託加工）　243, 244

資源委員会　20, 34, 38

資源外交　217

市場移行　4, 8, 48, 50, 52

失業保険　166, 194, 197

社会主義　2, 7, 10, 20, 25, 34, 41, 46, 47, 50, 80,
　81, 96, 164, 168

　──改造　42, 82

　──市場経済　52, 95, 150, 266

　──和階（調和）社会　163

社会保険　188, 192-200

社会保障　12, 55, 68, 70, 71, 130, 169, 184,
　191-193, 195, 200

上海協力機構（SCO）　278, 282, 283

上海浦東空港　265

＊周恩来　44

＊習近平　41, 69, 70, 76, 106, 152, 160, 164, 166,
　170, 171, 183, 198, 255, 277, 285, 288, 289

十大建設　264

集団所有企業　8, 81, 86, 92

自由貿易協定（FTA）　244

自由貿易試験区（自貿区）　255

索　引

自由放任体制（レッセ・フェール）　262
14沿海都市　243
珠江デルタ　215, 243, 250, 263, 267
　　——地区改革発展規画要綱　270
主体機能区　107
受託製造（ファウンドリ）　264, 273
出生率　184-187, 189, 191, 299
＊朱鎔基　103, 126, 244
循環経済　226
省エネルギー　205, 212-214
小城鎮　113, 115
少数民族　6, 7, 9, 118, 178, 188, 284, 290
食糧　1, 29, 30, 42, 43, 65, 68, 70, 72, 75, 76,
　　231, 246, 288
諸侯経済　126
所得格差　12, 65, 67, 68, 71, 72, 76, 168, 170,
　　171, 173, 175, 177, 178, 224, 301
所有権改革　88
自力更生　241, 242
シルクロード基金　55, 278
シルクロード経済ベルト　13, 55, 106, 277,
　　283
辛亥革命　29, 33
神華集団　207
新型城鎮化戦略　11, 55, 106, 115
新型農村合作医療　195, 196, 198
新型農村社会年金　195, 196, 198
人口ボーナス　184, 187, 188, 191, 299
新常態　1, 54, 116, 133, 198, 203, 207, 208, 213,
　　219, 291, 296, 299, 303
新植民地主義　280, 286
深圳　7, 45, 56, 57, 115, 123, 148, 152, 229, 235,
　　243, 255, 265, 269, 270
新農村建設　128
新南向政策　274
人民共和国政府　20, 24, 25, 34
人民元オフショアセンター　268
人民元の国際化　145, 268
人民公社　10, 43, 44, 62, 68, 82, 113, 138, 168,
　　186, 224

水土流失　230, 231
＊スターリン　242
生育保険　197
生産大隊　43, 82
精准扶貧　160, 170, 177
政績制度　114
＊盛宣懐　32
製造業の高度化　261, 264
生態移民　232
西部大開発　103, 104, 106, 128, 171, 177, 178,
　　250
世界の工場　85, 108, 236, 246
石漠化　230, 231
積極的不介入政策　262
専業市場　56, 110
全国環境保護会議　225
全国経済委員会　33, 38
銭荘　24-26
前店後廠　263, 267
先富論　102, 160, 168, 170
選別主義　195
＊宋子文　33
走出去　13, 254, 290, 300
双軌制　49
租界　21
ソフト・インフラ　262, 263, 266, 269
ソフトな予算制約　52
ゾンビ（僵死）企業　46, 91, 279, 296
＊孫文　33, 38

た　行

第1次五カ年計画　42, 101, 138, 213
大一統　8, 120, 123, 290
大気汚染対策　213
退耕環林　231
体制移行の罠　297, 301, 302
第二次天安門事件　41, 46
大メコン圏　281
大躍進　10, 40, 42, 43, 112, 120, 123, 137, 169,
　　184

台湾地区と大陸地区の人民関係条例　271
タックス・ヘイブン（租税回避地）　249, 255
地域格差　11, 103, 168, 170-172, 176-178, 244
地域協調発展　102, 103, 106
地域発展基本戦略　103, 104
小さい政府　262
地球温暖化問題　233, 234
地方債　11, 131, 133, 134
地方財政請負制度（財政請負制）　11, 119,
　　124-126, 128
中央1号文書　68-70, 76
中央－地方関係　53, 119-121, 134
中華思想　8, 9
中華民国　9, 29, 33, 270
中継港　261, 262, 265
中継貿易　246, 247, 261
中国銀行　25, 44, 266
中国国民党　10, 263, 270, 271
中国人民銀行　44, 138, 141, 159, 267
中国の経済大国化　259, 265, 270, 274
中小企業　10, 44, 57, 109, 262, 264
中所得国の罠　297-299
中ソ対立　242, 282, 285
中部崛起　103, 105
長江経済帯　106, 171, 255
長江デルタ　107, 109, 215, 243, 250, 268
＊張之洞　32
朝鮮戦争　34, 80, 241, 261, 287
＊陳公博　34
＊陳水扁　271
積立方式　193, 194
低炭素経済　226, 235
低炭素モデル省・都市　226, 235
梯度発展　170
鉄道　22, 23, 31, 32, 278, 281, 285
鉄飯碗　164
電信　22, 23, 32
同業公会（団体）　29-31
統収統支　122, 123
＊鄧小平　40, 41, 46, 48, 57, 100, 159, 160, 168,

243, 248
東北　20-22, 34, 37, 233, 288
――振興　103, 105
独資企業　243
独占禁止法　51, 141, 151
独立採算制　147, 148
都市・農村住民基礎年金制度　198
都市化　35, 55, 56, 62, 65, 70, 75, 76, 103, 106,
　　108, 110-116, 169, 170, 191, 199
都市最低生活保障　162-164
都市住民基礎医療保険　195, 196, 198
都市住民基礎年金　195, 196, 198
土壌汚染　232, 233, 237
土地財政　114, 119, 122, 130, 131, 297

な行

南京条約　261
南巡講話　46
二重の移行　7, 8, 52, 297
二重の罠　297
日中戦争　18, 19, 23-25, 32, 37
ネガティブ・リスト方式　255
年金　68, 71, 163, 184, 188, 192-198, 200
農業戸籍　112, 115, 198
農業集団化　24, 34
農業問題　65, 72, 75, 76
農産物貿易　72, 73
農村税費改革　69, 130
農地　44, 65, 71, 114, 186, 232, 300
農民工　11, 62, 64, 70, 71, 76, 110, 113, 114,
　　166, 167, 199
ノーメンクラツーラ　47

は　行

ハードカレンシー化　146, 287
排煙脱硫装置　214
排汚収費制度　229
＊馬英九　271
梯子理論　102
パソコン産業　264

索　引

パリ協定　218, 219, 236, 291
反国家分裂法　271
半導体　98, 259, 264, 265, 273
反貧困プロジェクト　160
比較制度分析　302
比較優位　54, 72-74, 105, 138, 251
非化石エネルギー　213, 215, 218, 220
一つの中国　274
一人っ子政策　65, 70, 75, 183, 184, 186, 187,
　189, 299
ひまわり学生運動　272, 275
票号　24
貧困の悪循環　231
閩南三角地区　243
賦課方式　193, 194
不足の経済　81
2つのギャップ　252, 254
部分上場方式　89, 90
普遍主義　195
フラグメンテーション　252
文化大革命　10, 40, 43, 112, 115, 157, 185, 225,
　242
分税制　125-128, 130, 141
分別的な企業政策　11, 97, 98
幣制改革　25, 37
北京条約　261
ペティ・クラークの法則　61
変動相場制　142, 144, 145
「包」　10, 27, 148
貿易依存関係の非対称化　273, 274
貿易収支　32, 73, 242, 245, 288
保税区　243
浦東新区　102, 115, 243
本渓湖製鉄所　19
香港金融管理局（HKMA）　267
香港上海（滙豊）銀行　25, 266
香港ドル　266

ま　行

粤港澳大湾区都市群発展計画　270

マクロ生産関数　298
民主進歩党　271, 274
メディアテック（聯発科技）　265
綿紡績業　20, 26, 30
＊毛沢東　40-44, 48, 164, 167, 184, 185, 242
モジュラー型製品　251, 252

や　行

雄安新区　115, 255
融資プラットフォーム　119, 131-133, 153
輸出加工区　243
輸出指向工業化戦略　260, 261, 263
輸出生産ネットワーク　246, 247, 252
輸入代替工業化　18, 31-34, 37, 263
洋務運動　32
預金保険制度　141, 154
予算外資金　122, 125, 126, 130

ら　行

リーマンショック　41, 54, 131, 133, 153, 295,
　296
陸のシルクロード　278, 282
＊李鴻章　32
＊李登輝　271
両岸経済協力枠組協定（ECFA）　244, 271
輪船招商局　22
ルイスの転換点　62, 64
労災　192
　　——保険　197
労働契約法　164
労働集約型の輸出製造業　259, 262, 264

アルファベット

AIIB（アジアインフラ投資銀行）　55, 155,
　278
APEC（アジア太平洋経済協力会議）　244
ASEAN（東南アジア諸国連合）　244, 246,
　280-282
　　——経済共同体（AEC）　280
CEPA（香港・中国本土の経済貿易緊密化協定,

317

経済連携緊密化協定）　244, 268

CNOOC（中国海洋石油総公司）　210, 211

CNPC（中国石油天然ガス集団公司）　210, 211

CO2原単位　213, 215

CO2排出権取引　236

CO2排出量　218, 226, 233-236

COD　226, 228, 229

FOCAC（中国・アフリカ協力フォーラム）　285, 286

FTA（自由貿易地域）　13, 244, 256, 280

GATT（関税と貿易の一般協定）　244

GDP原単位　205, 212-214, 218

IT革命　267

IT関連機器　259

MPS　4

NIEs（アジア新興工業経済）　46, 242, 244

NOx　214, 228, 229

ODA（政府開発援助）　243

ODM　264

OEM　111, 264

PM2.5　12, 213-215, 228, 229

PPP（官民パートナーシップ）　11, 133, 134

RCEP（東アジア包括的経済連携）　256, 280, 291

SARS（重症急性呼吸器症候群）禍　267, 268

Sinopec（中国石油化工集団公司）　210, 211

SNA　4

SO2　214-216, 226, 228, 229

SOx　228

TiSA（新サービス貿易協定）　256

TPP（環太平洋パートナーシップ）　256, 280, 291

TSMC（台湾積体電路製造）　264

WTO（世界貿易機関）　13, 41, 46, 72, 73, 85, 244, 249, 267, 271

《執筆者紹介》（所属・執筆分担・執筆順，＊は編者）

加藤弘之（元神戸大学大学院経済学研究科教授，序章・第2章）

＊梶谷懐（神戸大学大学院経済学研究科教授，序章・第2章，第6章）

久保亨（信州大学人文学部特任教授，第1章）

厳善平（同志社大学大学院グローバル・スタディーズ研究科教授，第3章）

黄孝春（弘前大学人文社会科学部教授，第4章）

日置史郎（東北大学大学院経済学研究科教授，第5章）

＊藤井大輔（大阪経済大学経済学部講師，第5章，終章）

渡邉真理子（学習院大学経済学部教授，第7章）

薛進軍（名古屋大学名誉教授，第8章）

澤田ゆかり（東京外国語大学大学院総合国際学研究院教授，第9章）

堀井伸浩（九州大学大学院経済学研究院准教授，第10章）

竹歳一紀（龍谷大学農学部教授，第11章）

大橋英夫（専修大学経済学部教授，第12章）

佐藤幸人（アジア経済研究所新領域研究センター上席主任調査研究員，第13章）

曽根康雄（日本大学経済学部教授，第13章）

伊藤信悟（元みずほ総合研究所調査本部アジア調査部中国室長兼主席研究員［執筆時点］，現国際経済研究所研究部主席研究員，第13章）

今村弘子（富山大学名誉教授，第14章）

《編著者紹介》

梶谷　懐（かじたに・かい）

1970年　生まれ。
2001年　神戸大学大学院経済学研究科より博士号取得（経済学）。
　　　　神戸学院大学経済学部講師，助教授，准教授，神戸大学大学院経済学研究科准教授を経て
現　在　神戸大学大学院経済学研究科教授。
主　著　『現代中国の財政金融システム――グローバル化と中央―地方関係の経済学』（名古屋大学
　　　　出版会，2011年）
　　　　『日本と中国，「脱近代」の誘惑――アジア的なものを再考する』（太田出版，2015年）
　　　　『日本と中国経済――相互交流と衝突の100年』（ちくま新書，2016年）

藤井大輔（ふじい・だいすけ）

1979年　生まれ。
2009年　神戸大学大学院経済学研究科博士課程後期課程修了。博士（経済学）。
現　在　大阪経済大学経済学部講師。
主　著　「中国の公共投資と経済発展」（『博士論文』（神戸大学）2009年3月）
　　　　「競争する地方政府」（加藤弘之編著『中国長江デルタの都市化と産業集積』勁草書房，第
　　　　2章，2012年）
　　　　「地方政府間競争と財政の持続可能性」（加藤弘之・梶谷懐編著『二重の罠を超えて進む中
　　　　国型資本主義――「曖昧な制度」の実証分析』第3章，ミネルヴァ書房，2016年）

シリーズ・現代の世界経済　第2巻

現代中国経済論［第2版］

2011年3月30日　初　版第1刷発行	〈検印省略〉
2017年2月20日　初　版第5刷発行	
2018年5月10日　第2版第1刷発行	
2024年1月20日　第2版第5刷発行	

定価はカバーに
表示しています

編著者	梶　谷　　　懐	
	藤　井　大　輔	
発行者	杉　田　啓　三	
印刷者	藤　森　英　夫	

発行所　株式会社　ミネルヴァ書房

607-8494　京都市山科区日ノ岡堤谷町1
電話代表　(075)581-5191
振替口座　01020-0-8076

ⓒ 梶谷・藤井ほか，2018　　　　　　亜細亜印刷・坂井製本

ISBN978-4-623-08224-7

Printed in Japan

シリーズ・現代の世界経済〈全9巻〉

A5判・美装カバー

第1巻 **現代アメリカ経済論**　　地主敏樹・村山裕三・加藤一誠 編著

第2巻 **現代中国経済論［第2版］**　　梶谷　懐・藤井大輔 編著

第3巻 **現代ヨーロッパ経済論**　　久保広正・田中友義 編著

第4巻 **現代ロシア経済論**　　吉井昌彦・溝端佐登史 編著

第5巻 **現代東アジア経済論**　　三重野文晴・深川由起子 編著

第6巻 **現代インド・南アジア経済論**　　石上悦朗・佐藤隆広 編著

第7巻 **現代ラテンアメリカ経済論**　　西島章次・小池洋一 編著

第8巻 **現代アフリカ経済論**　　北川勝彦・高橋基樹 編著

第9巻 **現代の世界経済と日本**　　西島章次・久保広正 編著

──────── **ミネルヴァ書房** ────────

https://www.minervashobo.co.jp/